Printed in the United States
By Bookmasters

- مجموعة قواعد الأصول:
(2) قواعد أصول الفقه

# تَقْرِيبُ الوُصُولِ إلى عِلْمِ الأُصُولِ

أشرف محمد إبراهيم عويدات

دار الكتب العلمية
Dar Al-Kotob Al-ilmiyah
DKi
أسسها محمد علي بيضون سنة 1971 بيروت - لبنان
Est. by Mohammad Ali Baydoun 1971 Beirut - Lebanon
Établie par Mohamad Ali Baydoun 1971 Beyrouth - Liban

http//:www.al-imiyah.com info@ al-imiyah.com sales@ al-imiyah.com baydoun@ al-imiyah.com

Title : Tariq al-wusūl

ila ilm al-usūl

Classification : Basics of jurisprudence

Author : Ašraf Muhammad Ibrahim

Uwaydat

Publisher : Dar Al-kotob Al-Ilmiyah

Pages : 224

Size : 17*24

Year : 2011

Printed : Lebanon

Edition : 1st

الكتاب : تقريب الوصول

إلى علم الأصول

التصنيف : أصول فقه

المؤلف : أشرف محمد إبراهيم عويدات

الناشر : دار الكتب العلمية - بيروت

عدد الصفحات : 224

قياس الصفحات : 17*24

سنة الطباعة : 2011

بلد الطباعة : لبنان

الطبعة : الأولى

DKI
Dar Al-Kotob Al-ilmiyah
Est. by Mohamad Ali Baydoun
1971 Beirut - Lebanon

Aramoun, al-Quebbah,
Dar Al-Kotob Al-ilmiyah Bldg.,
Tel : +961 5 804 810/11/12
Fax: +961 5 804813
P.o.Box: 11-9424 Beirut-Lebanon,
Riyad al-Soloh Beirut 1107 2290

عرمون، القبة، مبنى دار الكتب العلمية
هاتف: ٨٠٤٨١٠/١١/١٢ ٥ ٩٦١+
فاكس: ٨٠٤٨١٣ ٥ ٩٦١+
ص.ب: ١١-٩٤٢٤ بيروت-لبنان
رياض الصلح-بيروت ١١٠٧٢٢٩٠

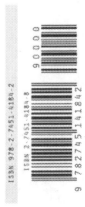

ISBN 978-2-7451-4184-2

# بسم الـلـه الرحمن الرحيم

# مقدمة

الحمد لله والصلاة والسلام على خير خلق الـلـه، أما بعد..........

لما كان العقل هو موطن الفهم والإدراك وكانت العقول متفاوتة، لزم الاتفاق على موازين وضوابط يسلم العقل - إن سار عليها - من الوقوع في الخطأ والزلل، ونرجع إليها عند الحكم على مدلول الكلام فيستقيم المعنى وينضبط الفهم ونصل إلى بر الأمان.

لذا وضع العلماء علم (أصول الفقه) كضابط للفهم، به يصل من يتعامل مع شرع الـلـه إلى مراد الـلـه وحكمه الذي لا يأتيه الباطل من بين يديه ولا من خلفه، وبدونه لا يسلم المرء من التخبط والتيه والزلل، ثم الوصول إلى الفساد والإفساد من حيث أراد الصلاح والإصلاح، ولا أقول إن هذه الضوابط كفيلة بأن تجعلك ممن يتعامل مع القرآن والسنة مباشرة وتصل إلى مقصود الشرع وحدك، لا أقول ذلك حيث إن لذلك شروطا قلّ من تجمعت فيه من العلماء العاملين، ولكن على الأقل تتعرف على المصادر التي يأخذ منها هؤلاء العلماء شرع الـلـه، وتفهم كيف يفهمون ألفاظ هذا الشرع؟ ولماذا يختلفون في الفهم؟ وكيف يوفقون أو يرجّحون بين الأدلة عند تعارضها؟... وهكذا فتقلد العلماء على بينة وفهم للغة حوارهم إن كنت من المقلدين، وتستعمل مثل هذه الضوابط كذلك في فهم كلام أقرانك فهماً سليماً، وإقناع مجادليك ممن يدافعون عن الخطأ وهم يحسبون أنهم يحسنون صنعاً، ودمغ حجة خصومك المتخبّطين الجاهلين أنصاف المتعلمين من العلمانيين والعقلانيين وغيرهم من الذين يخوضون فيما لا يعلمون، ويقصدون ما لا يقولون، ويقولون ما لا يقصدون، ويفهمون ما لا يُقال، ويفسرون ما قيل بغير ما يُراد، وهكذا يكون التخبط والتيه في الكلمات والنقلات والمدلولات، والسبب في ذلك هو عدم

الاتفاق على موازين وضوابط بها يستقيم العقل والفهم والإدراك، من أجل ذلك دونت هذه الوريقات في بعض أبواب الأصول وسميتها: { **تقريب الوصول إلى علم الأصول**}

وسوف أبدأ - إن شاء الله تعالى - بتمهيد، ثم أتناول خمسة مواضيع من الأصول في خمسة أبواب، وأخيراً أختم بخاتمة.

فأما التمهيد فموضوعه: المقصود بأصول الفقه.

والباب الأول موضوعه: الحكم الشرعي وأقسامه.

والباب الثاني موضوعه: مصادر الحكم الشرعي (الحاكم).

والباب الثالث موضوعه: المحكوم فيه (التكليف).

والباب الرابع موضوعه: المحكوم عليه (المكلف وأهليته).

والباب الخامس موضوعه: قواعد أصولية لغوية لضبط فهم الألفاظ.

أما الخاتمة فهي نبذة مختصرة عن المجتهد والمقلد وما يتعلق بهما من مسائل.

سائلاً الله أن يجعلنا منضبطين في الفهم والاعتقاد والقول والعمل، سائرين إلى الله على صراط الله، لنفوز برضوان الله، والله من وراء القصد وهو الهادي إلى سواء السبيل، فما أصبت فمن الله المنان، وما أخطأت فمن تقصيري والشيطان، وأسأل الله الغفران، وأقول للقارئ كما قال الناظم:

يا مَنْ غدا ناظراً فيما كتبتُ ومَنْ    أضحى يُردّدُ فيما قلتُه النظرا

سألتك الله إن عاينتَ لي خطأ    فاسترْ عليَّ فخير الناس مَنْ سترا

كتبه / أشرف عويدات

# تمهيد

# معنى أصول الفقه

## أصـول الفقه:

لفظ أصول الفقه مكون من كلمتين مركبتين تركيباً إضافياً، ومن طبيعـة المركـب الإضـافي أن اللفظ الأول إن جاء منفرداً كان له معنى، واللفظ الثاني إن جاء هو الأخر منفرداً كان له كذلك معنـى، فإذا أضيف اللفظ الثاني إلى الأول صار لهما حال اجتماعهما مدلول خاص غير مدلولهما حال انفرادهما.

ألا ترى أنني إذا قلت لك: (رأيت محمداً)، ثم قلت لك: (ورأيت بيتاً)، فإن هـاتين الجملتـين أفادتا معنى يختلف تماماً عن المعنى المفهوم إن أضـفت محمـداً إلى البيـت فقلـت لـك: (رأيـت بيـت محمد).

لذا سوف نتعرض لمعنى الأصول حال انفراده، ومعنى الفقه حال انفـراده، ومعنـاهما حـال إضافتهما:

**(أولاً) الأصول:**

الأصول مفردها أصل وهو" الأساس الذي يقوم عليه الشيء "[1]
كأصل البيت، وأصل العائلة أو القبيلة....

**(ثانياً) الفقـــه:**

الفقه لغة " الفهم والفطنة "[2]

**واصطلاحا هو: (العلم بالأحكام الشرعية العملية المكتسبة من**

(1) المعجم الوجيز ص19.
(2) المعجم الوجيز ص478.

أدلتها التفصيلية).[3]

**ومن تعريف الفقه نخلص إلى ثلاث حقائق:**

**(أ)** قولنا: (**الفقه علم بالأحكام الشرعية**) أفاد أن العلوم الدنيوية التجريبية كالطب والفيزياء والكيمياء... والمسلمات العقلية كالعشرة أكبر من الخمسة، والحقائق الرياضية كجدول الضرب والنظريات الهندسية... وغيرها من العلوم، كل ذلك لا يطلق عليه أحكام شرعية ومن ثم فليس لهذه العلوم قدسية كقدسية الأحكام الشرعية من حيث الإيمان بها والحكم بمقتضاها وتوقيرها وعدم إنكارها أو تبديلها أو الاستهزاء بها...

**(ب)** قولنا: (**الفقه علم بالأحكام العملية**) أفاد أن الأحكام العلمية التي تتعلق بالاعتقادات والغيبيات ليست من مجالات بحث الفقيه.

ومن ثم نستطيع تقسيم الأحكام الشرعية إلى قسمين: أحكام علمية، وأحكام عملية.

فالأحكام العلمية: هي أحكام تتعلق بالغيبيات التي يخبرنا عنها الشرع لنعلمها وينعقد القلب على الإيمان بها وتصديقها، كما في الإخبار عن أسماء الله وصفاته وأفعاله سبحانه، والإخبار عن اليوم الآخر والملائكة والجنة والنار وقصص من قبلنا وغيرها من الأمور العلمية الخبرية التي علينا أن نؤمن بها ونصدقها ونقبلها متى صح الخبر، وهذا القسم ليس من أبواب الفقه وإنما هو من أبواب التوحيد والعقيدة.

والأحكام العملية: هي أحكام تتعلق بالعمل الذي يحثنا الشرع على القيام به والتزامه فعلاً أو تركاً من عبادات ومعاملات كطلب فعل الصلاة والصيام والحج والجهاد وغيرها، وكطلب الكف عن فعل الشرك والسرقة والكذب والربا وغيرها من الأمور التي علينا التدين بها وقبولها والانقياد لها، وهذا القسم هو الذي يعتني به

(3) انظر منهاج الأصول للبيضاوي ص22، والإحكام في أصول الأحكام للآمدي ج1 ص7، وإرشاد الفحول للشوكاني ص3، الوجيز للدكتور عبد الكريم زيدان ص 8.

علم الفقه والفقهاء، ولذا دونوا لكل من هذه الأمور أبواباً خاصة بها [4].

**(ج) قولنا: (الفقه علم بالأحكام المستمدة من الأدلة التفصيلية)** يعني أن الفقيه ينظر في معاني ومفاهيم كل دليل جزئي تفصيلي، فيتعرض لمفهوم كل آية وكل حديث ليخرج لنا منه المطلوب فعله أو المطلوب تركه، كبحثهم عن كيفية الصلاة وصفتها، وتوصيف الجرائم وتحديد العقوبات وغيرها من الأمور المكتسبة من مدلول ألفاظ الشرع الحنيف.

**(ثالثاً) معنى أصول الفقه:**

والآن نعرض معنى أصول الفقه بعد تركيبه تركيباً إضافياً:

أصول الفقه لغة: '' الأسس التي يبنى عليها الفهم ''

**واصطلاحاً:**

(علم يبحث في أحوال أدلة الفقه الإجمالية، وطرق الاستفادة منها، وحال المستفيد) [5].

**ومن تعريف أصول الفقه نخلص إلى ثلاثة محاور يدور حولها علم أصول الفقه وهي:**

**(أ) قولنا: (الأصول علم يبحث في أحوال أدلة الفقه الإجمالية)**

يعني: أن أصول الفقه علم لا يبحث في جزئيات الأدلة التفصيلية فلا ينظر الأصولي إلى مفهوم وفقه كل آية وكل حديث على حدة كما هي وظيفة الفقيه، وإنما يتعامل الأصولي مع الأدلة الكلية فيحدد المصادر المعتبرة للأحكام الشرعية كالقرآن والسنة وغيرهما... كما يبين ضوابط وشروط العمل بكل مصدر، ويقوم بتناول حجية المصدر عموماً، ودرجته وترتيبه بين المصادر، وكيفية التوفيق أو الترجيح بين الأدلة عند تعارضها...

---

(4) الوجيز في أصول الفقه بتصرف للدكتور عبد الكريم زيدان ص9.
(5) الأصول في علم الوصول ص6 لابن عثيمين.

**(ب)** قولنا: **(الأصول علم يبحث في طرق الاستفادة من الأدلة الشرعية)**

يعني: أن أصول الفقه يقوم بوضع طرق وضوابط تصلح لفهم أي نص ورد في الدليل الكلي على الإجمال كما في قاعدة: (الأمر يقتضي الوجوب ما لم تأت قرينة صارفة)، فتلك قاعدة وضعها الأصوليون تصلح لأي أمر ورد في أي دليل شرعي جزئي بغض النظر عن موضوعه الذي يتحدث عنه هذا الدليل، فيقوم الفقيه باستخدام هذه القاعدة وغيرها في التوصل إلى معرفة الحكم الشرعي وتوصيفه، فيقول: إن الصلاة واجبة مستدلاً بفعل الأمر الوارد في قوله تعالى: ﴿وَأَقِيمُواْ الصَّلَاةَ﴾ البقرة (43)

ومن ثم فأصول الفقه عبارة عن قواعد وأدوات ضابطة للفهم وموازين يستخدمها طائفة من الناس هم الفقهاء ليتوصلوا بتلك القواعد إلى استنباط المسائل الفقهية وفهم تفاصيل الشريعة الإسلاميه، وبدونها لن يستقيم فهم الفقيه للدليل.

ولذا نقول إن الفقه ثمرة ونتاج أصول الفقه، وقد عرَّف بعض العلماء أصول الفقه بأنه: (العلم بالقواعد والأدلة الإجمالية، التي يتوصل بها إلى استنباط الفقه).[6]

ثم إن المسائل الفقهية المبنية على قواعد أصولية تثمر لنا ثمرة عظيمة لا يستهان بها، فالفقيه يجمع المسائل الفقهية المختلفة المواضيع والتي بَيْنها قاسم مشترك، ويأخذ هذا القاسم المشترك ويضعه في قالب قاعدة عامة تسمى: (القاعدة الفقهية)، تلك القاعدة هي نتاج الاستنباطات الفقهية الكثيرة والتي يجب الحكم بمقتضاها ولا ينبغي مخالفتها أو الحيدة عنها، مثل قاعدة: (لا ضرر ولا ضرار).

فالذي استنبط القاعدة الفقهية هو الفقيه، والذي استنبط القاعدة الأصولية هو الأصولي، والقاعدة الأصولية سابقة للأحكام الفقهية، والقاعدة الفقهية خلاصة

---

(6) انظر فتح الغفار بشرح المنار لابن نجيم ص7، وإرشاد الفحول للشوكاني ص3، وتسهيل الوصول إلى علم الأصول للشيخ محمد عبد الرحمن المحلاوي ص7، والوجيز في أصول الفقه للدكتور عبد الكريم زيدان ص 11.

الأحكام الفقهية، ولا غنى عنهما للفقيه الآن، حيث إنه من خالف القاعدة الأصولية أنتج لنا فقهاً مغلوطاً، ومن خالف القاعدة الفقهية أنتج لنا فقهاً مخالفاً لمسائل فقهية كثيرة تسير في نسق واحد.

## (ج) قولنا: (الأصول علم يبحث في حال المستفيد من الأدلة الشرعية)

يعني: أن أصول الفقه يحدد لنا الشروط التي ينبغي أن تتوفر في من يقوم بالتعامل مع أدلة الشرع ومصادره تعاملاً مباشراً فيستنبط لنا الأحكام الشرعية، فالباب ليس مفتوحاً على مصراعيه يلج فيه كل من أراد، ويتكلم في دين الله كل من أحب، ليخرج علينا الرُّوَيبضة قائلين: على كل واحد أن يدلي بدلوه والأمر لا يخلو من كونه وجهات نظر وكلنا أصحاب عقول تعي وتفكر، هذا الكلام خطأ مِن (ألفه) إلى (يائه) فالعقل وحده لا يكفي، بل لا بد من شروط وملكات يجب أن تتوفر فيمن يسمح له بالاجتهاد والاستنباط والنظر والنقل عن رب العالمين... وعلى كل واحد أن يعرف قدره، وأن يلتزم منزلته، ورحم الله رجلاً عرف قدر نفسه، فإذا رعدت السماء وبرقت وتناطحت السحب لتُخرج لنا غيثاً طاهراً صافياً نقياً فعلى الفئران والهوام والجُعلان أن تحترم نفسها وتلزم جحورها وإلا فُضحت وصُعقت، وأقحمت نفسها فيما لا طاقة لها به، ولا يعلم ذلك إلا العالِمون، فحصِّن نفسك بالعلم كي لا تسير خلف كل ناعق ويوقعك في المهالك.

وأخيراً وقبل أن ندخل في أبواب الأصول أعد النظر فيما سبق لتميِّز وتلاحظ الفرق بين: الفقه وقواعده والأصول وقواعدها، من حيث حقيقة كل واحد منهما، وهدفه، وثمرته، وموضوعه، وواضعه، وعمل الأصولي والفقيه، ومنزلة كل واحد من الآخر، ولا تَنْسَ أن تميِّز بين الأدلة الكلية الإجمالية والجزئية التفصيلية، والأحكام الشرعية العلمية والعملية.

# الباب الأول
# الأحكام الشرعية وأقسامها

## الفصل الأول

## الحكم الشرعي:

الحكم الشرعي هو (**خطاب الله المتعلق بأفعال المكلفين بالاقتضاء أو التخيير أو الوضع**).[7]

وفي ألفاظ هذا التعريف حقائق ومقاصد لا بد من بيانها وهي:

**(أ) المقصود بقولنا: (خطاب الله)**

الخطاب هو الإرشاد المُوَجَّه إلى المعنِي بالمخاطب، وخطاب الله ليس هو كلام الله المتمثل في القرآن والأحاديث القدسية فقط، بل هو أعم وأشمل من ذلك، فيشمل كل الإرشادات الشرعية الموجهة إلينا سواء كانت تلك الإرشادات منصوص عليها لفظاً في القرآن كلام الله عز وجل، أو وحياً في السنة كلام رسول الله صلى الله عليه وسلم، أو اجتهاداً في كلام العلماء المستنبطين أقوالهم من كلام الله ومن كلام رسول الله.

**(ب) المقصود بقولنا: (المكلَّفين)**

المكلفين جمع مكلَّف وهو: كل بالغ عاقل وصلته الرسالة وعلمها أو في إمكانه أن تصله من الثقلين الإنس والجان.

(7) انظر إرشاد الفحول للشوكاني ص5، فواتح الرحموت بشرح مسلم الثبوت ج1 ص54 لمحب الدين بن عبد الشكور والشارح عبد العلي محمد بن نظام الدين الأنصاري، والوجيز ص 23.

وعليه فإن الخطاب القرآني - مثلاً - الموجه للجمادات والعجماوات لا يُعدّ حكماً شرعياً وإنما هو حكماً قدرياً، كما في قوله تعالى: (وَأَوْحَى رَبُّكَ إِلَى النَّحْلِ أَنِ اتَّخِذِي مِنَ الْجِبَالِ بُيُوتاً وَمِنَ الشَّجَرِ وَمِمَّا يَعْرِشُونَ * ثُمَّ كُلِي مِنْ كُلِّ الثَّمَرَاتِ فَاسْلُكِي سُبُلَ رَبِّكِ ذُلُلاً) [8]، وقوله: (يَا نَارُ كُونِي بَرْداً وَسَلاماً عَلَى إِبْرَاهِيمَ) [9]، وقوله: (يَا جِبَالُ أَوِّبِي مَعَهُ وَالطَّيْرَ) [10]

كل هذه تكليفات ولكنها لغير المكلفين اصطلاحاً، ومن ثم فهي ليست من الأحكام الشرعية التكليفية التي يتحدث عنها الأصوليون.

وكذلك المجنون والصبي ومن لم يبلغه الخطاب الشرعي ولم تصل إليه الدعوة وليس في إمكانه الوصول إليها، كل أولئك ليسوا مكلفين، بمعنى أن خطاب الشرع ليس في حقهم وليسوا مَعْنيِّينَ به، ومن ثم فلا نعاملهم معاملة البالغين العاقلين العالمين بخطاب الله أو من في حكم العالمين كالمعرضين عن طلب العلم.

فالصبي مثلا إذا سرق لا يقام عليهم حد السرقة ولا يفسق بذلك - وإن كان على وليه ضمان ما سرقه - فهو تحت سن تحمل مسئولية وعقوبة أفعاله الإجرامية.

وكذلك المجنون إذا صدر منه - مثلاً - ما يدل على ردته وكفره، لا يُكفر ولا يُستتاب ولا يُقام عليه الحد، فالخطاب الشرعي بتحريم الردة وإقامة الحد عليه ليس مخاطباً به لانتفاء عقله، فهو لا يعقل ما قاله ولا ما فعله، ومن ثم سقط عنه تكليف ما لا يعقله.

واعترض علينا البعض قائلين: كيف تعتبرون اليتيم والمجنون غير مكلفين وتوجبون عليهما الزكاة إن كانا أصحاب مال بلغ النصاب وحال عليه الحول؟ وكيف يكون الصبي غير مكلَّفٍ وهو مكلَّفٌ بالصلاة في السابعة ويعاقب على

---

(8) النحل (68 - 69).
(9) الأنبياء (69).
(10) سبأ (10).

تركها بالضرب إذا بلغ العاشرة؟

فنقول: نعم في المال حق معلوم، والصبيان والمجانين ليسوا هم المخاطبون بإخراج زكاة أموالهم، ولكن المخاطب هو وليّ الصبي ووليّ المجنون القائم على رعاية ماله.

ومن ثم إذا مُنعت الزكاة كان الإثم والعقاب على الوليّ وليس على المجنون أو الصبيّ مالك المال حقيقة، لأن الولي هو المكلف بذلك، والصبي والمجنون ليسوا من جملة المكلفين.

وكذلك الصلاة، فالخطاب ليس موجهاً للصبي، وإنما الخطاب موجه لوليه ليعلمه ويربيه على طاعة الله والسجود له منذ نعومة أظفاره، وأما ضربه إياه فليس عقوبة ولكنه من قبيل تأديبه ليتعوّد عليها وينشأ على تعظيم قدرها.

وإجمالاً فكل من ليس له عقل كالجمادات والعجماوات والمجانين، وكل من ليس عنده مظنة عقل كالصبيان الذين لم يبلغوا الحلم، وكل من لم تصله الدعوة ولم يتمكن من الوصول إليها، كل أولئك ليسوا من المكلفين، والتكاليف الشرعية ليسوا مخاطبين بها.

### (ج) المقصود بقولنا: (أفعال المكَلَّفين)

الأفعال مفردها (فعل) وهو كل ما صدر عن المكلفين من أعمال سواء كانت قلبية يقوم بها القلب كالتوكل والإنابة، والحقد والحسد، أو قولية يقوم بها اللسان كالذكر وقراءة القرآن، والغيبة والنميمة، أو بدنية يقوم بها الجوارح كالصلاة والصيام، والسرقة والزنى.[11]

### (د) المقصود بقولنا: (الاقتضاء)

الاقتضاء هو طلب يقتضي منك أن تقوم به وتنفذه.

هذا الطلب إما أن يكون مطلوب منك فعله، أو مطلوب منك الكفّ عنه وتركه، فأنت أيها المُكَلَف حيال هذا الخطاب التكليفي الاقتضائي مطالب بفعل

(11) انظر أصول الفقه للدكتور محمد أبو النور زهير ج1 ص37.

المأمور وترك المحذور، إذاً فالطلب ينقسم إلى قسمين: **(1) طلب فِعل (2) طلب ترْك**.

وهذا الفعل وهذا الترك ينقسم كل واحد منهما إلى قسمين:[12]

فأما طلب الفعل فينقسم إلى:

**(1)** طلب فعل يتحتم عليك القيام به، فيُشكر ويثاب من فعله، ويأثم ويُذم من تركه، وهذا يطلق عليه اسم: (الواجب)، ومثاله: الصلوات الخمس وصيام رمضان....

**(2)** طلب فعل ولكن لا يتحتم عليك القيام به، فيُشكر ويثاب من فعله، ولا يأثم ولا يُذم من تركه، وهذا يطلق عليه اسم: (المستحب)، ومثاله: صلاة الضحى والوتر...

وأما طلب الترك فينقسم إلى:

**(1)** طلب ترك يتحتم عليك اجتنابه، فيُشكر ويثاب من تركه، ويأثم ويُذم من فعله، وهذا يطلق عليه اسم: (الحرام)، ومثاله: السرقة والزنى...

**(2)** طلب ترك ولكن لا يتحتم عليك اجتنابه، فيُشكر ويثاب من تركه، ولا يأثم ولا يُذم من فعله، وهذا يطلق عليه اسم: (المكروه)، ومثاله: أن تشرب أو تتبول وأنت واقف...

واعلم أن طلب الفعل وطلب الترك لكل واحد منهما صيغه التي تدل عليه، وإليك بيان هذه الصيغ:

**أولاً: الصيغ الدالة على طلب الفعل:**[13]

**(1)** فعل الأمر:

(12) انظر تيسير أصول الفقه ص25 للدكتور مصطفى فياض.

(13) انظر الأصول من علم الأصول لابن عثيمين ص23 - 24.

كما في قوله تعالى ﴿اعْبُدُواْ رَبَّكُمُ الَّذِي خَلَقَكُمْ وَالَّذِينَ مِن قَبْلِكُمْ﴾ البقرة (21)

**(2)** اسم فعل الأمر:

كما في قوله تعالى: ﴿كِتَابَ اللّهِ عَلَيْكُمْ﴾النساء (24) أي التزموا بكتاب الله.

**(3)** الفعل المضارع المقرون بـ (لام) الأمر:

كما في قوله تعالى: ﴿وَلْيَتَّقِ اللّهَ رَبَّهُ﴾البقرة (282) أي اتق الله.

**(4)** المصدر الذي يعمل عمل فعله:

كما في قوله تعالى: ﴿فَضَرْبَ الرِّقَابِ﴾محمد (4) أي اضربوا الرقاب.

**(5)** الخبر المراد منه الأمر وطلب حصول الفعل:

كما في قوله تعالى: ﴿مَّنْ يُطِعِ الرَّسُولَ فَقَدْ أَطَاعَ اللّهَ﴾النساء (80) أي أطيعوا الرسول فإن طاعتكم لرسول الله صلى الله عليه وسلم كطاعتكم لله عز وجل.

**(6)** الألفاظ التي يفهم من ذاتها الطلب مثل: (كتب وفرض ووجب وقضى....)

كما في قوله تعالى: ﴿وَقَضَى رَبُّكَ أَلاَّ تَعْبُدُواْ إِلاَّ إِيَّاهُ وَبِالْوَالِدَيْنِ إِحْسَانًا﴾ الإسراء (23) أي اعبدوا الله وأحسنوا إلى الوالدين.

وكما في قوله: ﴿كُتِبَ عَلَيْكُمُ الصِّيَامُ﴾ البقرة (183) أي صوموا.

**(7)** الفعل الذي يترتب على الإتيان به مدح أو ثواب:

كما في قوله تعالى: ﴿إِنَّ الَّذِينَ آمَنُوا وَعَمِلُوا الصَّالِحَاتِ كَانَتْ لَهُمْ جَنَّاتُ الْفِرْدَوْسِ نُزُلاً﴾ الكهف (107) أي آمنوا بالله واعملوا الصالحات كي تفوزوا بجنة الفردوس.

وكما في قوله تعالى: ﴿وَمَنْ يُوقَ شُحَّ نَفْسِهِ فَأُولَئِكَ هُمُ الْمُفْلِحُونَ * إِنْ تُقْرِضُوا اللَّهَ قَرْضاً حَسَناً يُضَاعِفْهُ لَكُمْ وَيَغْفِرْ لَكُمْ﴾ التغابن (16 - 17) أي قوا شحَّ أنفسكم وتصدقوا وأقرضوا الله قرضاً حسناً.

**(8)** الفعل الذي يترتب على تركه ذم أو عقاب:

كما في قوله تعالى: ﴿فَلاَ وَرَبِّكَ لاَ يُؤْمِنُونَ حَتَّىَ يُحَكِّمُوكَ فِيمَا شَجَرَ بَيْنَهُمْ﴾النساء (65) أي حكموا شرع الله وسنة رسول الله فإن لم تفعلوا سُلبت منكم صفة الإيمان بالله.

**ثانياً: الصيغ الدالة على طلب الترك:**

**(1)** الفعل المضارع المقرون بـ (لا) الناهية:

كما في قوله تعالى: ﴿وَلاَ تَقُولُواْ لِمَا تَصِفُ أَلْسِنَتُكُمُ الْكَذِبَ هَـذَا حَلاَلٌ وَهَـذَا حَرَامٌ لِّتَفْتَرُواْ عَلَى اللّهِ الْكَذِبَ إِنَّ الَّذِينَ يَفْتَرُونَ عَلَى اللّهِ الْكَذِبَ لاَ يُفْلِحُونَ مَتَاعٌ قَلِيلٌ وَلَهُمْ عَذَابٌ أَلِيمٌ﴾ النحل (116ـ 117) أي أنه يحرم عليكم الخوض في التحليل والتحريم إلا بمستند من شرع الله.

**(2)** نفى الحِلّ:

كما في قوله تعالى: ﴿فَإِن طَلَّقَهَا فَلاَ تَحِلُّ لَهُ مِن بَعْدُ حَتَّىَ تَنكِحَ زَوْجًا غَيْرَهُ﴾ البقرة (230) أي أن الزوج يحرم عليه مراجعة زوجته التي طلقها ثلاث طلقات إلا بعد أن تتزوج زوجاً غيره ثم يقوم هذا الغير بتطليقها فعندها يجوز أن تعود وترجع للزوج الأول.

**(3)** الأفعال الدالة بمفهومها على النهي والمنع والزجر كمثل: (حُرِّمَ وذروا واجتنبوا) وما في معناها، كما في قوله تعالى: ﴿وَذَرُواْ ظَاهِرَ الإِثْمِ وَبَاطِنَهُ﴾الأنعام (120) أي أنه يحرم عليكم أن تقترفوا الآثام الظاهرة منها والباطنة.

**(4)** الخبر المراد منه النهي وطلب الكفّ عن الفعل:

كما في قوله تعالى: ﴿فَمَن فَرَضَ فِيهِنَّ الْحَجَّ فَلاَ رَفَثَ وَلاَ فُسُوقَ وَلاَ جِدَالَ فِي الْحَجِّ﴾ البقرة (197) أي أن الحاج يتوكد في حقه تحريم الرفث والفسوق والجدال حال أدائه لمناسك الحج.

**(5)** الأفعال التي يترتب على فعلها ذم أو عقاب في الدنيا أو وعيد في الآخرة:

كما في قوله تعالى: ﴿وَمَنْ أَضَلُّ مِمَّن يَدْعُو مِن دُونِ اللَّهِ مَن لا يَسْتَجِيبُ لَهُ

إِلَى يَوْمِ الْقِيَامَةِ وَهُمْ عَن دُعَائِهِمْ غَافِلُونَ * وَإِذَا حُشِرَ النَّاسُ كَانُوا لَهُمْ أَعْدَاء وَكَانُوا بِعِبَادَتِهِمْ كَافِرِينَ )الأحقاف (5 - 6) أي لا تدعوا إلا الله والذي دل على النهي هو وصف الله لمَن دعا غيره بأنه ليس هناك من هو أضل منه.

وكما في قوله تعالى: (وَالسَّارِقُ وَالسَّارِقَةُ فَاقْطَعُواْ أَيْدِيَهُمَا)المائدة (38) أي لا تسرقوا، والذي دل على النهي هو إجراء تلك العقوبة عليه في الدنيا.

وكما في قوله تعالى: (إِنَّ الَّذِينَ يَأْكُلُونَ أَمْوَالَ الْيَتَامَى ظُلْمًا إِنَّمَا يَأْكُلُونَ فِي بُطُونِهِمْ نَارًا وَسَيَصْلَوْنَ سَعِيرًا) النساء (10) أي لا تقربوا مال اليتم إلا بالحق، والذي دل على النهي هو ذلك الوعيد الشديد الذي توعد الله به آكل أموال اليتامى.

**(6)** الأفعال التي يترتب على تركها مدح وثواب:

كما في قوله صلى الله عليه وسلم: **(من مات لا يشرك بالله شيئا دخل الجنة)**.[14] أي لا تشركوا بالله شيئاً كي تدخلوا الجنة، والذي دل على النهي هو ذلك الوعد الجميل لمن لا يشرك بالله، فالذي يشرك محروم من هذا الوعد.[15]

**(هـ) المقصود بقولنا: (التخيير)**

التخيير هو استواء طلب الفعل مع الترك بلا ترجيح لأحدهما على الآخر، ويطلق عليه اسم: (المباح).[16]

فالشرع ترك لك أشياء دون أن يطلب منك فعلها أو تركها، فأنت مخيَّر بين الفعل والترك ومخير في الطريقة والكيفية التي تراها أنت مناسبة لك...

فمثلاً (الخبز والأرز)، أيهما أفضل شرعاً من الآخر؟ في أي الأوقات يفضل أكلهما؟ وأي طريقة لطهيهما أفضل؟ وإذا كنت لا أرغب في تناول الأرز فهل عليّ شيء؟ وإذا امتنعت عن أكل الخبز دون تحريم له فهل أنا مخطئ أو مصيب؟......

الجواب: أنت مخير في كل ما ذكرت، فالشرع لم يتكلم في مثل هذه

(14) رواه الترمذي 2644 وقال حديث حسن صحيح، وقال الألباني حديث صحيح وذكره في السلسلة الصحيحة 826.
(15) انظر تيسير أصول الفقه للدكتور الفياض ص 49 - 41.
(16) تيسير أصول الفقه ص26 للدكتور مصطفى فياض.

المسائل لا بالإيجاب ولا بالسلب، فلست ممدوحاً ولا مذموماً في أي اختيار اخترته لنفسك.

وإجمالاً فأنت في جميع الأحوال ما دمت لست مخالفاً للشرع فأنت مخيَّر وليس مطلوب منك شيئاً، فاعمل أو اترك ما تراه أنت مناسباً لك بشرط أن لا تصطدم بما هو مطلوب فعله أو مطلوب تركه شرعاً على سبيل الإلزام أو على غير سبيل الإلزام.

والاقتضاء بأقسامه الأربعة والتخيير يطلق عليهم اسم: (الأحكام الشرعية التكليفية).

**الصيغ الدالة على التخيير**[17]

**(1)** لفظ (أحل) يدل على الإباحة والتخيير:

كما في قوله تعالى: (**الْيَوْمَ أُحِلَّ لَكُمُ الطَّيِّبَاتُ...** )المائدة (5)

**(2)** عدم النص على التحريم بالنسبة للمعاملات يدل على الإباحة:

فالقاعدة تقول: (الأصل في الأشياء الإباحة)، ويقصدون بالأشياء المعاملات، أي ما دون العبادات، حيث جرى عرف الفقهاء على تقسيم الدين إلى عبادات ومعاملات، ولذا صاغوا هذه القاعدة في صيغة أخرى فقالوا: (الأصل في المعاملات الإباحة).[18]

ودليلهم قوله تعالى: (هُوَ الَّذي خَلَقَ لَكُم مَّا في الأَرْض جَميعاً) البقرة (29) فإذا خلق الله لك كل ما الأرض، فيُفهم من ذلك أن الأصل هو أن الله قد أباح لك الانتفاع واستعمال وتناول كل ما خلقه لك، إلا إذا جاء دليل شرعي يفيد غير ذلك.

---

(17) انظر الوجيز ص47 - 48، وتيسير أصول الفقه للدكتور الفياض ص 58 - 62.

(18) الإحكام للآمدي ج1 ص91، والإحكام لابن حزم ج2 ص871، وإرشاد الفحول ص139، والقواعد الفقهية لابن عثيمين ص31.

**(و) المقصود بقولنا: (الوضع)**

الوضع هو أشياء وضعها الشرع كعلامات إذا وجدت وتحققت ترتب عليها أحكام تكليفية، تلك العلامات قد تكون سبباً للحكم الشرعي، أو شرطاً له، أو مانعا منه. [19]

وتلك الروابط الثلاث يطلق عليها اسم: (الأحكام الشرعية الوضعية).

\*\*\*\*\*\*\*\*\*\*\*\*

---

(19) انظر الوجيز في أصول الفقه ص26 للدكتور عبد الكريم زيدان.

رسم بياني يوضح أقسام الحكم الشرعي

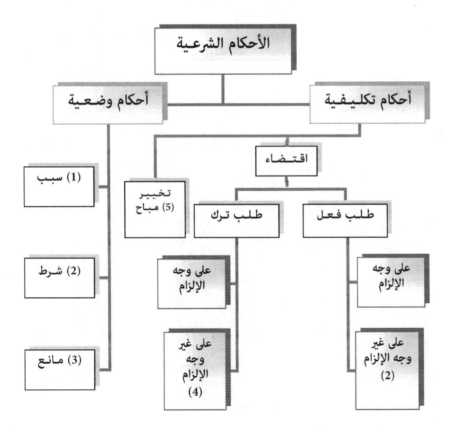

# الفصل الثاني
# المصطلحات المتعلقة بالأحكام الشرعية التكليفية

## المبحث الأول:

## الواجب:

**وهو: (طلب الفعل على وجه الإلزام، بحيث يثاب فاعله ويأثم تاركة).**[20]

كوجوب تحكيم شرع الله المستفاد من قوله تعالى:﴿ وَأَنِ احْكُم بَيْنَهُم بِمَآ أَنزَلَ اللهُ﴾المائدة (49)

وكوجوب الصلاة والزكاة المستفاد من قوله تعالى: ﴿وَأَقِيمُواْ الصَّلاَةَ وَآتُواْ الزَّكَاةَ﴾ البقرة (43)

فهذه الأشياء مطلوب منك فعلها والإتيان بها إتيانا لازما جازما بحيث إن فعلت أجرت وإن لم تفعل أثمت. والواجب يستنبط من إحدى صيغ الطلب - السابق ذكرها - فهي تفيد إلزام المخاطب بالقيام بها، والواجب والفرض عند الجمهور مترادفان.

(20) انظر الإحكام لابن حزم ج3 ص321، والوجيز للدكتور عبد الكريم زيدان ص 31.

# أقسام الواجب

## أولاً: الواجب من حيث تعيين المطلوب فعله:

**ينقسم إلى قسمين:**

(أ) **واجب مُعَيَّن:** وهو أن يكون المطلوب فعله شيئاً واحداً فقط ليس لك عنه بديل.

مثل الزكاة، فمن كانت الزكاة في حقه واجبة فعليه أن يزكي وليس له عن ذلك بديل، فالمطلوب محدد بعينه.

(ب) **واجب مُخَيَّر:** وهو أن يكون المطلوب فعله واحد من اثنين أو ثلاثة على سبيل البدل.

مثل كفارة اليمين، قال تعالى: ﴿فَكَفَّارَتُهُ إِطْعَامُ عَشَرَةِ مَسَاكِينَ مِنْ أَوْسَطِ مَا تُطْعِمُونَ أَهْلِيكُمْ أَوْ كِسْوَتُهُمْ أَوْ تَحْرِيرُ رَقَبَةٍ﴾المائدة (89) فالمطلوب واحد من ثلاثة: إما إطعام عشرة مساكين، أو كسوتهم، أو تحرير رقبة، وفعل واحدة من هذه الثلاثة يجزئ، والاختيار متروك لك، ولذلك سمي هذا الواجب بالواجب المُخَيَّر.

فمن لم يستطع الإتيان بواحد من هذه الثلاثة سقط عنه التخيير وتعين عليه صيام ثلاثة أيام وليس له عن ذلك بديل، كما قال تعالى: ﴿فَمَن لَّمْ يَجِدْ فَصِيَامُ ثَلَاثَةِ أَيَّامٍ﴾ المائدة (89) [21]

## ثانياً: الواجب من حيث تعيين القدر المطلوب فعله:

**ينقسم إلى قسمين:**

(أ) **واجب مُحَدَّد:** وهو المطلوب فعله الذي عيَّن الشرع له مقداراً معلوماً

(21) انظر فواتح الرحموت شرح مسَلم الثبوت ج1 ص66، والوجيز ص 35.

محدداً.

فالزكاة لها نصاب مُحَدَّد وتُخْرَج بمقدار معلوم كما قال تعالى: ﴿**وَالَّذِينَ فِي أَمْوَالِهِمْ حَقٌّ مَّعْلُومٌ * لِّلسَّائِلِ وَالْمَحْرُومِ**﴾المعارج (24 - 25) وكذلك الصلاة فلها عدد محدَّد من الصلوات المفروضة ولكل فرض منها مقدار محدَّد لعدد ركعاته، وقُل مثل ذلك في مقدار وعدد جلد القاذف والزاني غير المحصن، وغيرها من الواجبات التي حدد الشرع المقدار المطلوب فِعْلُه من المكلَّف[22]، ومن ثم فالواجب المحدد يحمل في طياته واجبين مطلوبين:

الأول: واجب القيام بالفعل المطلوب، والثاني: واجب الالتزام بالمقدار المحدَّد له شرعاً، حيث إن الزيادة والنقصان في الواجب المحدَّد يعدان إخلال بالواجب المتحتم فِعْله، فالزيادة: إلزام ما لا يَلْزَم شرعاً وهذا لون من الظلم والفسق والخروج عن واجبات الشرع والتنطع والغلو والإفراط، والنقصان: معلوم أنه تَحَلُّلٌ مما يلزم فعله شرعاً، وهذا أيضاً لون من الظلم والفسق والخروج عن واجبات الشرع والإهمال والتسيب والتفريط، فصلاة الظهر واجب محدد بأربع ركعات، لو صليت ثلاثاً أو خمساً عن قصدٍ وعمدٍ: لفسدت الصلاة لعدم القيام بالمقدار الذي حدده الشرع.

**(ب) واجب غير مُحَدَّد:** وهو المطلوب فعله الذي لم يحدِّد الشرع مقداره.[23]

مقدار النفقة على الزوجة والأولاد والمحتاجين، ومقدار الأمر بالمعروف والنهي عن المنكر والتعاون على البر والتقوى، وغيرها من الواجبات التي أوجبها الشرع وترك لنا التقدير على حسب مقتضى الحال.

**ثمرة هذا التقسيم:**

* مسألة: رجل يملك مالاً بلغ النصاب وحال عليه الحول، ولم يُخْرِج

(22) انظر أصول الفقه للشيخ محمد أبو زهرة ص34، وعلم أصول الفقه للشيخ خلاف ص109.
(23) الوجيز في أصول الفقه ص34.

زكاته، وآخر عنده مال وله أب كبير مريض محتاج إلى نفقة ابنه عليه، ولم ينفق الابن عليه حتى مات الأب، فأي الواجبان يثبت في ذمة صاحبه ولا يسقط عنه حتى يدفعه؟

وبتعبير آخر هل الزكاة والنفقة يظلان ديناً في ذمة الرجلين ومن ثم يجب على كل واحد منهما إخراج ما قد كان واجباً عليه من قبل كي تبرأ ذمته منه؟ أمَّاذا؟

الجواب: ابتداء الاثنان آثمان لتركهما لهذين الواجبين، إلا أن تعلُّق المبلغ المطلوب أداؤه في الذمة يختلف: فالزكاة واجب محدد لذا تكون ثابتة كدَيْن في ذمة المكَّلف مطلوب الوفاء به مهما طالت مدة منعها وعدم إخراجها ولا تبرأ ذمته منها إلا بدفع المقدار الذي حدده الشرع، أما النفقة الواجبة على الابن لأبيه والتي هي غير محددة فلا تثبت في الذمة ولا يطالب بها بعد فوات الحال الذي وجبت فيه، ولا نقول له قد كان واجب عليك أن تنفق على أبيك كذا وكذا ولم تفعل فعليك الآن أن تنفق نفس المبلغ في سبل الخير أو أن تتصدق به وتهب ثواب الصدقة لأبيك أو أن تضع المبلغ ضمن تركة أبيك وتُوَزَّع على ورثته لأنه كان حقه المفروض عليك من قبل أو ما شابه ذلك، فنقول كل ذلك ليس مطلوباً حيث إن النفقة كانت واجبة وجوباً غير محدد ولذا فهي لا تتعلق بذمة المكلَّف، ويكتفي بالتوبة من هذا الذنب والندم وأن يتبع السيئة الحسنة راجياً أن يغفر الله له، حيث إن الذمة لا تشغل إلا بشيء محدد، والمقاضاة لا تكون إلا بما عُيِّن قدْره.

وسبب الاختلاف بين موقفي الرجلين هو: اعتبار كون الزكاة واجباً محدداً، والإنفاق على الأب واجب غير محدد، فالواجب المُحَدَّد والمقدَّر يعد حقاً ثابتاً يظل في الذمة حتى يقوم المكلف بأدائه على الوجه الذي حدده الشرع، أما الواجب الغير محدد فيسقط عن الذمة بفوات مقتضى وجوبه، ذلك مع عدم انتفاء الإثم عنهما.[24]

(24) انظر أصول الفقه للدكتور محمد زكريا البرديسي ص 68، وعلم أصول الفقه للشيخ خلاف ص110، والوجيز ص34، وتيسير أصول الفقه للدكتور الفياض ص38 - 39.

## ثالثاً: الواجب من حيث تعيين الزمن المطلوب فيه الفعل:

**ينقسم إلى قسمين:**

**(أ) واجب مطلق عن الزمان:** وهو المطلوب فعله الذي لم يحدد الشرع وقت أدائه.

مثل كفارة اليمين فهي مطلوبة الفعل على سبيل الوجوب ولكن متى؟

الجواب: أن الشرع لم يحدد لنا وقتاً نكفر فيه عن أيماننا، بل ترك الأمر مطلقا عن الزمن نقوم به في أي وقت نحدده نحن.[25]

**(ب) واجب مقيد بالزمان:** وهو المطلوب فعله في زمن محدد.

ويسمى بالواجب (**الموقت**) أو (**المؤقت**).

فيكون الزمن المحدد المعين أمارة على الوجوب، مثل صيام شهر رمضان والصلوات الخمس، فالصيام له وقت محددٌ مطلوبٌ أداؤه فيه، وكذلك الصلوات الخمس لكل صلاة لها وقت وزمن خاص بوجوبها كلما مر عليك هذا الوقت تجدد الوجوب، فلا يصح أداؤها قبل وقتها المحدد، ويأثم من أخرها عن وقتها بغير عذر اعتد به الشرع واعتبره.[26]

**ثمرة هذا التقسيم:**

**(1)** هل الواجب المطلق عن الزمن يقتضي طلب حصوله على الفور فيأثم من استطاع الإتيان به وأخَّره؟ أم أنه يجوز تأخيره فيكون مطلوب الفعل على التراخي؟

في الإجابة على هذا القول ثلاثة أقوال:

---

(25) انظر علم أصول الفقه للشيخ عبد الوهاب خلاف ص106، والوجيز ص 33، وتيسير أصول الفقه ص34.

(26) الوجيز ص33، وتيسير أصول الفقه ص35، ص37.

القول الأول: قيل إن الأمر المطلق - الذي لم يحدد له الشرع وقتاً معيناً - يفهم منه أنه مطلوب القيام به على الفور، فالشرع - مثلاً - أمرنا بالحج مرة واحدة لمن استطاع إليه سبيلا، ولكن متى؟ الجواب: قالوا إنه يجب بمجرد الاستطاعة، فالوجوب فوْريٌّ ثابت عندهم من أول وقت الاستطاعة، ومن ثم يأثم من استطاع الحج وأخر القيام به وأجّله.

القول الثاني: قيل إن الأمر المطلق يفهم منه أنه مطلوب القيام به فقط في أي وقت بعد الاستطاعة، والفورية لا تفهم من ذات الأمر، ومن ثم يجوز عندهم التأخير والتراخي ولا إثم على من أخَّر الحج وهو مستطيع، وقالوا إن الفورية تفتقر إلى دليل آخر خارج عن الدليل الذي ورد فيه الأمر بالفعل، ولكن المسارعة إلى أداء الواجبات على الفور خير من التأخير، فربما يلحق الإنسان الموت أو العجز قبل أداء الواجب ولهذا المعنى تستحب عندهم الفورية ولا تجب.(27)

القول الثالث: وهو أرجح الأقوال، وينص على أن الأمر المطلق - في حد ذاته - لا يفهم منه الفورية ولا التراخي، وإنما يفتقر إلى قرينة تفيد طلب الإتيان به على الفور إلزاماً، أو على التراخي تيسيراً.(28)

**(2)** الواجب الموقت بزمن معلوم يحمل في طياته واجبان مطلوبان:

الأول واجب القيام بالفعل المطلوب، والثاني واجب القيام به في زمنه الذي حدده الشرع، بعكس الواجب غير الموقت فالمطلوب فيه شيء واحد فقط هو القيام بالفعل.(29)

**(3)** القيام بالواجب الموقت قبل وقته لا يُسقِطه، بل يظل المكلف مُخَاطباً به حتى يقوم به وينفذه في وقته كمن صلى الظهر قبل الزوال وصام رمضان في شعبان وحج في رمضان.

---

(27) انظر الوجيز ص298 - 299، وتيسير أصول الفقه ص233، وشرح نظم الورقات ص83 - 84.
(28) انظر مذكرات في أصول الفقه الحنفي للدكتور محمود العكازي ص 42.
(29) الوجيز ص33.

(4) القيام بالواجب الموقت في وقته المحدد له يسمى: (أداء)، والقيام به بعد فوات وقته يسمى: (قضاء).[30]

وقضاء الواجب بعد فوات وقته يسقط الواجب عن المكلَّف ويُؤْجَر عليه [31]، ولكنه يأثم لتضييعه وتفويته لوقته المختص به إلا إن كان من ذوي الأعذار الشرعية، فعندها لا إثم عليه، كمن صلى الظهر بعد العصر بسبب نومه.

(5) إذا تزاحم واجبان أحدهما مؤقت والآخر غير مؤقت وتعين عليك فعل أحدهما وتفويت الآخر، في هذه الحالة وجب تقديم الواجب المؤقت وتأجيل الواجب المطلق عن الزمان، حيث إن واجب الوقت مطلوب في وقته دون غيره، كمثل رجل عليه صيام شهرين متتابعين كفارة قتل خطأ أو كفارة ظهار، فبدأ صيامه من أول شعبان وأقبل عليه شهر رمضان، فهل يواصل صيام الكفارة ثم يصوم رمضان في أيام أخر؟ أم يقطع صيام الكفارة ويصوم رمضان ثم يكمل الكفارة بعد العيد؟ فهذان الواجبان تزاحما عليه - صيام رمضان وصيام الكفارة - فأيها يُقَدَّمُ على الآخر؟

الجواب: أن صيام رمضان واجب وصيام تلك الكفارة واجب كذلك، ولكن صيام شهر رمضان واجب مؤقت والذي حدد وقته هو الشرع، وقد حَلَّ وقته، والكفارة واجبة لم يحدد الشرع وقت القيام بها، وإنما أنت الذي حددت وقت الشروع في آدائها، فيقدَّم الواجب الذي وقته الشرع على غيره الذي هو من جنسه، ومن ثم فالواجب الغير موقت يؤجل إلى حين الانتهاء من الواجب الموقت.

وهذا الواجب المؤقت المقيد بزمن إما أن يكون زمن أدائه قصيراً وإما أن يكون طويلاً، وعلى هذا فهو ينقسم إلى قسمين على حسب مدة الزمن المطلوب

(30) انظر تسهيل الوصول إلى علم الأصول للشيخ محمد عبد الرحمن المحلاوي ص276، والوجيز ص 34.

(31) من العلماء من قال: إذا فات وقت الوجوب بلا عذر فلا قضاء، حيث إن القضاء لا يغني شيئاً لأن الفعل مطلوب القيام به في وقت محدد دون غيره من الأوقات.

فعله فيه:

(أ) **واجب مؤقت بزمن مُوَسَّع:** وهو الواجب الذي زمنه يسع لأدائه فيه وأداء عبادة أخرى معه من جنسه، فصلاة الظهر - مثلاً - تبدأ من بعد الزوال حتى يصير ظل الشيء مثله، وهذا وقت طويل يسع القيام بصلاة الظهر وصلوات أخرى مماثلة لها في نفس الوقت.

(ب) **واجب مؤقت بزمن مُضَيَّق:** وهو الواجب الذي زمنه لا يسع غيره من جنسه.

فهو مستغرق لكل وقته بحيث لا يسع الوقت لأداء واجبين متماثلين في نفس الوقت، فوقت صيام اليوم الواحد من رمضان - مثلاً - يبدأ من طلوع الفجر الصادق لذلك اليوم إلى غروب شمس نفس اليوم، فلا يسع اليوم الواحد القيام بصيام يومين فيه.

**ثمرة هذا التقسيم:**

**(1)** الواجب المُوَسَّع يجوز تأخيره إلى أخر وقته، أما الواجب المُضَيَّق فلا يحتمل التأخير، لأن تأخيره يساوي ضياع وقته[32]، فعن عبد الله رضي الله عنه **أن النبي** صلى الله عليه وسلم **جاءه جبريل** عليه السلام **الظهر فقال له: (قم فصله) فصلى الظهر حين زالت الشمس، ثم جاءه العصر فقال: (قم فصله) فصلى العصر حين صار ظل كل شيء مثله، ثم جاءه المغرب فقال: (قم فصله) فصلى المغرب حين وجبت الشمس، ثم جاءه العشاء فقال: (قم فصله) فصلى العشاء حين غاب الشفق، ثم جاءه الفجر حين برق الفجر، ثم جاءه من الغد للظهر فقال: (قم فصله) فصلى الظهر حين صار كل شيء مثله، ثم جاءه العصر فقال (قم فصله) فصلى حين صار كل شيء مثليه، ثم جاءه المغرب وقتاً**

---

(32) انظر الوجيز ص298.

**واحداً لم يزل عنه، ثم جاءه العشاء حين ذهب نصف الليل فصلى العشاء، ثم جاءه حين أسفر جداً فقال (قم فصله) فصلى الفجر، ثم قال: (ما بين هذين الوقتين وقت).**[33]

هذا وإن كان القيام بالواجب الموسَّع في أول وقته أَوْلَى وأفضل وأثوب، فالسابقون إلى فعل الخيرات هم المقربون إلى اللـه عز وجل، والمعتادون على تسويف الطاعات وتأخير الصلوات إلى آخر وقتها حيث إنهم لا يذكرون اللـه فيها إلا قليلاً، تلك من صفات المنافقين.

(2) الواجب المُوَسَّع يظل مُوَسَّعاً حتى يَضِيق الوقت فيصير مُضَيَّقاً، عندها يتعين عليك فعله فلا يزاحمه غيره من جنسه ولا يقدَّم عليه، كرجل أهمل وأخر صلاة الظهر والعصر إلى قبيل غروب الشمس - دون عذر شرعي - ثم أراد أن يصلي، فهل يصلي الظهر أولاً وتغرب الشمس ثم يصلي العصر بعد غروب الشمس قضاءً فيكون بذلك قد ضيع وقت الصلاتين؟ أم أنه يصلى العصر أداءً لضيق وقته ثم يصلي الظهر بعد ذلك؟

**الجواب:** أنه يتعين عليه القيام بصلاة العصر أولاً، لأنه في حقه صار واجبا مُضَيَّقاً، فلا ينبغي أن يزاحمه غيره من جنسه، فلو زاحمه غيره لضيع وقته، ومن ثم يزداد إثماً فوق إثمه، وهكذا يكون الميزان في أولويات الأعمال عند تزاحمها وتعذر الإتيان بها جميعاً.[34]

---

(33) صحيح رواه الترمذي (150)، والنسائي (251/1)، وأحمد (1/ 330).

(34) بعض العلماء ذكر أن هناك قسماً ثالثاً للواجب الموقت أطلقوا عليه اسم: (الواجب ذو الشبهين)، وضربوا له مثال الحج، ففريضة الحج تشبه الواجب الموسع وتشبه الواجب المضيق فأنت لا تستطيع أداء حجتين في عام واحد مع اتساع وقت المناسك لذلك. انظر أصول الفقه للدكتور الفياض ص40.

## رابعاً: الواجب من حيث تعيين المطلوب منه الفِعل:

**ينقسم إلى قسمين:**

**(أ) واجب عَينِي:** وهو المطلوب فعله من كل مُكلَّف بعينه.

فلا يسقط هذا الوجوب عن كل واحد من أفراد الأمة إلا بعد أن يقوم هو به فلا تصلح فيه الإنابة، فالشرع قصد وجوب القيام بالفعل، كما قصد وجوب قيام الكل بهذا الفعل.

ومشهور تسمية الواجبات العينية باسم: (فروض العين)، ومثالها الصلوات المكتوبة فهي مطلوبة الفعل من كل مكلف، فالخطاب يكون لكل واحد على حدة، فننظر هنا إلى المكلف هل نفذ الأمر المطلوب منه أم لا؟ فإن قام به فقد سقط عنه وإلا أثم، وسمي هذا الواجب بالواجب العيني أو فرض العين لأن ذات الفاعل وعينه مقصودة اختيارها.[35]

**(ب) واجب كفائي:** وهو المطلوب فعله من جماعة المكلفين لا من كل فرد.

بمعنى أنه إذا قام به البعض - وحدثت بهم الكفاية - سقط الوجوب عن الباقين، وسقوط الوجوب عن الباقين لا يعني سقوط الطلب نفسه، فالطلب ما زال قائماً، ولكنه في حق الباقين يصير مطلوباً على سبيل الاستحباب، أي ليس على سبيل الإلزام، فمن أراد أن يشارك ويعمل بعد قيام البعض بالفعل قياماً كاملاً فله أجر، وإن لم يفعل فلا شيء عليه، يعني أنه لا يأثم وهو قادر على القيام بالفعل، وذلك لأن البعض قام به قياماً كاملاً[36]، فسقوط الإثم يعني منه سقوط الوجوب، ولا يعني سقوط الطلب نفسه.

---

(35) انظر أصول الفقه للدكتور محمد أبو النور زهير ج1 ص 114.

(36) انظر المسودة لابن تيمية ص31، والوجيز ص 36.

أما إذا قام به البعض ولم تحدث بهم الكفاية أثم كل قادر مقصر، وظل الكل مخاطب بهذا الواجب حتى يُفعَل على الوجه الذي أراده الشرع.

فالواجب الكفائي أو فرض الكفاية - كما هو مشهور تسمية بذلك - يصير فرض عين مادام أنه لم يقع على التمام ولم تحدث الكفاية.

ومن ثم فالواجب الكفائي ننظر فيه إلى الفعل لا إلى الفاعل، فإن تم الفعل واكتمل اكْتُفِيَ بمن قام به، قلنا للباقين: سقط عنكم الوجوب، وصار أداؤه مندوباً في حقكم.

وإن لم يتم ويكتمل قلنا للباقين: ما زلتم مُخَاطَبون بالأمر، ووجب عليكم أن تتمّمُوه وتكملوه وإلا أثم كل قادر مقصر على حسب قدرته وتقصيره، حيث إن الشرع قصد القيام بالفعل دون النظر إلى العدد الذي قام بهذا الفعل.

**مثال:** تجهيز الميت وصلاة الجنازة، من المعلوم أن أفراد الأمة ليسوا مخاطبين كلهم بالمشاركة في تجهيز كل ميت والصلاة خلف كل جنازة، ولكن إذا قام به البعض سقط الوجوب عن باقي الأمة، أما إن ترِكَ الميت بلا تجهيز ولا صلاة عليه: أثم كل مَن علم بموته وقَدَرَ على القيام بأمر الله فيه ثم تقاعس، حتى العاجز عن القيام بالفعل عليه أن لم يحث القادر ويبذل ما في وسعه لقيام غيره بهذا التكليف وإلا صار آثماً قال تعالى: (**لَا يُكَلِّفُ اللَّهُ نَفْسًا إِلَّا وُسْعَهَا**) البقرة (286)، وقال: (**فَاتَّقُوا اللَّهَ مَا اسْتَطَعْتُمْ**) التغابن(16).

وقل مثل ذلك في طلب العلم والدعوة إلى الله والأمر بالمعروف والنهي عن المنكر وغيرها من الواجبات المطلوبة من الأمة القيام بها دون النظر إلى أعيانها.[37]

ثم اعلم أن فرض العين أفضل من فرض الكفاية [38]. وفي هذه فائدة

---

(37) انظر الوجيز للدكتور عبد الكريم زيدان ص36 - 37، وتيسيرأصول الفقه للدكتور الفياض ص39 - 40.
(38) القواعد الفقهية لابن عثيمين ص46.

عظيمة تكمن في أنه إذا تزاحم فرضان في وقت ما، وكان أحدهما من الفروض العينية والآخر من الفروض الكفائية، ولا يستطيع المرء الإتيان إلا بأحدهما دون الآخر، فماذا يفعل؟

في هذه الحالة يتعين عليك القيام بفرض العين وترك فرض الكفاية، لأن فرض العين واجبٌ لا ينوب عنك غيرك، أما فرض الكفاية فمن الممكن أن ينوب عنك غيرك ويقوم به

كمن أراد أن يخرج ليقاتل في سبيل الله ثم قال له أبوه لا تخرج فإني محتاج إلى خدمتك.

فالابن وقع بين أمرين إما أن يخرج ويعق أباه، وإما أن يطيعه ولا يجاهد، فماذا يفعل؟

الجواب: ننظر أولاً في حكم الخروج، فإن كان فرض كفاية: فعليه أن يطيع أباه ويبرّه ولا يخرج للجهاد في سبيل الله، حيث إن برّه لأبيه فرض عين عليه لا ينوب عنه غيره، وإن كان الخروج فرض عين: فلا طاعة لأبيه في معصية الله.

- ومما سبق نستطيع القول بأن أقسام الواجب تفيدنا في الإجابة على أربعة أسئلة رئيسية لا غنى عنها وهي: ما المطلوب فعله؟ وما مقداره؟ ومتى نقوم به؟ ومن الذي يقوم به؟

تتمة:

الجمهور يطلقون اسم (الفرض) ويقصدون به (الواجب)، فكلاهما مترادفان في المعنى ولا فرق بينهما، فالفرض والواجب هما: كل ما طلبه الشرع طلباً لازماً بحيث يثاب فاعله ويأثم تاركه، أما أبو حنيفة فيتفق مع الجمهور في حقيقة معناهما فكلاهما عنده طلب لازم فعله يثاب فاعله ويأثم تاركه، ولكنه يفرق بينهما في دليل ثبوت كل واحد منهما على النحو التالي:

**(1)** الفرض دليل ثبوت لزومه دليل قطعيّ، بمعنى أن وجوبه مُسْتمد من القرآن أو السنة المتواترة - التي لا شبهة في ثبوتهما - مثل فرضية الصلاة المستفادة

من قوله تعالى: (**أَقِيمُواْ الصَّلَاةَ** )النور (56).

**(2)** الواجب دليل ثبوت لزومه دليل ظنيّ، بمعنى أن وجوبه مُسْتمد من أحاديث الآحاد أو من الاجتهاد، مثل وجوب قراءة الفاتحة في الصلاة المستفاد من قول النبي صلى الله عليه وسلم: (**لا صلاة لمن لم يقرأ بفاتحة الكتاب**)[39]، فهذا من أحاديث الآحاد.

ومن ثم فالفرض والواجب عند أبي حنيفة سواء في لزوم العمل بما دَلا عليه، فيثاب فاعلهما ويأثم تاركهما، والحق أن هذا الخلاف الذي بين الجمهور وأبي حنيفة خلاف لفظي - لا يبنى عليه كبير عمل - وهو يرجع إلى الدليل التفصيلي، وهذا اعتبار فقهي وليس خلافاً أصولياً.[40]

**- ولكن لنا من تقسيم الدليل إلى قطعي وظني فائدة في الترجيح بين الأدلة:**

العلم المستفاد من الدليل القطعي علم يقيني، فهو أقوى من الدليل الظني من حيث ثبوته، ولذلك فإذا تعارض دليل قطعي مع آخر ظني وتَعَذر الجمع بينهما، وتعذر معرفة الناسخ من المنسوخ: وجب في هذه الحالة العمل بالدليل القطعي، ورَدُّ العمل بالدليل الظني، ويعد الدليل القطعي دليلاً محفوظاً مقبولاً يُعمل به ويفتى بمقتضاه، والدليل الظني - المعارض للدليل القطعي - يعد دليلاً شاذاً مردوداً لا يعمل به في موضع المعارضة، وتلك من طرق الترجيح بين الأدلة عند تعارضها.

***************

(39) رواه البخاري723، ومسلم394 من حديث عبادة بن الصامت رضي الله عنه.

(40) انظر سلم الوصول للعلامة محمد بخيت المطيعي ج1 ص86، والوجيز للدكتور عبد الكريم زيدان ص 31 - 32.

## المبحث الثاني

## المندوب:

**وهو: (طلب الفعل على غير وجه الإلزام، بحيث يثاب فاعله ولا يأثم تاركة).**[41]

بمعنى أن فِعله أوْلَى وأفضل من تركه، كالسُّنن الرواتب وصيام الاثنين والخميس....

والمندوب[42] له مسميات أخرى فمن مسمياته:

المستحب والنافلة والتطوع والسنة والإحسان والفضيلة، وكلها ألفاظ تدل على كون المطلوب راجحٌ فعله من غير إلزام، أي أن القيام به محبوب لدى الشرع.[43]

وقال صاحب نظم الورقات [44]: (والندب ما في فعله الثوابُ ولم يكن في تركه عقابُ)

**فائدة:**

**(1) المندوب لازم بالكل غير لازم بالجزء:**

بمعنى أن الأمة عليها القيام بالمندوبات على الإجمال فلا يجوز أن تموت السنة في جميع الأمة، كما لا يجوز للفرد أن يهجرها كلها طيلة حياته، ولا يلزم من ذلك أن يقوم بها كل فرد من أفراد الأمة على الدوام، قال الشاطبي رحمه الله: (فترك

(41) انظر المسودة لابن تيمية ص576، والإحكام لابن حزم ج1ص40, ج3ص321، والوجيز ص38.

(42) الذي يقوم بالدعاية لشراء سلعة معينة يسمى: مندوب مبيعات، وما سمي بهذا الاسم إلا لأنه يحبب الناس ويرغبهم في شراء سلعته ولا يلزمهم بذلك.

(43) الوجيز ص39.

(44) شرح نظم الورقات لابن عثيمين ص32.

المندوبات كلها مؤثرة في أوضاع الدين إذا كان الترك دائما أما إذا كان في بعض الأوقات فلا تأثير له).[45]

لذا لا يصح للمكلف أن يترك المندوبات جملة واحدة، كما لا يصح منه أن يداوم على ترك مندوب طول حياته، قال رسول الله صلى الله عليه وسلم: **(من رغب عن سنتي فليس مني)**[46]، فإن فعل كان ملوماً وأُدِّبَ وزُجِرَ كما هَمَّ النبي صلى الله عليه وسلم بتحريق بيوت الذين يتخلفون عن صلاة الجماعة ويداومون على الصلاة في بيوتهم.[47]

**(2) إذا تحزَّب قوم على ترك مندوب وجب على الإمام كسر شوكتهم حتى يفيئوا إلى فعل المندوب والعمل به:**

بمعنى أنه يلزم ألا يتفق قوم على ترك سنة مندوبة كترك الزواج أو الآذان - مثلاً - فإن فعلوا ذلك وتحزبوا وصارت لهم شوكة وأعلنوا عدم التزامهم بتلك السُّنة، وكأن تركهم لهذه السُّنة صار لهم ديناً وميزة تميزوا بها عمن اهتدى بهدي رسول الله، من كان هذا حالهم وجب على الحاكم المسلم مدافعتهم حتى يفيئوا إلى السنة ويفعلوا المندوب، ولكن بشرط ألا يترتب على هذه المدافعة مفسدة أعظم من مفسدة ترك السنة - كما هو معلوم أن المصالح والمفاسد تؤثر في الفتوى وإنزال الأحكام الشرعية على القضايا الواقعية - قال الشاطبي رحمه الله في الموافقات: (فإذا اتفق قوم على ترك سنة حملوا عليها حملاً).[48]

**(3) هل المندوب يصير واجباً بمجرد الشروع فيه أم لا؟**

ذهب الحنفية إلى أن الشروع في فعل المندوب يجعله واجباً، وعلى من

(45) انظر الموافقات للشاطبي ج1 ص132 - 133، والأصول للشيخ أبو زهرة ص36 - 37، والوجيز ص40.
(46) رواه البخاري (4675).
(47) هذا قول من قال باستحباب الصلاة في جماعة كالإمام الشافعي رحمه الله.
(48) انظر الموافقات للشاطبي ج1 ص132 - 133، والأصول للشيخ أبو زهرة ص36 - 37، والوجيز ص40.

شرع فيه أن يتمة وإذا أبطله وجب عليه قضاء هذا المندوب، واستدلوا بقوله تعالى: (وَلَا تُبْطِلُوا أَعْمَالَكُمْ) محمد (33)، وعن عائشة أنها كانت صائمة هي وحفصة - رضي الله عنهما - ولما حضر الطعام أكلا منه، فذكرت عائشة ذلك للنبي صلى الله عليه وسلم فقال: (اقضيا يوماً آخر مكانه). [49]

وذهب الشافعية والحنابلة إلى خطأ هذه القاعدة التي بنى عليها الحنفية حكمهم، وردوا على الاستدلال بهذين الدليلين، فأما الآية فقالوا: إن المقصود منها هو أن معصية الله رسوله صلى الله عليه وسلم تبطل الأعمال السابقة لها إذا ترجحت عليها في الميزان، ألم تر أن المنَّ والأذى يُبطلان الصدقات، والرياء والسمعة يُفسدان العمل الذي دخلا فيه؟ والشرك الأكبر والنفاق الاعتقادي يُحبطان كل الأعمال ويجعلانها هباءً منثوراً ويكونان سبباً في خلود صاحبهما في النار على ما قدم من طاعات؟ وأما الحديث فيُحمل على الاستحباب ولا يُحمل على الوجوب لقول النبي صلى الله عليه وسلم: (الصائم المتطوع أمير نفسه إن شاء صام وأن شاء أفطر) [50]، ولا يستثنى من ذلك إلا الحج والعمرة فقط، حيث إن المكلف إذا دخل فيهما بالإحرام حرم عليه نقضهما، ووجب عليه الإتمام إجماعاً، وإذا أبطلهما وجب عليه قضاءهما لقوله تعالى: (وَأَتِمُّوا الْحَجَّ وَالْعُمْرَةَ لِلَّهِ) البقرة (196). [51]

## مراتب المندوب:

### أعلاها السنة المؤكدة:

وهى ما واظب عليها النبي صلى الله عليه وسلم ولم يتركها في الحضر- ولا في السفر إلا نادراً.

كصلاة الوتر وركعتين قبل الفجر، وهذه السنن يُثاب فاعلها ولا يُعاقب

---

(49) أخرجه مالك عن الزهري عن عائشة وهو مرسل.

(50) رواه النسائي والحاكم والبيهقي وقال الحاكم إسناده صحيح ووافقه الذهبي وقال الألباني في آداب الزفاف ص84 هو كما قالا.

(51) انظر الواضح في أصول الفقه للمبتدئين للدكتور محمد سليمان الأشقر ص42 - 43.

تاركها ولكنه يُلام.

**ويليها السنة غير المؤكدة:**

وهى التي لم يداوم عليها النبي صلى الله عليه وسلم كمداومته على السنن المؤكدة.

وعدم المداومة يتفاوت من سُنَّة إلى أخرى فمنها (السن الرواتب) كالتي واظب عليها النبي صلى الله عليه وسلم غالباً في الحضر دون السفر مثل صلاة أربع ركعات قبل الظهر وركعتين بعده واثنين بعد المغرب ومثلهما بعد العشاء.

ودونها (السنن غير الرواتب) التي فعلها النبي صلى الله عليه وسلم ولكن لم يواظب عليها كمواظبته على الرواتب مثل صلاة أربع ركعات قبل العصر وركعتين قبل المغرب ومثلهما قبل العشاء، وهذه السنن يُثاب فاعلها ولا يُعاقب تاركها ولا يُلام.

**وتليها سُنَّة الزوائد:**

وهي ما صدر من النبي صلى الله عليه وسلم في شئونه العادية بصفته إنسان.

كحبه صلى الله عليه وسلم لأكل كتف الشاة وعدم إقباله على أكل الضُب، وكقضاء حاجته صلى الله عليه وسلم في مكان ما... وغيرها من الأمور التي بُنيت على العادات والمصادفات واختلاف الطبائع البشرية، فهذه الأفعال ليست من الدين في حد ذاتها، والرسول صلى الله عليه وسلم لم يؤمر بإبلاغنا إياها، فمن تركها فلا لوم ولا إثم عليه، ومن فعلها بنية المحبة للنبي صلى الله عليه وسلم أجر وأثيب بسبب نيته الصالحة.

وهكذا فالمندوبات تختلف مراتبها على حسب مواظبة النبي صلى الله عليه وسلم عليها، ثم اعلم أن الحرص على فعل المندوبات يضمن عدم التفريط في الواجبات في الدنيا، أما في الآخرة فإن النقص في أداء الواجبات يُكمَّل من السنن والمستحبات.[52]

***************

(52) انظر الوجيز ص39 - 40، وتيسير أصول الفقه للدكتور الفياض ص45 - 46.

## المبحث الثالث
## القواعد المتعلقة بطلب الفعل:

### (1) الأمر يقتضي الوجوب ما لم تأت قرينة صارفة:

أي أن الأمر يفهم منه ابتداء أنه لازم ومحتم علينا أن نفعله، ومن ثم يترتب على الإتيان به أجر وثواب، ويترتب على عدم الإتيان به ذنب وعقاب، إلا إذا جاء دليل أفاد أن هذا الأمر لسنا ملزمين بفعله، فيكون الإتيان به في هذه الحالة ليس واجباً، ومن ثم فلا يترتب على تركه وعدم الإتيان به ذنب ولا عقاب.

وعليه فإن القرينة الصارفة هي قرينة رفعت إلزام المكلف بالفعل، ورفعت الإثم عنه عند عدم التزامه به، كما في قوله تعالى (يَا أَيُّهَا الَّذِينَ آمَنُواْ إِذَا تَدَايَنتُم بِدَيْنٍ إِلَى أَجَلٍ مُّسَمًّى فَاكْتُبُوهُ)البقرة (282)، ففعل الأمر: (اكْتُبُوهُ) يقتضي الوجوب لولا أن الله قال: (فَإِنْ أَمِنَ بَعْضُكُم بَعْضًا فَلْيُؤَدِّ الَّذِي اؤْتُمِنَ أَمَانَتَهُ)البقرة (283)، فتلك قرينة قولية فهم ألفاظها أن الكتابة مطلوبة ولكنها ليست لازمة، فصُرف الأمر من الوجوب الإلزامي إلى الندب الغير إلزامي، فمن كتب الدَّين فقد التزم بالشرع، ومن لم يكتب فلا إثم عليه.

وكذلك ترك النبي صلى الله عليه وسلم لشيء أمر الشرع به وحث عليه، كتركه صلى الله عليه وسلم أحياناً للسنن الرواتب وصيام الاثنين والخميس وغيرها من العبادات التي حث على فعلها، فهذا الترك يُعدّ قرينة فعلية صرفت الأمر عن الوجوب إلى الاستحباب، حيث إنه لو كان واجباً ما تركه النبي صلى الله عليه وسلم قط، ولكنه لمَّا تركه - أحياناً - دلَّ ذلك على أن طلب الفعل والحث عليه ليس على سبيل الحتم والإلزام.

وقل مثل ذلك في الأمر الذي لم يلتزم به بعض الصاحبة وترك النبي صلى الله عليه وسلم الإنكار عليهم، فتركه صلى الله عليه وسلم للإنكار قرينة إقرارية تدل على أن الأمر مطلوبٌ فعله ولكنه ليس على سبيل الإلزام، وإلا لمَا ترك النبي صلى الله عليه وسلم الإنكار على من لم يأت بهذا الطلب، كتركه صلى الله عليه وسلم الإنكار على من قال: **(لا أزيد على الصلوات الخمس**

وصيام رمضان والزكاة).[53]

**(2) ما لا يتم الواجب إلا به فهو واجب:**

اعلم أن الوسائل تأخذ حكم الغايات، فإذا كان المطلوب واجباً ولا تستطيع الوصول إلى تحقيق هذا الواجب إلا بفعل وسيلة معينة، صارت تلك الوسيلة واجبة الفعل كذلك، فينسحب الوجوب على الأمر المطلوب فعله وعلى وسائله المتعلقة به وجوداً وعدماً، فمثلاً إذا كانت فريضة الحج لن تتم ولن تحدث إلا بالسفر إلى مكة والوصول إلى أماكن المناسك، صار السفر والقيام بإجراءاته وركوب وسائل المواصلات... واجباً شرعياً، حيث لا يتم الحج إلا بذلك.[54]

وهذه القاعدة انبثقت من قاعدة أعم وأشمل منها ألا وهي: (الوسائل لها أحكام المقاصد)[55] فكما أن وسائل المأمورات مأمور بها فكذلك وسائل المنهيات منهي عنها.[56]

وقل مثل ذلك في وسائل المستحبات ووسائل المكروهات ووسائل المباحات.

ونلفت النظر إلى شيئين لا بدّ من معرفتهما:

**<u>الأول</u>:** يشترط في الوسائل كي تكون جائزة شرعاً: ألا تكون مخالفة للشروع في حد ذاتها ولا منهي عنها بعينها، فمن أراد أن يكرم يتيماً فسرق له مالاً وأنفقه عليه إحساناً إليه نقول له: هذا مقصد جيد ولكن الوسيلة نهى الشرع عنها بعينها ومن ثم فلا يجوز اقتراف تلك الوسيلة فإن قال ما قصدتُ إلا الإحسان وما

---

(53) الحديث رواه أبو داود (391)، والنسائي (5028)، وقال الألباني صحيح عن طلحة بن عبيد الله رضي الله عنه.
(54) انظر الوجيز للدكتور عبد الكريم زيدان ص300.
(55) المقاصد جمع مقصد وهو غاية الفعل ومنتهاه الذي يؤول إليه، وليس المقصود بالمقاصد هنا النيات.
(56) الأصول من علم الأصول لابن عثيمين ص27.

فعلتُ إلا خيراً، فنقول له: المقاصد الحسنة والوصول إلى تحقيق الغايات الحسنة والأعمال الطيبة، كل ذلك لا يقوى على تحسين وقبول الوسائل القبيحة المنهي عنها بعينها، فلسنا كاليهود القائلين: إن الغاية تبرر الوسيلة.

**الثاني:** لا يشترط في الوسائل كي تكون جائزة شرعاً: أن يكون الشرع قد نص على القيام بها أو فعلها النبي صلى الله عليه وسلم بعينها، فوضع خط في المسجد من أجل تسوية الصفوف - مثلاً - تلك وسيلة لم يفعلها النبي صلى الله عليه وسلم بعينها ولكنها تحقق مطلباً شرعياً ألا وهو تسوية الصفوف، فهذه الوسيلة مشروعة حكمها هو حكم تسوية الصفوف، وقد أنكر الشيخ ابن عثيمين على من اعتبر أن وضع الخط في المسجد بدعة عملاً بتلك القاعدة وبضوابطها ولا سيما أن هذا العمل خارج عن أعمال الصلاة.[57]

### (3) الأمر بعد الحظر يفيد رفع الحظر:

أي أن الشرع لو أمرنا بفعل شيء ثم نهانا عنه ثم عاد فأمرنا به ثانية، فإن الأمر الأخير كل فائدته أنه يرفع النهي السابق له فقط، ويعيد الشيء المطلوب إلى حالته الأولى التي كان عليها قبل النهي، وهذه القاعدة لها ثلاث حالات:

الحالة الأولى: إن كان الشيء الذي طلبه الشرع واجباً في الأصل ثم نهانا عنه ثم أمرنا به ثانية أفاد الأمر الأخير رفع النهي وعودة الفعل إلى الوجوب كما كان قبل النهي عنه.

كما في قوله تعالى: **(وَقَاتِلُوهُمْ حَتَّى لاَ تَكُونَ فِتْنَةٌ)** الأنفال (39)، فهذا أمر بقتال المشركين يفيد الوجوب، ثم نهانا الله عن القتال في الأشهر الحرم فقال: **(يَسْأَلُونَكَ عَنِ الشَّهْرِ الْحَرَامِ قِتَالٍ فِيهِ قُلْ قِتَالٌ فيه كَبِيرٌ)** البقرة (217)، ثم عاد فأمرنا بالقتال ثانية بعد انقضاء الأشهر الحرم فقال: **(فَإِذَا انسَلَخَ الأَشْهُرُ الْحُرُمُ فَاقْتُلُواْ الْمُشْرِكِينَ)** التوبة (5)

(57) انظر شرح نظم الورقات لابن عثيمين ص85 - 86.

فالأمر الأخير يقتضي عودة الفعل إلى ما كان عليه قبل الحظر ألا وهو الوجوب، فالقتال كان واجباً ثم حُرِّمَ في الأشهر الحرم ثم أمرنا به ثانية بعد انقضاء الأشهر الحرم، فالأمر الثاني هنا رفع النهي وأبقى الحكم الأول.

الحالة الثانية: إن كان الشيء الذي طلبه الشرع مندوباً في الأصل ثم نهانا عنه ثم أمرنا به ثانية، أفاد الأمر الأخير رفع النهي وعودة الفعل إلى الندب كما كان قبل النهي عنه.

كما في قول النبي صلى الله عليه وسلم: **(كنت نهيتكم عن زيارة القبور ألا فزوروها)**[58]، فالزيارة في الأصل مندوبة ثم نهانا الشرع عنها ثم عاد فأمرنا بها ثانية، فالأمر الأخير يقتضي عودة الفعل إلى ما كان عليه قبل الحظر ألا وهو الندب.

وتلك قرينة صرفت الأمر من الوجوب إلى الندب والاستحباب، فالأمر الثاني هنا رفع النهي وأبقى الحكم الأول.

الحالة الثالثة: إن كان الشيء الذي طلبه الشرع مباحاً في الأصل ثم نهانا عنه ثم أمرنا به ثانية، أفاد الأمر الأخير رفع النهي وعودة الفعل إلى الإباحة كما كان قبل النهي عنه، كما في الصيد فهو في الأصل مباح، ثم نهانا الله عنه أثناء الإحرام في قوله تعالى: **(يَا أَيُّهَا الَّذِينَ آمَنُواْ لاَ تَقْتُلُواْ الصَّيْدَ وَأَنتُمْ حُرُمٌ)** المائدة (95)، ثم عاد فأمرنا بالصيد بعد التحلل من الإحرام كما في قوله تعالى: **(وَإِذَا حَلَلْتُمْ فَاصْطَادُواْ)** المائدة (2)، فالأمر الصيد بعد النهي عنه يقتضى عودة الفعل إلى ما كان عليه قبل الحظر ألا وهو الإباحة.

وتلك قرينة صرفت الأمر من الوجوب إلى الإباحة، فالأمر الثاني هنا رفع النهي وأبقى الحكم الأول.[59]

(58) صحيح الجامع رقم 4584.

(59) من هذه الأمثلة نستطيع القول بأن هذه القاعدة تشبه العمليات الحسابية التي تقوم فيها بإدخال عدد سالب ثم تقوم بإدخال نفس العدد موجب، فيقوم الموجب بإلغاء السالب، وكأن شيئاً لم يكن، فمثلاً: لو عندنا العدد (5) إذا أدخلنا عليه (- 1) ثم أدخلنا عليه (+1)

وقل مثل ذلك في قوله تعالى: (يَا أَيُّهَا الَّذِينَ آمَنُوا إِذَا نُودِي لِلصَّلَاةِ مِن يَوْمِ الْجُمُعَةِ فَاسْعَوْا إِلَى ذِكْرِ اللَّهِ وَذَرُوا الْبَيْعَ ذَلِكُمْ خَيْرٌ لَّكُمْ إِن كُنتُمْ تَعْلَمُونَ فَإِذَا قُضِيَتِ الصَّلَاةُ فَانتَشِرُوا فِي الْأَرْضِ وَابْتَغُوا مِن فَضْلِ اللَّهِ) الجمعة (10 - 11)، فهل الأمر بالانتشار في الأرض وقضاء الحوائج بعد صلاة الجمعة يُحمل على الوجوب؟

**الجواب:** لا، لأن هذا الأمر وقع بعد النهي عنه، فأفاد عودة الحكم إلى ما كان عليه قبل النهي، ألا وهو أن الأصل فيه الإباحة.[60]

**(4) هل الأمر يقتضي طلب تكراره؟ أم يقتضي طلب حصوله مرة واحدة؟**

قيل إن الأمر يفهم منه ابتداء أن علينا أن نفعله مرة واحدة إلا إذا اقترن به ما يدل على إرادة التكرار، كأن يعلق الأمر على شرط أو على صفة اعتبرهما الشرع سبباً للمأمور به كتكرار إقامة حد الزنى على الزاني كلما زنى، وكقوله تعالى: ﴿فَمَن شَهِدَ مِنكُمُ الشَّهْرَ فَلْيَصُمْهُ﴾ البقرة (185)، يفهم منه وجوب صيام شهر رمضان صياماً متكرراً كلما مرّ علينا هذا الشهر، فلا يسقط عنا هذا التكليف بمجرد الإتيان به مرة واحدة في العمر، ولكنه مطلوب على وجه التكرار لأن وجوبه متعلق بسبب متكرر، وكما في الحديث الذي رواه ابن عباس رضي الله عنه عن النبي صلى الله عليه وسلم أنه قام فقال: **(إن الله تعالى كتب عليكم الحج)** فقال الأقرع بن حابس التميمي رضي الله عنه: كل عام يا رسول الله؟ فسكت فقال: **(لو قلت نعم لوجبت ثم لا تسمعون ولا تطيعون ولكنه حجة واحدة)**[61]، فجاءت إجابة الرسول صلى الله عليه وسلم تدل على الاكتفاء بفعل المأمور به - وهو الحج - مرة واحدة على سبيل الوجوب ولو كان الأمر يفيد

=

فتكون النتيجة هكذا: (5 - 1 +1 = 5) أي أن العدد عاد إلى أصله بلا زيادة أو نقصان.

(60) انظر شرح مسَلم الثبوت ج1 ص380، والآمدي ج3 ص260 - 262، والمسودة لابن تيمية ص18، الوجيز ص296.

(61) رواه النسائي ج5 ص111وصححه الألباني.

التكرار بذاته لغة لكان سؤال الرجلرضي اللـه عنه وإعادته للسؤال من قبيل العبث.

وقيل الأصل في الأمر عكس ما ذكرناه، أي أن الأمر يفيد طلب حصول الفعل طلباً متكرراً إلا أن تأت قرينة تفيد الطلب مرة واحدة، فالتكرار عندهم يُفهم من ذات الأمر وغير مفتقر إلى دليل آخر خارج عنه، ولاسيما أن الشرع جاء لإصلاح الفرد والمجتمع على الدوام ولن يتحقق ذلك إلا بالمداومة على الامتثال لشرع اللـه عز وجل وتكرار مطالبه كلما اقتضى الحال.[62]

************

## المبحث الرابع

## الحرام:

**وهو: (طلب الكف عن الفعل على وجه الإلزام، بحيث يثاب تاركه ويأثم فاعله).**[63]

كتحريم الشرك بالله في الدعاء المستفاد من قوله تعالى: (وَأَنَّ الْمَسَاجِدَ لِلَّهِ فَلَا تَدْعُوا مَعَ اللـهِ أَحَدًا) القصص (88)، وكتحريم الشرك بالله في الحكم المستفاد من قوله تعالى: ( وَلا يُشْرِكُ فِي حُكْمِهِ أَحَدًا) الكهف (26)، وكتحريم السرقة المستفاد من قوله تعالى: (وَالسَّارِقُ وَالسَّارِقَةُ فَاقْطَعُوا أَيْدِيَهُمَا جَزَاء بِمَا كَسَبَا نَكَالاً مِنَ اللـهِ)المائدة (38)

فهذه الأشياء وغيرها مطلوب منك الكف عنها وتركها تركاً لازماً جازماً، بحيث إن تركتها أُجرت وإن فعلتها أثِمْتَ، والحرام له مسميات كثيرة منها: معصية

(62) انظر المسودة لابن تيمية ص20، والإحكام لابن حزم ج3 ص318، ولطائف الإرشادات لعبد الحميد بن محمد علي قدس ص24، والآمدي ج2 ص225 - 236، وإرشاد الفحول ص97 للشوكاني، والوجيز ص297 - 298، وشرح نظم الورقات لابن عثيمين ص 82 - 83.

(63) انظر الإحكام لابن حزم ج3 ص 321، والوجيز ص 41.

وذنب ومحظور وقبيح ومزجور عنه ومتوعد عليه...

واعلم أن الحرام ليس على درجة واحدة فله مراتب بعضها أسوء من بعض، فأعظم الحرام حرمة: الكفر والشرك الناقلان عن الملة، ثم الكفر والشرك الأصغر، ثم سائر الكبائر، ثم أقلهن الصغائر واللَّمَم، والحرام يُستنبط من إحدى صيغ طلب الترك - السابق ذكرها - فهي تفيد إلزام المخاطب بتركها وتجنبها والابتعاد عنها.

**أقسام الحرام:**

قبل ذي بدء ينبغي أن نعلم أن الحرام ما حُرِّمَ إلا لأن فيه مفسدة ومضرة، وهذه المفسدة إما أن تكون راجعة إلى ذات الحرام نفسه، وإما أن تكون راجعة إلى أمر خارجي عنه ولكنه متعلق به، وبهذا الاعتبار تنوع الحرام إلى قسمين:

**(أ) الحرام لذاته:**

وهو الحرام الذي حُرِّم ابتداء بسبب مفسدته ومضرته النابعة من نفسه والتي لا تنفك عنه.[64]

واقتراف الحرام لذاته يسبب إخلالاً بواحدة أو أكثر من الضرورات الخمس وهي:

(النفس، والدِّين، والعقل، والمال، والعِرْض).

والشرع حرص حرصاً شديداً على صون تلك الضرورات الخمسة والحفاظ عليها، فهي من مقاصد التشريع، فتجد الشرع قد حرم الانتحار وقتل النفس بغير حق وحرم أكل الميتة والدم والخنزير حفاظا على النفس، وحرم الكفر والشرك والرِّدة وأكل ما أهل به لغير الله حفاظاً على الدين، وحرم شرب الخمر وسائر المسكرات حفاظاً على العقل، وحرم السرقة وأكل أموال الناس بغير حق حفاظاً على المال، وحرم الزنى وفعل قوم لوط والزواج من المحارم حفاظاً على العرض والنسل.... وجعل لكل جريمة من تلك الجرائم حداً وعقوبة صارمة في الدنيا، أو وعيداً شديداً

(64) الوجيز للدكتور عبد الكريم زيدان ص 42.

يوم القيامة، كي لا تسوِّل لك نفسك اقتراف تلك المحرمات أو المساس بهذه الضرورات، حيث إنه إن انتهكت تلك المحرمات ضاعت الضرورات، ومن ثم استحالت الحياة وفسد معها نظامها فساداً مستطيراً.

**(ب) الحرام لغيره:**

وهو الحرام الذي حُرِّم لا لأن فيه مفسدة أو مضرة في نفسه ولكن قد يُفضِي إلى حرام لذاته أو يساعد على فتح باب الحرام لذاته أو اقترن به ما اقتضى تحريمه.

بمعنى أنه ليس في ذاته مفسدة بل قد تكون فيه مصلحة راجحة ولكنه في ظرف معين قد يكون سبباً مفضياً إلى حرام لذاته، لذلك فهو مُحرَّم لغيره أي ليس لسبب في ذاته وإنما حُرِّم سداً لذريعة الوصول إلى المحرم لذاته، مثل: البيع والشراء بعد النداء لصلاة الجمعة، فالبيع والشراء ليس محرماً في الأصل بل هو مشروع ولكنه في هذا الوقت قد يؤدي إلى ضياع صلاة الجمعة التي هي من أخص شعائر هذا الدين، والتي لا تُصلى إلا في جماعة لذا فالمحافظة عليها محافظة على الدين وأي شيء يُخِل بالقيام بها يُحرَّم من أجلها.

وكذلك النهي على الصلاة في الأرض المغصوبة وفي الثوب المغصوب والطهارة بالماء المغصوب، فالطهارة والصلاة في الأصل مشروعة ولكنها عندما اقترنت بالغصب حُرِّمَت من أجل ذلك.

**ثمرة هذا التقسيم:**[65]

**أولاً:** الحرام لذاته لا يباح إلا للضرورة، وقلنا أن الضرورات خمسة هي الحفاظ على: (النفس، والدِّين، والعقل، والمال، والعِرْض) فالحرام يباح إذا حال دون

(65) انظر تيسير أصول الفقه ص 53 - 54.

الحفاظ على تلك الضرورات، والقاعدة تقول: (الضرورات تبيح المحظورات).[66]

ومقدار الإباحة هو مقدار الحفاظ على تلك الضرورات فقط، فإذا زاد كانت الزيادة حرام واعتداء فالقاعدة تقول: (الضرورات تُقَدَّرُ بِقَدْرِهَا).[67]

فمثلا: لو أن رجلاً أشرف على الموت لانعدام الطعام فوجد ميتة فعليه أن يدفع الموت بأكل الميتة، فتصير الميتة في حالته هذه حلالاً، حيث إنها حُرِّمت حفاظاً على النفس وهنا أصبحت وسيلة للحفاظ على النفس، ولذا رُفع التحريم، ولكن مقدار الأكل هو مقدار ما يحافظ به المرء على حياته، فلو كان الحفاظ على الحياة يحصل بتناول قطعة لحم واحدة ثم هو أكل قطعتين فيكون قد أثم على تناوله للقطعة الثانية، ولم يأثم على تناوله للقطعة الأول.

أما الحرام لغيره فيباح للحاجة ورفع الضيق والحرج، قال تعالى: ﴿وَمَا جَعَلَ عَلَيْكُمْ فِي الدِّينِ مِنْ حَرَجٍ﴾ الحج (78)

فمثلاً: رؤية الرجل لعورة أخيه حرام ولكنه حرام لغيره حيث إن ذلك لا يلحق ضرراً مباشراً بإحدى الضرورات الخمس، ولكن النظرة قد تفضي إلى ذلك، ومن ثم فرؤية الطبيب لعورة المريض الذي لم يُشرف على الموت - مثلاً - تلك الرؤية حلال، ولو مُنع الطبيب من أن ينظر لعورة المريض الذي يعالجه لوقع الناس في ضيق وحرج وعنت ومشقة، والناس إلى ذلك محتاجون والقاعدة تقول: (المشقة تجلب التيسير) أو (كلما وجدت مشقة وجد تيسير).[68]

وإذا كان الحرام لغيره يباح للحاجة ودفع المشقة فمن باب أوْلى يباح للضرورة.

ومن ثم فالحرام لذاته لا يباح إلا للضرورة فقط، والحرام لغيره يباح للضرورة ولما هو أخف من الضرورة كالحاجة والمشقة، ومن هنا نعلم أن نوع الحرام يحدد لنا متى يُرفع التحريم ويُرفع الإثم عمن اقترف الحرام.

---

(66) القواعد الفقهية لابن عثيمين ص24، 25.

(67) القواعد الفقهية لابن عثيمين هامش ص26.

(68) القواعد الفقهية لابن عثيمين ص21.

**ثانياً:** الحرام لذاته إذا كان في العقود بطل العقد ولم ينعقد ابتداء، مثل عقد بيع الميتة أو الخمور، أو عقد الزواج على الأخت من الرضاعة - بدون علم العاقدين طبعاً - فمثل هذه العقود باطلة فاسدة لا يُعترف بها بل هي غير منعقدة أصلاً فلا يعمل بمقتضاها.

أما الحرام لغيره إذا كان في العقود صح العقد مع الإثم، كعقد بيع حلال بعد النداء لصلاة الجمعة، أو كعقد الزواج بالنسبة لمن لم يتحلل من إحرامه، فمثل هذا العقود صحيحة منعقدة يُعترف بها ويعمل بمقتضاها عند غير الحنابلة، ومن هنا نعلم أن نوع الحرام يحدد لنا متى تبطل العقود ومتى تصح مع الإثم.

**ثالثاً:** إذا اقترنت العبادة بحرام لغيره، كالوضوء بالماء المغصوب أو في آنية الذهب والفضة، أو الصلاة في الأرض المغصوبة أو الثوب المغصوب.... هل القيام بهذه العبادة في مثل هذه الحالات المحرمة لغيرها تجعل العبادة فاسدة وباطلة وغير مجزئه؟ أم أن العبادة تقع صحيحة ولا تتأثر بذلك؟

**الجواب:** أن هذه المسألة فيها قولان:

القول الأول: أن العبادة صحيحة ومجزية.

القول الثاني: أن العبادة فساد وباطلة ووجب إعادتها.

وسبب الخلاف أن الذي حكم بصحة العبادة نظر إلى أن العبادة في الأصل مشروعة، والحرام الذي طرأ عليها حرام لغيره فغلّب جانب الأصل على ما لحق بها، وجعل كل فعل منفك عن الآخر وغير متأثر به، والذي حكم ببطلان العبادة نظر إلى ما اتصل بها من حرام وجعل الفعلين مرتبطين بحيث أفسد الحرامُ العبادة التي اقترن بها، وأصحاب كلا الرأيين متفق على إلحاق الإثم بالعابد.[69]

**تتمة:**

الإمام أبو حنيفة كما قسّم مطلوب الفعل على وجه الإلزام إلى قسمين: (فرض، وواجب).

(69) انظر الوجيز للدكتور عبد الكريم زيدان ص 43 - 44، وتيسير أصول الفقه للدكتور الفياض ص 52 - 53.

وبنى تقسيمه على أن الفرض ثبت بدليل قطعي، والواجب ثبت بـدليل ظنـي، فكـذلك قسَّـم مطلوب الترك على وجه الإلزام إلى قسمين: (حرام، ومكروه كراهة تحريم).

والحرام عنده يطلق على ما ثبت تحريمه بدليل قطعي كما في تحريم الخمـر الثابـت بـالقرآن والسنة المتواترة، أما المكروه كراهة تحريم فيطلقه على ما ثبت تحريمه بدليل ظنـي كأحاديـث الآحاد أو الاجتهاد كما في تحريم النبيذ الثابت بالقياس على الخمر.

والجمهور ليس عندهم هذا التفريق فالحرام كل ما ثبت النهـي عنـه مـع عـدم وجـود قرينـة صارفة، سواء كان ثابتاً بدليل قطعي أو ظني، والحق أن هذا الخلاف الذي بين الجمهور وأبي حنيفة خلاف لفظي فقط لا يبنى عليه كبير عمل من الناحية الفقهية. [70]

\*\*\*\*\*\*\*\*\*\*

## المبحث الخامس

## المكروه:

**وهو: (طلب الكف عن الفعل على غير الإلزام، بحيث يمدح تاركه ولا يذم فاعله).** [71]

بمعنى أن تركه أولى وأفضل من فعله لوجود قرينة صرفت النهي عـن التحـريم، كـما في قـول النبي صلى الله عليه وسلم: (**أبغض الحلال إلى الـله الطلاق**) [72]، فالطلاق حـلال ولكـن الشـرع يبغضه، ومن ثم كان تركه أفضل من فعله، وهذه قرينة قولية فهمت من ذات الألفاظ.

---

(70) انظر الوجيز للدكتور عبد الكريم زيدان ص 46.
(71) انظر إرشاد الفحول ص6، وشرح البدخشي ج1 ص48.
(72) ضعيف الجامع الصغير 44 من حديث ابن عمررضي الله عنه.

وكما في نهي النبي صلى الـلـه عليه وسلم عن الشرب واقفاً عندما قال: **(لا يشربن أحد منكم قائماً....)**[73] فهذا نهي يقتضي التحريم لولا أن النبي صلى الـلـه عليه وسلم شُوهد وهو يشرب واقفاً، فدل ذلك على أن النهي ليس على سبيل الجزم والإلزام، ولو كان حراماً ما فعله النبي صلى الـلـه عليه وسلم مطلقاً، فهو منزه ومعصوم عن اقتراف الحرام، ومن ثم فإن فِعل النبي صلى الـلـه عليه وسلم لِمَا نَهَى عنه قرينة فعلية تدل على صرف طلب الترك من التحريم إلى الكراهة، وهذا بيان من النبي صلى الـلـه عليه وسلم لأمته حتى يعلموا أنه من ترك ذلك لله أثيب ومُدح على تركه، ومن فعله لا يُذم ولا يُعاقب على فعله، وهذا المكروه بهذا المعنى يسميه أبو حنيفة بالمكروه كراهة تنزيه.[74]

**ملاحظة:** إذا وصف القرآن أو السنة أو الصحابة شيئاً بأنه مكروه: كان المقصود أنه مطلوب الترك، ومن المعلوم أن مطلوب الترك يكون على وجه الإلزام ما لم تأت قرينة صارفة تجعله راجح الترك وفاعله غير آثم، وذلك كما وصف الـلـه سبحانه الشرك والزنى والقتل بغير حق وأكل مال اليتيم بقول: (كُلُّ ذَلِكَ كَانَ سَيِّئُهُ عِنْدَ رَبِّكَ مَكْرُوهاً) الإسراء(38).

وكان الشافعي وأحمد وغيرهم - أحياناً - يستعملون لفظ (المكروه) ويقصدون به: (الحرام)، وهذا الاستعمال استعمال لغوي وليس اصطلاحي، والسبب في ذلك أنهم تحرَّجوا من استعمال لفظ حرام - ولاسيما في المسائل الاجتهادية - لقوله تعالى: (وَلا تَقُولُوا لِمَا تَصِفُ أَلْسِنَتُكُمْ الْكَذِبَ هَذَا حَلالٌ وَهَذَا حَرَامٌ) النحل(116).

***************

(73) صحيح الجامع الصغير7718 من حديث أبي هريرة رضي الله عنه.
(74) الوجيز ص 46.

## المبحث السادس

## القواعد المتعلقة بطلب الترك:

### (1) النهي يقتضي التحريم ما لم تأت قرينة تصرفه عنه:

كأكل أموال الناس بالباطل المستفاد تحريمه من النهي الوارد في قوله تعالى(**وَلاَ تأكُلُواْ أَمْوَالَكُم بَيْنَكُم بِالْبَاطِلِ**) البقرة (188)، فهذا نهي خلا من وجود قرينة تصرفه عن التحريم.

والقرائن الصارفة - كما قلنا سابقاً - ثلاثة:

(**أ**) قرائن قولية تفهم من الألفاظ وتوحي بعدم الإلزام.

(**ب**) قرائن فعلية وذلك بعدم مداومة النبي صلى الله عليه وسلم على ترك ما نهى عنه، حيث إن فعله صلى الله عليه وسلم لما نهى عنه دليل على عدم حرمة هذا الفعل.

(**ج**) قرائن إقرارية وذلك بعدم إنكار النبي صلى الله عليه وسلم على صحابي اقترف ما نهى النبي صلى الله عليه وسلم عنه، حيث إن ترك النبي صلى الله عليه وسلم للنهي عن المنكر دليل على هذا العمل ليس منكراً، وذلك كتركه الإنكار على من لم يصلِّ العصر في بني قريظة بعد أن قال لهم: (**لا يصلينَّ أحد العصر إلا في بني قريظة**)[75]، فسكوته صلى الله عليه وسلم إقرار بعدم وقوعهم في الحرام.

### (2) النهي يقتضي الترك على التأبيد ما لم تأت قرينة تقيده:

بمعنى أن النهي يفيد المداومة وتكرار الترك، وليس تركه مرة واحدة فقط، كما في تحريم الزنى المستفاد من قوله تعالى :(**وَلاَ تَقْرَبُواْ الزِّنَى**) الإسراء (32)، فأنت مُطالب بالابتعاد عن الزنى دائماً وأبداً وفي جميع الأزمنة والأمكنة إلى يوم أن

(75) رواه البخاري (4119).

تموت.

وهذا الترك متكرر ما لم يأت دليل يرفع هذا التكرار ويقيده مثلاً بوقت محدد أو مكان معين أو غير ذلك، كما في تحريم الصيد أثناء الإحرام المستفاد من قوله تعالى: **(يَا أَيُّهَا الَّذِينَ آمَنُواْ لاَ تَقْتُلُواْ الصَّيْدَ وَأَنتُمْ حُرُمٌ)** المائدة (95)، فهذا نهي ولكنه ليس في جميع الأحوال وإنما في حال إحرامك فقط، وهو أيضا متكرر طيلة مدة الإحرام، ومتكرر كلما أَحْرَمْتَ.[76]

**(3) النهي يقتضي الترك على الفور:**

فالنهي عن شرب الخمر - مثلاً - يفيد ترك الشرب فوراً دون تسويف أو مماطلة.[77] فما نزل النهي إلا ليُجتنب في الحال.

**(4) الأصل في العبادات المنع إلا إذا أذن بها الشرع:**[78]

وهذه القاعدة مشهورة بقولهم: **(العبادات توقيفية)**، حيث إن العبادة حق اللـه على عباده، وهذا الحق لا يثبت إلا عن طريق ما شرعه اللـه، ودليل ذلك قوله تعالى: ﴿أم لهم شركاء شرعوا لهم من الدين ما لم يأذن به اللـه؟﴾ الشورى (21)، وقول النبي صلى اللـه عليه وسلم: **(من عمل عملاً ليس عليه أمرنا فهو رد)**.[79]

## المبحث السابـع

## المُباح:

وهو: **(ما خَيَّر الشرع المُكلف بين فعله وتركه، بحيث لا يُمدح**

(76) انظر تيسير أصول الفقه للدكتور الفياض ص302 - 303.
(77) انظر تيسير أصول الفقه للدكتور الفياض ص302 - 303.
(78) القواعد الفقهية لابن عثيمين ص32.
(79) أخرجه البخاري 2697، ومسلم 1718.

**فاعله ولا يُذم تاركه).**[80]

وبتعبير آخر: **(هو تسوية الشرع بين الفعل والترك بلا ترجيح، ولا ثواب، ولا عقاب).**

ويطلق عليه اسم: الحلال، ومثاله النوم والأكل والشرب والبيع والشراء في الحالات التي خلت من وجود نص يفيد طلب فعل أو ترك، أو الحالات التي ورد فيها نص يفيد الحِل والتسوية بين الفعل والترك.

فمثلاً يختلف الأكل على حسب نوعه وحال آكله، فأكل لحم الخنزير للمضطر يختلف عن غير المضطر وأكل الثوم للذاهب للمسجد يختلف عن الماكث في البيت، وإفطار الصائم على تمر يختلف عن إفطاره على لحم طير، فكل هذا يندرج تحت كونه أكلاً ولكن منه ما وردَ فيه نص على تحريمه، ومنه ما ورِدَ فيه نص على كراهته، ومنه ما وردَ فيه نص على ندبه واستحبابه، ومنه ما ورِدَ فيه نص على إباحته، ومنه ما لم يرد فيه نص أصلاً يحث على الفعل أو الترك وهذا أيضاً من المباح.

وهناك قاعدة يُعمل بها في هذا الباب وهي: **(ما تولد عن المباح فهو معفوٌّ عنه)**، فالفعل إذا كان مباحاً ثم نتج عنه شيئاً، صار هذا الشيء الناتج عنه لا أثر له ولا إثم على صاحبه، كمثل من تطيب قبل إحرامه ثم أحرم وبقي أثر الطيب في جسده، فهذا لا إثم عليه ولا فدية، حيث إنه تطيب ساعة أن كان استعماله للطيب حلالاً، ثم تولد عنه ريحاً طيبة انبعثت منه بعد أن صار الطيب في حقه حراماً.

هذا في المباح، أما إذا كان الأمر مطلوباً شرعاً فمن باب أولى أن يُعمل بتلك القاعدة، فلا دية قتل خطئ على من أقام حد الله وقطع يد سارق فسال دمه ومات السارق بسبب هذا القطع، كما أن الصائم صيامه صحيح إن تمضمض - دون

---

(80) انظر إرشاد الفحول ص 6، والموافقات ج1 ص 40، والوجيز ص 47.

مبالغة - وسبق ماء المضمضة إلى جوفه، بخلاف لـو بـالغ في المضمضة وذلك لأن مبالغة الصائم في المضمضة والاستنشاق منهي عنه[81].

فانتبه إلى الفرق بين ما تولد عن المباح أو المطلوب فعله، وما تولد عن المطلوب تركه.

## أقسام المباح:[82]

### (1) مباح يخدم مطلوب فعل: وهو مباح الفعل بالجزء مطلوب الفعل بالكل.

بمعنى أنه لا يجوز تركه جملة، فمثلاً: الطعام الذي ليس فيه نص يحرمه: (مباح)، أي أنـه يباح اختيار نوعه ووقت تناوله وكيفية طهيه وكميته ما لم تصل إلى حد الإسراف، وليس مباحاً بمعنى استواء فعله مع تركه فيجوز تركه جملة فيهلك الإنسان ويموت جوعاً، بل هـو مطلوب الفعل لحفظ النفس من أجل عبادة اللـه وحده وإقامة دينه والاستخلاف في أرضه، ومن هنا تبـين لـك أنه خـادم لأمر مطلوب فِعْلُه.

### (2) مباح يخدم مطلوب الترك: وهو مباح الفعل بالجزء مطلوب الترك بالكل.

بمعنى أنه لا يجوز استغراق كل الوقت فيه، فمثلاً: اللهو الذي ليس فيه نص يحرمه: (مباح)، أي أنه يباح اختيار نوعه ووقت ممارسته وكيفية الممارسة.... ولكنه ليس مباحاً إن صار عادة تستغرق كل أو جُل وقتك، فعندها يكون مطلوبٌ ترك هـذا الاستغراق، فلم نُخلـق لمثل هـذا، ومـن ثم يصير مكروهاً، أي مطلوب الترك عـلى غـير وجـه الإلـزام، والكراهـة هنا منصبة عـلى الاستغراق والمداومة والاستمرار.

---

(81) انظر الأشباه والنظائر للسيوطي ص198.
(82) انظر الموافقات ج1 ص130 - 131، والأصول للشيخ محمد أبو زهرة ص42 - 43.

## المبحث الثامن
## أثر النية في التكليفات الشرعية

القصد والنية القلبية تؤثر في التكليفات الشرعية من حيث كونها تجعل الفعل مقبولاً أو مردوداً، وفاعله ممدوحاً أو مذموماً عند الله، وكما قال النبي صلى الله عليه وسلم: **(إنما الأعمال بالنيات وإنما لكل امرئ ما نوى)**[83]، فالنية لها دور عظيم في الأعمال، ومحلها القلب، والله أعلم بها وهو عليم بذات الصدور، فالنية الصالحة تجعل المباح ممدوحاً، وصاحبها مأجورٌ عند الله، كما أن القصد والنية الفاسدة تفسد المباح وتجعله مذموما وصاحبها آثمٌ عند الله.

فرجل يغذي جسده ليجاهد في سبيل الله هل يستوي هو ومن يغذي جسده ليصد عن سبيل الله؟ لا يستويان مثلاً.

ومعلوم كذلك أن النية الفاسدة تفسد العمل الصالح، فالذي جاهد وقاتل ليقال عنه أنه شجاع ليس له يوم القيامة عند الله إلا النار، بل هو أول من تسَعَّر به نار جنهم لفساد قصده ونيته.

أما العمل الفاسد إذا صلح معه القصد والنية فلا يجعله صالحاً أبداً، فالذي يوالي اليهود والنصارى ويحبهم من كل قلبه ويداهنهم ويمدح دينهم ويثني على كفرهم ويجاملهم على حساب ديننا ويتخذهم بطانة له من دون المؤمنين ويساعدهم على نشر اعتقاداتهم ويصد عن سبيل الله ويغلق المساجد ويقتل العلماء ويعتقلهم ليثبت لليهود والنصارى أن ديننا دين السماحة، من فعل ذلك فهو عدو لله، وليس له من الله في شيء، ولن تشفع له نيته مع فساد عمله، فمشركي مكة سابقاً أعربوا عن قصدهم من شركهم فقالوا: (مَا نَعْبُدُهُمْ إِلَّا لِيُقَرِّبُونَا إِلَى اللهِ)الزمر (3)، ومع

---

(83) رواه البخاري 1، ورواه مسلم 1907.

تصريحهم بحسن نيتهم إلا إن النبي صلى الله عليه وسلم حاربهم وقاتلهم حتى يتقربوا إلى الله بعبادته وحده، ويتبرؤون من أي معبود غيره.

فالعمل الفاسد لا تصلحه النية الصالحة، بينما العمل الصالح تفسده النية الفاسدة، أما المباح فهو تابع لنية فاعله، والله يعلم خائنة الأعين وما تخفي الصدور.

\*\*\*\*\*\*\*\*

# الفصل الثالث
# المصطلحات المتعلقة بالأحكام
# الشرعية الوضعية

**الحكم الوضعي:**

**هو: (خطاب الله المتعلق بجعل أمرين أحدهما سبباً للأخر أو شرطاً له أو مانعاً منه).(84)**

فتلك ثلاثة مصطلحات وضعها الشرع علامات وأمارات تدل على بعض التكليفات الشرعية وهي: (السبب، والشرط، والمانع)، وإليك بيان كل واحد منها:

## المبحث الأول

## السبب

**وهو: (وصفٌ ظاهرٌ منضبط معرِّفٌ للحكم، يلزم من وجوده وجود الحكم، ومن عدمه عدم الحكم).(85)**

بمعنى أنه أمارة إذا تحققت ترتب عليها حكماً تكليفياً، وإذ لم تتحقق ترتب عليها عدم وجود هذا الحكم التكليفي، ولذا فإن القاعدة تقول: (الحكم التكليفي يدور مع سببه وجوداً وعدماً).

---

(84) انظر الوجيز ص 26.

(85) انظر تسهيل الوصول للمحلاوي ص255، والمستصفى للغزالي ج1 ص 94، والإحكام للآمدي ج1 ص181.

فغروب الشمس - مثلاً - سبب لوجوب صلاة المغرب، أي أنه إذا غربت الشمس وجبت الصلاة، وإذ لم تغرب لم تجب الصلاة، فالصلاة وجوبها متعلق بوقوع هذه العلامة، وقل مثل ذلك في الموت فهو سبب لتوزيع التركة على الورثة، والسرقة سبب لإقامة الحد على السارق.

وهذه العلامات المعرِّفة للأحكام التكليفية يشترط فيها شرطان كي تسمى سبباً:

**(أ) الظهور.**

**(ب) الانضباط.**

والظهور ضد الخفاء، فلو علق الشرع حكماً تكليفياً على أمر خفي لَمَا استطاع المكلَّف أن يعرف متى يقوم بهذا التكليف، ومن ثم لا يقوم به، فلو قالنا - جدلا - إن الشرع أوجب علينا صلاة الفجر عند صعود ملائكة الليل ونزول ملائكة النهار، هل يستطيع مكلَّف أن يحدد متى يصلي الفجر؟ قطعاً لا، فقد يصليها قبل وقت وجوبها فلا تقبل منه ولا تسقط عنه فتضيع الصلاة وهو يظن أنه أداها في وقتها، وقد يصليها بعد فوات وقتها فيضيعها كذلك.

ولذا فإن الشرع الحكيم عندما أراد وضع سبب لحكم تكليفي لم يجعله إلا ظاهراً واضحاً نستطيع تمييزه وإدراكه وتحديده.

وكذلك يجعله منضبطاً، بمعنى أنه لا يختلف باختلاف الأشخاص والأحوال، كما في وجوب الزكاة لمن ملك النصاب الذي حال عليه الحول، فمِلْكُ النصاب وحولان الحول عليه علامة ثابتة منضبطة لا تختلف باختلاف الأشخاص ولا الأمكنة ولا الأزمنة، بعكس لو قلنا - جدلاً - إن الغِنَى هو سببٌ لوجوب الزكاة، فالغِنَى لا يصلح أن يكون سبباً لأنه ليس له ضابط ثابتٌ حيث إنه يختلف باختلاف الأشخاص والأحوال، ونضرب لذلك مثلاً:

قد يصبح الشخص غنياً بامتلاك ألف جنيه منذ مائة عام، وقد يصاب بمرض فيصير فقيراً محتاجاً مع امتلاكه لنفس المبلغ، والآن لا يصير الشخص بهذا

المبلغ غنياً، فمسألة الغِنَى والفقر تختلف على حسب حاجات الشخص واقتصاد المكان والزمان الذي هو فيه، ولذلك فإن الشرع الحكيم عندما أراد وضع سبب للزكاة جعله منضبطاً لا يختلف مهما اختلفت الأشخاص والأحوال.[86]

ومما سبق يتضح لنا أن الحكمة الشرعية لا تُعدُّ سبباً يتعلق به الحكم وجوداً وعدماً، حيث إن الحكمة ليست من الأمور المنضبطة، لأنها تختلف باختلاف الأشخاص والأحوال فمثلاً: السفر جعله الشرع رخصة تُجيز الفطر في رمضان، والحكمة من ذلك هي دفْع الحرج والمشقة، ولكن أيهما يُعد سبباً يتعلق به جواز الفطر أو عدمه: السفر أم المشقة؟

**الجواب:**

أننا ننظر فيهما لنحدد من الذي تتوفر فيه شرطي السبب حتى يطلق عليه أنه هو السبب، ومن ثم يتعلق به الحكم وجوداً وعدماً.

فالسفر أمر ظاهر واضح ومنضبط كذلك، فأي إنسان ضرب في الأرض ضرباً أُطِلق عليه اسم سفر فهو مسافر بِغَضِّ النظر عن الشخص المسافر أو حاله أو وسيلة سفره، فالكل يطلق عليه وصف مسافر مع اختلاف هذه الأشياء، أما المشقة فهي غير منضبطة حيث إن الرجلين يسافران، والسفر يشق على أحدهما، ولا يؤثر في الآخر، ووسيلة السفر ووقته والمكان المسافر إليه كل هذه عوامل تؤثر في المشقة الواقعة على الشخص المسافر فتجعله أحياناً ينطبق عليه وصف كونه في مشقة وأحياناً لا ينطبق عليه هذا الوصف، ولذا فالمشقة وصف غير منضبط، ومن ثم فلا تعد المشقة سبباً يتعلق بها جواز الفطر أو عدمه فيجوز للمسافر أن يفطر ولو لم يشعر بالمشقة، كما أن المقيم مطالب بالصبر والتحمل وعدم اللجوء إلى الفطر حتى ولو شعر بالمشقة.

فالأحكام الشرعية لا تتعلق بالحكمة الشرعية لا وجوداً ولا عدماً، بينما تتعلق بالأسباب الشرعية وجوداً وعدماً.

(86) انظر تيسير أصول الفقه للدكتور الفياض ص81.

**فائدة:**

- الشيء الذي جعله الشرع سبباً لحكم تكليفي لا يصلح أن يصير سبباً لحكم تكليفي آخر لم يوضع له [87]، فمثلاً السفر سبب لجواز ترك المسافر للصيام الواجب - كما حدد الشرع - فلا يصلح السفر أن يكون سبباً لترك المسافر لواجب الأمر بالمعروف والنهي عـن المنكر - مثلاً - عن طريق القياس، حيث إن الشرع لمّا وضع السفر سبباً للفطر أصبح هذا السبب خاصاً بهذا التكليف، فلا يجوز أن ينتقل منه إلى غيره عن طريق القياس، ولا سيما القياس يبنى على علة الحكم، ولا يبنى عـلى سببه ولا على حكمته، والحديث عن العلة سيأتي - إن شاء الله - عند الكلام عن القياس.

## المبحث الثاني

الأحكام الشرعية ثابتة في حق المكلف، وهو مخاطبٌ بها في جميع أحواله إلا عند الضرورة والمشقة، فعندهما يُرفع عنه هذا الخطاب تخفيفاً، ويخاطب بخطاب آخر يناسب حالته الطارئة غير الاعتيادية، ويطلق على الحكم الأصلي: (العزيمة)، ويطلق على الحكم الطارئ: (الرخصة).

وحال الشخص المكلّف هو السبب في التزامه بالعزيمة أو بالرخصة، فكلما وجدت مقتضيات الأخذ بالرخصة رُفع عنه الأخذ بالعزيمة، فإذا زالت تلك المقتضيات عاد إلى الأخذ بالعزيمة، وإليك بيان ذلك:

**العزيمة والرخصة:** [88]

العزيمة: هي: (الحكم الأصلي الثابت في الشرع دون نظر إلى ما

---

(87) انظر تيسير أصول الفقه للفياض ص82.
(88) انظر التلويح ج2 ص 127، والموافقات ج1 ص240، والإحكام للآمـدي ج1 ص 101، ص 188، والمستصفى لـلغزالي ج 1 ص 98، وتيسير أصول الفقه للفياض ص63 - 66، والوجيز ص 51.

قد يطرأ على المكلفين من عوارض وأعذار).

فهي أحكام أصلية شرعت ابتداءً لجميع المكلَّفين في أحوالهم العادية، كحرمة الكفر وحرمة شرب الخمر وكوجوب الصيام وغيره.

**الرخصة:** هي: (حكم ثابت في الشرع جاء لرفع استمرار الإلزام بالحكم الأصلي لعذر).

كإباحة الإتيان بالكفر مع اطمئنان القلب بالإيمان حفاظاً على النفس عند الإكراه، فالشرـع رَخص ويَسر على المكلَّف فرفع عنه استمرار حُرمة الكفر في هذه الحالة.

أي أن حال المكلَّف صار سبباً في فعل ما لا ينبغي فعله.

وكذلك إباحة ترك المسافر لصيام رمضان، فالشرـع رخص ويسرـ على المكلَّف فرفع عنه استمرار وجوب الصيام في هذه الحالة.

أي أن حال المكلف صار سبباً في ترك ما ينبغي فعله.

فتلك أعذار أجازت للمكلف أن يفعل الحرام ويترك الواجب، ولولا العذر لثبت الإثم.

**السبب في تشريع الرخصة:**

هو التخفيف والتيسير على المكلَّفين في أوقات اعتبرها الشرع أعذاراً، وترجع تلك الأعذار إلى شيئين [89] هما:

**(أ)** الحفاظ على الضرورات الخمس. **(ب)** دفع الحرج والمشقة.

---

(89) انظر تيسير أصول الفقه للفياض ص72 - 73.

## أنواع الرخص:[90]

### (1) رخصة إسقاط:

وفيها يرفع الشرع الحكمَ الأصلي ويوجب الأخذ بالرخصة.

كأكل الميتة لمن أشرف على الهلاك، بمعنى أن المكلف يجب عليه أن يأخذ بالرخصة، فإن لم يفعل صار آثماً، لأنه تسبب في قتل نفسه بترك المحرمات، والمحرمات إنما حرمت حفاظا على النفس.... وفي هذه الحالة صار تناولها وسيلة لحفظ النفس ودفع الهلاك عنها، لذلك كان اقتراف تلك الوسيلة واجباً، ولكن بقدر ما يحافظ به على الحياة دون زيادة، فتلك ضرورة، وكما قلنا سابقاً: الضروريات تبيح المحظورات، والضروريات تقدر بقدرها.

### (2) رخصة ترفيه:

وفيها يرفع الشرع الحكم الأصلي ويخير المكلف بين الأخذ بالعزيمة أو الأخذ بالرخصة على سبيل الجواز، كتخيير المكلَّف المُكرَه بين قول الكفر مع اطمئنان القلب بالإيمان - رخصة - ليحافظ على حياته، وبين الثبوت على الإيمان - عزيمة - مع فقد وإتلاف حياته كما وقع من عمار بن ياسر وأبيه وأمه رضي الله عنهم، فمنهم من أخذ بالعزيمة وقتل شهيداً، ومنهم من أخذ الرخصة فنجى وأثنى عليه النبي صلى الله عليه وسلم وأقرَّ فعله.

وكذلك المسافر له أن يأخذ بالرخصة فيترك الصيام ويقضيه في أيام أخر، ويجمع الصلوات ويقصرها، وله أن يأخذ بالعزيمة ويصلي ويصوم كالمقيم فلا يجمع ولا يقصر ولا يفطر، وكلا الحالين جائز في حقه الأخذ بأيهما.[91]

---

(90) انظر الوجيز ص52 - 54.

(91) ومما سبق نستنتج أن رخصة الإسقاط تُسقط الحكم الأصلي تماماً، ولا يبقى أمامك إلا الأخذ بالرخصة وجوباً، أما رخصة الترفية فتخيرك بين الأخذ بالحكم الأصلي أو تركه فيبقى الحكمان جائزان.
واعلم أن رخصة الترفيه تختلف من حال إلى حال، ومن شخص إلى شخص، من حيث

## المبحث الثالث

## الشرط:[92]

**هو: (ما يلزم من عدمه العدم ولا يلزم من وجوده وجود ولا عدم لذاته).**

أي أن عدم تحققه يترتب عليه فساد العمل وعدم انعقاده أصلاً، بينما إذا تحقق الشرط فلا يترتب عليه لزوم العمل ولا عدم لزومه.

مثل الطهارة فهي شرط للصلاة، والصلاة لا تصح بدون طهارة، ولكن إذا تطهرت هل يلزمك الدخول في الصلاة؟ قطعاً لا يلزمك ذلك في كل أحوالك، فقد يوجد الوضوء ولا توجد الصلاة، فالجنب يندب له أن يتوضأ لا ليصلي فهو ممنوع من الصلاة ولكنه يتوضأ ليعاود مجامعة زوجته أو لينام.

وكذلك الحال بالنسبة لحضور الشاهدين لعقد النكاح، فالنكاح لا ينعقد إلا بحضورهما، وقد يحضران ولا ينعقد النكاح لعدم رضا الزوجين مثلاً، فمجرد وجودهما غير مُلْزِم لأي شيء، بعكس غروب الشمس فبغروبها تلزمك صلاة المغرب، وبدون غربها تلزمك عدم صلاة المغرب، وإذا صليت المغرب قبل الغروب فلا تصح الصلاة ويلزمك أداؤها بعد دخول وقتها، لذا فبين السبب والشرط اجتماع وافتراق:

فيجتمعان في أن العمل يفسد ولا يصح إذا لم يتحقق السبب أو الشرط.

ويفترقان في أن السبب يترتب على وجوده وجود الحكم التكليفي لزوماً،

---

=

أفضلية الأخذ بها أو تركها، فأحياناً تكون الرخصة أفضل وأَوْلى من العزيمة، وأحياناً العكس وفي كلٍ خير.

(92) انظر أصول البزدوي ج2 ص172، وأصول السرخس ج2ص302، وإرشاد الفحول ج1ص78، والمستصفى للغزالي ج2 ص180، وأصول الفقه لعبد الوهاب خلاف ص118، وتيسير أصول الفقه ص82 - 84.

أما الشرط فلا يترتب على وجوده شيء.

**فائدة:**

**(1) الفرق بين الشرط والركن:**

الشرط والركن والسبب يجتمعون في كونهم إذا لم يتحقق أحدهم ترتب عليه فساد العمل وبطلانه، أي أصبح العمل كأن لم يكن، فالقيام بمناسك الحج في شهر رمضان عبادة فاسدة باطلة غير مقبولة لتخلف أحد الأسباب وهو دخول الوقت، والحج بدون الوقوف بعرفة عبادة فاسدة باطلة غير مقبولة لتخلف أحد الأركان وهو الوقوف بعرفة، والطواف بالكعبة بدون وضوء عبادة فاسدة باطلة غير مقبولة لتخلف أحد الشروط وهو الطهارة.

ولكن الشرط والركن يفترقان في كون الشرط خارج عن حقيقة العمل، مثل الطهارة بالنسبة للصلاة.

أما الركن فهو داخل في حقيقة العمل، مثل الركوع في الصلاة فهو من أجزاء الصلاة.[93]

**(2) اتصاف العمل بالصحة أو البطلان أو الفساد:**

العمل الموصوف بالصحة هو: (الذي قام به المكلَّف مستوفياً شروطه وأركانه).

أما العمل الموصوف بالبطلان أو الفساد فهو: (الذي قام به المكلَّف غير مستوف شروطه أو أركانه).

والعمل إذا وصف بالصحة صار معتبراً وترتب عليه آثاره الشرعية.

فإن كان العمل من العبادات كالصلاة والصيام والحج..... ترتب على كل عمل أن قد بَرئت ذمة المكلَّف منه، وسقط الواجب عنه.

وإن كان من المعاملات كعقود البيع والإجارة والنكاح..... ترتب على كل

(93) انظر الوجيز ص59 - 60.

عقد الآثار المقررة له شرعاً.

أما إذا وُصِف العمل بالبطلان أو الفساد فيكون العمل غير معتبر ولا يترتب عليه شيء.

أي إنه إذا كان العمل من العبادات لم تبرأ ذمة المكلَّف منها، وعليه إعادتها، وتصير عبادته كأن لم تكن، أي أن العبادة تظل مطلوبة منه حتى يقوم بها مستوفياً شروطها وأركانها، كمن صلى المغرب قبل غروب الشمس، أو صلى بغير وضوء، أو من أكل أو شرب متعمداً في نهار رمضان، كل أولئك عباداتهم فاسدة باطلة وجب إعادتها.

وإن كان من المعاملات فلا يترتب عليها شيء، وتصير معاملته كأن لم تكن، كمن عقد على امرأة بدون إذن وليها أو بدون شهود، أو كبيع المجنون، أو البيع بثمن غير معلوم، أو بيع شيء معدوم، فكلها عقود باطلة فاسدة عند الجمهور.[94]

واعلم أن البطلان والفساد مترادفان عند الجمهور، فهما مصطلحان لحقيقة واحدة ولا فرق بينهما، فكل عبادةٍ أو عقدٍ أو تصرفٍ فَقَدَ ركناً من أركانه أو شرطاً من شروطه فهو باطل فاسد، ولا يترتب عليه أثره الشرعي.

**الحنفية يفرقون بين الباطل والفاسد على النحو التالي:[95]**

**(أ) العبادات:**

إذا فقدت ركناً من أركانها كالصلاة بلا ركوع، أو فقدت شرطاً من شروطها كالصلاة بلا وضوء، فهي في الحالتين تسمى: باطلة أو فاسدة، ولا يترتب على فعله لهذه العبادة أثرها الشرعي، أي أن ذمة المكلَّف لم تبرأ منها وعليه إعادتها، وتصير عبادته كأن لم تكن، وهو آثمٌ إن كان متعمداً عالماً غير مكرَهٍ فالباطل والفاسد عندهم مترادفان في العبادات مثل الجمهور.

---

(94) انظر شرح البدخشي ج1 ص56، وأصول الفقه للشيخ محمد أبو النور زهير ج1ص65، وتيسير أصول الفقه للدكتور الفياض ص 78.

(95) انظر الوجيز ص67.

**(ب) المعاملات:**

إذا فقدت ركناً من أركانها سُميت المعاملة عندهم باطلة، ولا يترتب عليها أي أثر شرعي، فهي كأن لم تكن، وأطراف العقد آثمون، كما في بيع المجنون، بيع الميتة ونكاح المحارم، أما إذا استوفت أركانها وفقدت بعض شروطها، أي أوصافها الخارجية، سميت المعاملة عندهم فاسدة، وأطراف العقد آثمون كذلك، ولكنها يترتب عليها بعض الآثار إذا قام العاقد بتنفيذ العقد كما في البيع بثمن غير معلوم، أو النكاح بغير شهود، والمتأمل يرى أن الباطل - عندهم - غير مشروع بأصله ولا بوصفه، فالخلل راجع إلى ذات العمل وحقيقته، والفاسد مشروع بأصله ولكن فيه خلل في وصفه الخارج عن ذات العمل وحقيقته.[96]

**************

## المبحث الرابع

## المانع:[97]

**هو: (ما رتب الشرع على وجوده عدم وجود الحكم أو عدم وجود السبب).**

بمعنى أن وجود المانع يحول دون العمل بالحكم ويمنع القيام به، وذلك لأنه إما ينافي حِكْمَة الحكم، أو يعارض حِكْمَة السبب الذي قام عليه الحكم.

كما في الحائض فهي ممنوعة من الصلاة والصيام مهما تطهرت، والمانع هو الحيض، فالصلاة والصيام في حقها ليسوا واجبين، بل إذا صلت وصامت فصلاتها باطلة وصيامها باطل، وهي آثمة لقيامها بتلك العبادات حال وجود

(96) انظر مذكرات في أصول الفقه الحنفي للدكتور محمود العكازي ص46 - 47.

(97) انظر إرشاد الفحول للشوكاني ج1ص79، والإحكام للآمدي ج1ص185، وتسهيل الوصول إلى علم الأصول للمحلاوي ص258، والمحصول في علم الأصول للفخر الرازي ج1ص138، والوجيز ص 63 - 64، وتيسير أصول الفقه ص 85 - 87.

هذا المانع.

وكذلك اختلاف الدِّين فهو من موانع الميراث، فالميراث يقتضي- تواصل الولاء والمنفعة بين الوارث والميت بعد موته، واختلاف الدِّين يقطع هذا الولاء قبل الموت وبعده، حيث لا ولاء بين مسلم وكافر، لذا كان اختلاف الدِّين يتنافى مع حِكْمَةِ الميراث فمنع الميراث، وقل مثل ذلك في قتل الوارث لمورِّثه، فالقتل من أعلى الدرجات المنافية للولاء، والقاطعة لتواصل المنفعة، ومن أجل ذلك فالقتل منع وصول الإرث من المقتول لقاتله، ولا سيما أن القاتل هنا قد تسبب في موت مورثه ليستعجل توزيع التركة ويحصل على حقه من الميراث، والقاعدة تقول: (من استعجل الشيء قبل أوانه عوقب بحرمانه)[98]، فكان الجزاء جزاءً وفاقاً فمُنِع وحُرِم من وصول الإرث إليه.

وكذلك امتلاك مال بلغ النصاب وحال عليه الحول مع وجود دَين على المالك، إذا أخرجه أنقص المال وجعله لا يبلغ النصاب، فمثل هذا الدَّين مانع من إخراج الزكاة، لأنه أسقط سبب وجود الزكاة ألا وهو مِلك النصاب.

وكذلك الرخصة فهي تمنع من الالتزام بالعزيمة إما منع إسقاط أو منع ترفيه - كما بينا من قبل - فالمرض مانع من وجوب صلاة الجمعة وصيام رمضان، فإن صلى المريض صلاة الجمعة وصام رمضان أجزأه ذلك، وإن تركهما وصلى الجمعة ظهراً وقضى رمضان في أيام أخر فله ذلك، فالمرض منع وحال دون استمرار الوجوب في حق المريض حال مرضه، ومما سبق يظهر لنا أن المانع مانعان:

**(أ)** مانع للحكم ذاته.

**(ب)** مانع للسبب الذي رتب الشرع عليه الحكم.

*************

(98) انظر القواعد الفقهية لابن عثيمين ص 80.

# المبحث الخامس

نود إلفات النظر إلى بعض الفروق بين الأحكام الشرعية التكليفية والوضعية: [99]

**(1)** - الحكم التكليفي: عبارة عـن تكليـفٍ بفعـل شيءٍ، أو تـرك شيءٍ، أو تخيـير بـين الفعـل والترك.

- الحكم الوضعي: لا يقصد به تكليفٌ ولا تخييرٌ، وإنما هو مجرد علامة يقصد بها بيان أن هذا الشيء سببٌ لحكم تكليفي، أو شرط له، أو مانعٌ منه.

**(2)** - الأحكام التكليفية: تؤخذ كلها من الشرع، ولا يشرك الله فيها أحداً.

- الأحكام الوضعية: منها ما يؤخذ من الشرع، فالـذي جعـل غـروب الشـمس سبباً لصلاة المغرب ولإنهاء الصيام: هو اللـه عـز وجـل، والـذي جعـل السـرقة سبباً لإقامة الحد عـلى السـارق: هو اللـه عز وجل، والذي جعل الوضوء شرطاً لإقامة الصلاة وللطواف بالكعبة: هو اللـه عز وجل، والذي جعل الحيض مانعاً من الصلاة والصيام: هو اللـه عـز وجـل، والذي جعل الأبوة مانعـة مـن القصاص إذا قتل الأب ابنه متعمداً: هو اللـه عز وجل، ويطلق على مثل هذه العلامات اسم: (الأحكام الوضعية الشرعية).

- ومن الأحكام الوضعية ما يأخذ من المكلَّفين، كالشـروط المبرمة في العقود والتي يضعها المتعاقدان ويجعلانها شرطاً ملزماً لكلا الطرفين ويرضيان بها، وهذه شروط معتبرة اعتبرها الشرع وألزم واضعيها بتنفيذها مـا لم يكن الشرط مخالفاً للشرع، قال رسول اللـه صلى اللـه عليه وسلم: **(المؤمنون عند شروطهم)** [100]، وقال أيضاً: **(المسلمون على شروطهم إلا شرطاً حرم حـلالاً أو أحل حراماً)** [101].

---

(99) انظر تيسير أصول الفقه للفياض ص 87 - 88، والقواعد الفقهية لابن عثيمين ص 22، 23، 24، 73.

(100) صححه الألباني في إرواء الغليل 1611.

(101) رواه الترمذي ج3 ص634 وقال حسن صحيح، وصححه الألباني 1352.

ويطلق عليها اسم: (الأحكام الوضعية الجعلية).

(3) - الأحكام التكليفية: لا بدّ أن تكون في وسْع المكلَّف ومقدوره حتى يكون مخاطباً بها، فإن لم تكن في وسعه سقط عنه التكليف بها، فلا تكليف إلا بمقدور، فالحج مثلاً واجب على القادر المستطيع، أما العاجز الغير مستطيع فليس الحج في حقه واجبٌ.

- الأحكام الوضعية: منها ما يكون في قدرة المكلَّف واستطاعته وإرادته، كما في صيغة العقد فهي سبب يترتب عليه إلزام العاقدين بما اتفقا عليه، وكذلك حضور الشاهدين فهو شرط لنفاذ عقد الزواج مثلاً، وكل هذه أشياء في قدرة المكلف الإتيان بها ومباشرتها بإرادته واختياره.

- ومنها ما ليس في وسع المكلَّف وهي خارجة عن قدرته وإرادته واختياره، فغروب الشمس سبب لصلاة المغرب، ونزول الحيض للمرأة مانع لها من الصلاة والصوم وكل هذه أشياء خارجة عن قدرة المكلف وفوق إرادته وهو مخاطب بالالتزام بها.

(4) - الأحكام التكليفية: لا يكلَّف بها الإنسان إلا إذا كان عاقلاً بالغاً عالماً بالحكم الشرعي أو قادراً على معرفة الحكم الشرعي، فالحج يجب على كل بالغ عاقل عالم بوجوبه أو قادر على العلم بوجوبه دون غيره، فالصبي إن حج حال صباه لا يسقط عنه حجة الإسلام حيث إنه لم يكن مخاطباً به، وعليه فإن العقل مناط التكليف، ولا تكليف قبل البلوغ، والشرع لا يلزم قبل العلم.

- الأحكام الوضعية: فلا تتوقف على عقل أو بلوغ المكلَّف أو علمه، حيث إن الصبي مثلاً إن قَتَل أو أتلف مالاً كان ذلك سبباً في دفع الدية وضمان ما أتلفه، وكان ذلك الحكم على وليه القائم برعايته، فتصرّف الصبي قبل بلوغه سببٌ ترتب عليه حكم تكليفي، وقل مثل ذلك في تصرفات المجنون.

# الباب الثاني
# مصادر الأحكام الشرعية

**تمهيد**

لا بدَّ من تحديد مصادر شرعيتنا الإسلامية كي نقف على ما يريده اللـه منا فنقوم به، ونميز بين أهل الحق وأهل الباطل الذين يدّعون الانتماء لهذا الدين ومصادرهم تسوق الناس إلى الجحيم، فنحن نعرض مصادرنا المعتبرة معلنين عدم الاعتراف بالمصادر الأخرى كالمنامات والحدس والإلهامات التي هي من مصادر الصوفيين، وعصمة الأئمة والمرجعية الشيعية وتفاسيرهم الباطنية التي هي من مصادر الشيعيين، والمجالس التشريعية ورأي الأغلبية التي هي من مصادر العلمانيين... وغيرها من المصادر التي ما أنزل اللـه بها من سلطان.

فنقول إن علماء أهل السنة والجماعة اتفقوا على أن الحاكم الذي يصدر الأحكام الشرعية هو اللـه وحده لا شريك له [102]، حيث قصر وحصر الحكم على نفسه سبحانه فقال: (إِنِ الْحُكْمُ إِلاَّ لِلّـهِ)الأنعام (57) ، وأمر نبيه محمداً صلى اللـه عليه وسلم بالاحتكام إليه فقال له: (وَأَنِ احْكُم بَيْنَهُم بِمَآأَنزَلَ اللـهُ وَلاَ تَتَّبِعْ أَهْوَاءهُمْ) المائدة (49)، وحكم على من أعطى هذا الحق لنفسه - فحلل حراماً معلوماً من دين اللـه، أو حرم حلالاً معلوماً من دين اللـه، أو بدل حكماً معلوماً من دين اللـه - حكم عليه بأنه خرج من دين الإسلام، ووصفه بأخبث الصفات، وتوعده بأشد العذاب فقال: (فَبَدَّلَ الَّذِينَ ظَلَمُواْ قَوْلاً غَيْرَ الَّذِي قِيلَ لَهُمْ فَأَنزَلْنَا عَلَى الَّذِينَ ظَلَمُواْ رِجْزاً مِّنَ السَّمَاء بِمَا كَانُواْ يَفْسُقُونَ)البقرة (59)، وقال: (وَلاَ تَقُولُواْ لِمَا تَصِفُ أَلْسِنَتُكُمُ الْكَذِبَ هَـذَا حَلاَلٌ وَهَـذَا حَرَامٌ لِّتَفْتَرُواْ عَلَى اللـه الْكَذِبَ إِنَّ الَّذِينَ يَفْتَرُونَ عَلَى اللـهِ الْكَذِبَ لاَ

(102) تيسير التحرير ج1 ص150، والإحكام في أصول الأحكام ج 1ص 61.

يُفْلِحُونَ، مَتَاعٌ قَلِيلٌ وَلَهُمْ عَذَابٌ أَلِيمٌ)النحل (116ـ117)، وقال: (وَمَن لَّمْ يَحْكُم بِمَا أَنزَلَ اللـهُ فَأُوْلَـئِكَ هُمُ الْكَافِرُونَ... الظَّالِمُونَ.. الْفَاسِقُونَ) المائدة (45)، (44)، (47)، وجعل سبحانه التحاكم إلى شريعته شرطاً لبقاء وصف الإيمان للمؤمن - إذا انتفى هذه الشرط انتفى معه الإيمان - فقال عز وجل: (فَإِن تَنَازَعْتُمْ فِي شَيْءٍ فَرُدُّوهُ إِلَى اللـهِ وَالرَّسُولِ إِن كُنتُمْ تُؤْمِنُونَ بِاللّهِ وَالْيَوْمِ الآخِرِ ذَلِكَ خَيْرٌ وَأَحْسَنُ تَأْوِيلاً، أَلَمْ تَرَ إِلَى الَّذِينَ يَزْعُمُونَ أَنَّهُمْ آمَنُواْ بِمَا أُنزِلَ إِلَيْكَ وَمَا أُنزِلَ مِن قَبْلِكَ يُرِيدُونَ أَن يَتَحَاكَمُواْ إِلَى الطَّاغُوتِ وَقَدْ أُمِرُواْ أَن يَكْفُرُواْ بِهِ وَيُرِيدُ الشَّيْطَانُ أَن يُضِلَّهُمْ ضَلاَلاً بَعِيدًا) النساء (59 - 60) وأقسم عز وجل بنفسه - ولا يقسم اللـه بذاته إلا في عظائم الأمور - فقال: (فَلاَ وَرَبِّكَ لاَ يُؤْمِنُونَ حَتَّىَ يُحَكِّمُوكَ فِيمَا شَجَرَ بَيْنَهُمْ... ) النساء(65)، ثم أمر نبيه أن يستنكر علي المشركين فعلهم فقال عز وجل: (أَفَغَيْرَ اللـهِ أَبْتَغِي حَكَمًا وَهُوَ الَّذِي أَنَزَلَ إِلَيْكُمُ الْكِتَابَ مُفَصَّلاً؟) الأنعام (114)، وقال: (أَفَحُكْمَ الْجَاهِلِيَّةِ يَبْغُونَ؟ وَمَنْ أَحْسَنُ مِنَ اللـهِ حُكْمًا لِّقَوْمٍ يُوقِنُونَ؟) المائدة (50)

فحكم اللـه المتمثل في كتابه العزيز هو أصل الأصول، ومصدر المصادر، ومرجع الأدلة جميعاً، والسنة المطهرة الصحيحة هي مبَيِّنة لما ورد في الكتاب، شارحة لمعانيه مُفصِّلة لمجمله، وعقول العلماء المجتهدين ما هي إلا أداة لفهم الأدلة وإنزالها على الواقع، فمن أصاب منهم فله أجران، ومن أخطأ فله أجر، والإثم عن الجميع مرفوع ما دام أنهم لجئوا إلى شرع اللـه سبحانه وتعالى وسلكوا سبيل اللـه الذي لا يُعرف إلا عن طريق مصادره التي أرشدنا اللـه إليها، أما العقل المطلق المجرد الذي لا يتقيد بضوابط شرعية ولا يسير على أسس دينية وقواعد أصولية لا دخل له في تشريع الأحكام.(103)

فليست سُلطة إصدار الأحكام لأحد على الإطلاق إلا لله وحده لا شريك له، فهو القائل في محكم التنزيل: (وَلا يُشْرِكُ فِي حُكْمِهِ أَحَدًا)الكهف (26)

---

(103) راجع الموافقات للشاطبي ج3 ص41 - 43 (مسألة الأدلة النقلية والعقلية، وعلاقة العقل بالنقل).

والمصادر التي استنبطها علماؤنا من شرع ربنا منها ما اتفقوا عليه، ومنها ما اختلفوا فيه، وهذه المصادر مرجعها كلها في الحقيقة إلى الله وحده، وهذا الخلاف ما هو إلا خلاف لفظي اصطلاحي سيظهر بعد بيان تلك المصادر وضوابطها.

## أقسام المصادر التشريعية:

**أولاً: المصادر المتفق عليها:** وهي أربعة:

(1) القرآن الكريم. (2) السنة الصحيحة. (3) الإجماع. (4) القياس.

**ثانياً: المصادر المختلف فيها:** وهي سبعة:

(1) الاستحسان. (2) المصالح المرسلة. (3) الذرائع. (4) العرف.

(5) فتوى الصحابي. (6) شرع مَن قبلنا. (7) الاستصحاب.

**وإليك بيان كل مصدر من تلك المصادر:**

# الفصل الأول

# المصادر المتفق عليها:

## المبحث الأول

## المصدر الأول: القرآن الكريم:

القرآن الكريم المصدر الأول من المصادر المتفق عليها وهو أشهر من أن نعرفه أو نتحدث عن فضله وإعجازه في نظمه ونظامه، ولكن سنلقي ضوءً خافتاً على عدة نقاط نلفت النظر إليها.

- **القرآن الكريم**

**هو: (كلام الله المعجز، المنزَّل على رسوله محمد** صلى الله عليه وسلم، **باللفظ العربي، المنقول إلينا بالتواتر، المكتوب في المصاحف المبدوء بالفاتحة والمختوم بسورة الناس).**

**ومن التعريف يتبين لنا الآتي:**[104]

**(1)** الحديث القدسي ليس قرآناً - مع كون الرسول صلى الله عليه وسلم يقول: قال الله - وذلك لأن الحديث القدسي وحْيٌ من الله ولكن اللفظ من عند رسول الله، والرسول بشرٌ مثلنا آتاه الله مجامع الكلم غير أن ألفاظه صلى الله عليه وسلم ليست معجزة ولم يتحدَّ بها العرب.

**(2)** الحديث النبوي ليس قرآناً - مع كونه وحياً من الله عز وجل، والرسول صلى الله عليه وسلم ما ينطق عن الهوى - وذلك لأن كلام الرسول منسوب إليه وغير مُعجز، حيث إن

(104) انظر تيسير أصول الفقه للدكتور الفياض ص 113 - 116.

مدلول الحديث ومعناه وحي من اللـه، أما لفظه فهو من عند رسول اللـه.

**(3)** كتب اللـه التي أنزلها على رُسله السابقين ليست قرآناً - مع كونها كلام اللـه - وذلك لأنها لم تنزل على رسوله محمد صلى اللـه عليه وسلم.

**(4)** ترجمة القرآن بلغة غير عربية لا تعدُّ قرآناً مهما رُوعِي فيها دقة الترجمة وتمام مطابقتها للمُتَرجَم في دلالاته ومعانيه.

وكذلك التفسير العربي للقرآن لا يعد قرآناً، حتى ولو اتفق العلماء على أن هذا التفسير صحيح وموثوق في دين وعلم وأمانة كاتبه ولم يخرج بشرحه وكلامه عن مقصود القرآن.

**(5)** القراءات الشاذة ليست قرآناً حتى ولو كان رواتها ثقات وقالوا إنها كلام اللـه، وذلك لأنها لم تنقل إلينا متواترة، فالتواتر شرط في اعتبار كون القراءة المنقولة إلينا قرآناً.

## - ولكن ما هو التواتر؟ وما هي شروطه؟

**المتواتر هو:** (ما رواه جماعة عن جماعة، في كل طبقات السند، بحيث تحيل العادة تواطؤهم على الكذب، ويكون نقلهم عن طريق الحواس).

بمعنى أن رواته كثيرون أو أماكنهم متباينة لدرجة أننا نجزم بأن هذا الجمع لا يحتمل عادة أن يجتمع ويتفق على الكذب، ويكون النقل فيما بينهم عن طريق الحواس كالسماع أو المشاهدة، ويكون ذلك في كل طبقة من طبقات سند الرواية.

وعلى هذا نقول: يُحكم على الرواية أنها متواترة عندما تتوفر فيها أربعة شروط:[105]

**(أ)** أن يرويها عدد كثير، وقد اختلف العلماء في تحديد العدد الكثير الدال على التواتر، ورجَّح السيوطي اختيار العدد عشرة ليكون هو أقل عددٍ للمتواتر، فإن

(105) تيسير مصطلح الحديث للدكتور محمود الطحان ص 21 - 22، وراجع شرح نزهة النظر لابن عثيمين ص 39 - 45.

قل الرواة عن هذا العدد فلا تعتبر روايتهم متواترة.[106]

**(ب)** استحالة العادة أن يتواطأ هذا الجمع على الكذب، فإن أمكن تواطؤهم على الكذب فلا تعتبر الرواية متواترة.

**(ج)** استحالة تواطؤ الرواة على الكذب في كل طبقات السند، فإن كان في إحدى طبقات الرواية رواة من الممكن أن يتفقوا على الكذب لقلة عددهم أو لقلة تدينهم مثلاً لم تكن الرواية متواترة، وعلى هذا فمن اختار ألا يقل عدد الرواة عن عشرة كان عنده أقل صورة للمتواتر أن يروي الرواية عشرة عن عشرة عن عشرة.... بمعنى أن الرواية تنتشر على ألسنة عشرة رجال في طبقة الصحابة ومثلهم في طبقة التابعين ومثلهم في طبقة تابعي التابعين وهكذا في باقي الطبقات، فإن قل عن هذا العدد ولو في طبقة واحدة صارت الرواية ليست متواترة.

**(د)** أن يكون النقل بين الرواة عن طريق أحد الحواس كالسمع والبصر، فيقول: (سمعتُ أو رأيتُ)، فإن كان غير ذلك كمن رَوَى ونقل بلفظ: (عن أو أن أو قال) لم تكن الرواية متواترة.

فإن لم تتحقق هذه الشروط جميعاً صارت الرواية من الآحاد وليست من المتواتر، ومن ثم صارت القراءة شاذة وليست من القرآن، ولا يجوز أن نتعبد بها أو نتلوها في الصلاة، ولكن جاز استعمالها في التفسير وبيان الأحكام الفقهية إن صحت الرواية.

## المبحث الثاني

## المصدر الثاني: السنة النبوية:

**السنة هي: (ما صدر عن النبي صلى الله عليه وسلم غير القرآن من قول أو**

(106) تدريب الراوي للسيوطي ج 2 ص177.

فعل أو إقرار)[107].

**أقسام السنة من حيث ماهيتها:** وهي تنقسم على ثلاثة أقسام:

**(أ)** <u>سنة قولية</u>: وهي كل قولٍ قاله النبي صلى الله عليه وسلم غير القرآن.

وهـذه الأقـوال تشـريعات للأمة بـلا قيـد، كقولـه صلى الله عليـه وسلم: **(لا ضر ولا ضرار)**[108]، وكقوله: **(جُعلت لي الأرض مسجداً وطهوراً)**[109]، فهي جُعلت له ولنا وللأمة جميعاً.

**(ب)** <u>سنة فعلية</u>: وهي كل فعلٍ فعله النبي صلى الله عليه وسلم، كأداء الصلاة بهيأتهـا وأركانها.

واعلم أن فعل النبي صلى الله عليه وسلم إذا ورد بـدون أمـر فهـو للنـدب لا للوجوب، وذلك إذا ظهر منه صلى الله عليه وسلم قصد التعبد لا العادة.[110]

وهـذه الأفعـال تشـريعات للأمة ما لم يأت دليل يجعله خاصاً بالنبي صلى الله عليـه وسلم دون أمته، كمـا في زواجه من أكثر من أربع نسـاء، وكوصاله في الصوم، فـلا يصح متابعـة الرسـول صلى الله عليه وسلم في مثل هذه الأمور الخاصة به صلى الله عليه وسلم.

واعلم أن الأقوال أقوى في الدلالة مـن الأفعـال، فأفعـال الرسـول صلى الله عليـه وسلم المغايرة لأقواله لا تنسخ أقواله ولا تلغي العمل بها دائماً، فقد يكون الفعل خاص بـه دون أمتـه، وإن لم يكن كذلك ففعله يعد قرينة تصرف الطلب القولي من اللزوم إلى عدم اللزوم، أي أنها تصرف الأمـر من الوجوب إلى الندب، وتصرف النهي من التحريم إلى الكراهة.

كنهي النبي صلى الله عليه وسلم عن الشرب واقفاً في قوله: **(لا يشربن أحد منكم**

---

(107) انظر شرح التلويح لعبيد الله بن تاج الشريعة ج2 ص2، وإرشاد الفحول ص33.

(108) رواه ابن ماجه ج2 ص784 وصححه الألباني من حديث عبادة بن الصامت رضي الله عنه.

(109) صحيح الجامع الصغير 4220.

(110) القواعد الفقهية لابن عثيمين ص 36.

**قائماً....)**[111]، فهذا نهي يقتضي التحريم لولا أن النبي صلى الـلـه عليه وسلم شُوهد وهو يشرب واقفاً، فدل فِعْله على أن النهي ليس على سبيل الجزم واللزوم وإلا كان النبي صلى الـلـه عليه وسلم هو أول الملتزمين بهذا الترك.

**(ج)** سنة تقريرية: وهي سكوته صلى الـلـه عليه وسلم وعدم إنكاره على قولٍ أو فعلٍ صدر في حضرته أو في غيبته وعلم به، فهذا السكوت إقرارٌ منه على جواز ما سكت عنه، لأنه صلى الـلـه عليه وسلم لا يسكت عن بيان باطل أو منكر وقع أمامه أو سمع به، وكما يقولون: (السكوت في معرض البيان بيان)، فيعامل قول الصحابي أو فعله الذي سكت عنه الرسول صلى الـلـه عليه وسلم وكأنه صدر من النبي صلى الـلـه عليه وسلم نفسه.

واعلم أن سكوت النبي صلى الـلـه عليه وسلم لا يفيد أكثر من إباحة القول أو الفعل المسكوت عنه.[112]

وقد يكتسب القول أو الفعل المسكوت عنه صفة الوجوب أو الندب من دليل آخر.[113]

واعلم أن الصحابة إذا وصفوا النبي صلى الـلـه عليه وسلم صار وصفهم إياه من السنة، لأن الوصف يندرج تحت ما سبق من أنواع السنة، حيث إن الوصف إما أن يكون وصفاً لهيئة قولية أو فعلية أو خُلُقية، وهذه الأشياء تدخل ضمن الأمور الشرعية التي علينا الاقتداء بها.

وأما الوصف الخلقي - بكسر الخاء وتسكين اللام - فلا يؤخذ منه أحكام شرعية، كوصف لون بشرة النبي صلى الـلـه عليه وسلم وطوله وعرضه... فكل هذه الأشياء ليست ضمن الرسالة، ولاسيما أنها تدخل ضمن الأوامر الكونية التي لا طاقة لنا في تقليدها ولم نؤمر بالاقتداء بها.

**أقسام السنة من حيث طرق وصولها إلينا:** وهي تنقسم إلى قسمين:

(111) صحيح الجامع الصغير7718 من حديث أبي هريرة رضي الله عنه.
(112) الإحكام لابن حزم ج2 ص6.
(113) انظر الوجيز للدكتور عبد الكريم زيدان ص164 - 167.

**(أ)** سنة متواترة: [114] (وهي التي رواها جمع كثير تحيل العادة تواطؤهم على الكذب عن جمع مثلهم إلى نهاية السند، ويكون نقلهم عن طريق الحواس).

والحديث المتواتر يفيد العلم القطعي اليقيني الذي لا شبهة في إثباته، فالثابت بالتواتر كالثابت بالمعاينة، وهو في قوة الاحتجاج به كقوة الاحتجاج بالقرآن، وكله صحيح وليس منه ضعيف كحديث رسول الله:صلى الله عليه وسلم **(من كذب عليّ متعمداً فليتبوأ مقعده من النار).**[115]

فهذا الحديث رواه بضع وسبعون صحابياً.[116]

**(ب)** سنة الآحاد: (وهي التي لم تتوفر فيها شروط التواتر).[117]

والعلم المستفاد من أحاديث الآحاد علمٌ نظري ظنـيّ، يعتمد على النظر في القرائن التي ترجح صدق الخبر المنقول، والظن ليس بمعني الشك وإنما يُقصد به الرجحان، ولكنه أقل في المنزلة من العلم القطعي اليقيني المستفاد من الحديث المتواتر.

وهذا الفرق الذي بين المتواتر والآحاد هو الذي جعل الإمام أبا حنيفة قسّم مطلوب الفعل على وجه اللزوم إلى: (فرض وواجب)، وقسّم مطلوب الترك على وجه اللزوم إلى: (حرام ومكروه كراهة تحريم).

ونريد إلفات النظر إلى أن تقسيم الحديث إلى آحاد ومتواتر فيه فائدة عُظمى تتمثل في أن الآحاد إذا تعارض مع المتواتر ولم يتمكن العلماء من التوفيق والجمع بين الأدلة المتعارضة ولم يتمكنوا - كذلك - من معرفة الناسخ من المنسوخ: قاموا بترجيح المتواتر وإعماله، وترك الآحاد وإهماله، حيث إنه أقوى

---

(114) راجع شرح نزهة النظر لابن عثيمين ص 39 - 44، وتيسير مصطلح للدكتور الطحان الحديث ص 21 - 22.
(115) رواه البخاري ج2 ص110، ومسلم حديث رقم3.
(116) انظر تدريب الراوي للسيوطي ج2 ص180.
(117) شرح نزهة النظر لابن عثيمين ص26.

منه ثبوتاً.

واعلم أن الاستدلال بالمتواتر والآحاد سواء، فالآحاد حجة يُعمل به في كل أبواب الفقه والعقيدة مثل المتواتر تماماً - إذا كان صحيحاً - وهذا خلافاً لما قالته الفرق الضالة كالمعتزلة والرافضة الذين يرفضون الاستدلال بأحاديث الآحاد في الأحكام العلمية والعملية وكذلك الأشعرية التي ترفض الاستدلال بها في الأحكام العلمية العقائدية، ومَن سار على نهجهم من المستشرقين والمستغربين، ومَن تكلم بألسنتهم، وكذلك المرتزقة من العلماء الذين يُعتبرون بوقاً لأعداء الإسلام والمسلمين - سواء كانوا قاصدين أو مستغفَلين - فهم ينادون بالأخذ بالمتواتر دون الآحاد، معلِّلين بأن دين الله عظيم لا نثبت فيه إلا ما ثبت عن طريق أعلى درجات اليقين، ونتخلى عما فيه شكوك وظنون، فيبدأون برفع تلك اللافتة التي ظاهرها الحرص على الدين، وباطنها هدم الدين، فيشككون في أحاديث البخاري ومسلم وغيرها مما رواه أصحاب السنن والمسانيد - من الأحاديث التي صححها المتخصصون في علم الحديث وتلقتها الأمة بالقبول - وعلتهم في ذلك علة عليلة وحجة سقيمة هي: أن هذه الروايات من أحاديث الآحاد، ومما يزيدك علماً بمكرهم وخبثهم أن أغلب الأحاديث التي نقلت إلينا نقلت عن طريق خبر الآحاد، فهي تعدّ تسعة أعشار السنة، فيقبلون العُشر ويردون الباقي ومن ثم تنهدم السنة وينهدم الدين تباعاً لذلك، وهذا خطأ فاحش يسعى إلى تحقيقة أعداء الدين، فأهل السنة والجماعة يعتبرون السنة مصدراً من مصادر التشريع متى صح الحديث وتوفرت فيه شروط الصحة، ويستوي في ذلك الحديث المتواتر والآحاد، ويبنون عليها اعتقاداتهم وأقوالهم وأعمالهم، ويدينون بها لله عز وجل.

ألم تعلم أن النبي صلى الله عليه وسلم كان يرسل الواحد من الصحابة ليُعلم الناسَ أمورَ دينهم ويبلغهم تشريعات ربهم؟ ألم تر أن المؤذن إذا رفع صوته بالآذان ترتب على ذلك شعيرة الصلاة وفريضة الصيام، والآذان ما هو إلا خبر فَرْدٍ واحد؟ ألم يأتك نبأ الصحابة رضوان الله عليهم الذين كانوا يقبلون خبر الواحد فغيروا قبلتهم واستقبلوا الكعبة - وهم ركوع - لما أخبرهم بذلك أحد الصحابة؟ وإجمالاً اعلم أن الأمة

أجمعت على قبول خبر الآحاد إذا توفرت فيها شروط القبول[118]، ولكن مـا هـي شروط قبـول حـديث الآحاد؟

## شرط قبول حديث الآحاد عند الجمهور خمسة:[119]

(1) اتصال السند وعدم انقطاعه. (2) عدالة الرواة.

(3) ضبط الرواة. (4) عدم الشذوذ. (5) عدم العلة.[120]

فإن لم تتوفر تلك الشروط في الحديث صار الحديث ضـعيفاً، وفي جـواز الاسـتدلال والعمـل بالضعيف خلاف وضوابط وشروط ليس هذا مجال بيانها.[121]

- الإمام أبو حنيفة ذكر شرطاً وهو: (**ألا يخالف الصحابي الرواية التي رواها**).

وتعليل ذلك أن الصحابي إذا خالف روايته التي رواها - وهـذا قليـل نـادر - أوقـع الإمـام في الشك في العمل بهذه الرواية، حيث إنه من المعلوم أن الصحابة سبّاقين إلى الالتزام بما علموه من سنة الرسول صلى الله عليه وسلم، فإن ثبت أن الصحابي روى رواية ثم هو نفسه قـد خـالف مـا رواه دل ذلك على احتمالية وجود علم عند هذا الصحابي استمده من الرسول ومن فقه سنة الرسول صلى الله عليه وسلم، هذا العلم - وإن كان الإمام لا يعلمه - هو الذي حال دون التزام هذا الصحابي بما رواه، هذا الاحتمال جعل الإمام أبا حنيفة لا يستدل بهذه الرواية، وبذلك يصبح اجتهاده قد هداه إلى تقديم

(118) انظر الصواعق المرسلة على الجهمية والمعطلة لابن تيمية ج2 ص232 - 242، وشرح نزهة النظر لابن عثيمين ص69 - 70، وتيسير أصول الفقه للفياض ص152 - 153، والثوابت والمتغيرات للدكتور صلاح الصاوي ص55 - 56.
(119) انظر تيسير مصطلح الحديث للطحان ص34.
(120) العدالة هي سلامة الراوي في دينه ومروءته، والضبط سلامته في حفظه حال تحمله وأدائه، ويعفى عـن الراوي خفيف الضبط، فمتقن الضبط حديثه صحيح مقبول، وخفيف الضبط حديثه حسن مقبول كذلك.
(121) راجع الرسالة للشافعي ص461، وتدريب الراوي ج3 ص298 - 299، وفتح المغيث ج1 ص268.

سنة احتمالية معمول بها على سنة آحاد ظنية الثبوت، وليس - كما يظن السطحيون - أن الإمام عنده فعل الصحابي مقدَّم على قول النبي صلى الله عليه وسلم.

ومثاله: ما رواه أبو هريرة عن رسول الله أنه قال: **(إذا شرب الكلب في إناء أحدكم فليغسله سبع مرات)** [122]، فالحديث آحاد، وأبو هريرة رضي الله عنه راوي هذا الحديث كان يغسل إناءه ثلاثاً إذا ولغ فيه الكلب.

وكان الإمام أبو حنيفة - كذلك - يقدِّم القياس الصحيح على رواية الآحاد المخالفة له، وذلك إذا كان القياس مبنياً على القواعد الثابتة في الشريعة، وراوي الحديث المخالف للقياس غير فقيه. [123]

ولا يفهم من هذا أيضاً أن الإمام يقدِّم القياس - الذي هو ضرب من ضروب الاجتهاد - على أحاديث الآحاد، ولكنه اعتبر أن هذا القياس - بهذه الضوابط - قد استمد قوته من قوة الدليل المعتمد عليه، وبذلك يصبح اجتهاده قد هداه إلى تقديم دليل ثابت على دليل ظني أدنى منه في الثبوت.

- الإمام مالك زاد شرطاً وهو: **(ألا تخالف الرواية ما عليه أهل المدينة).**

وتعليل ذلك أن عمل أهل المدينة يعتبر عنده في قوة النقل المتواتر، ويقصد بأهل المدينة: فقهاء المدينة المنورة، وهم من التابعين الذين تربوا على يد الصحابة وتعلموا منهم العلم والعمل، ومشهود لهم بالصلاح والتقوى والفقه في الدين والورع، فاجتهد رحمه الله واعتبر أن عملهم هذا مبني على علم بسنة ثابتة لديهم - وإن كانوا لم يُصَرِّحوا بها قولاً - ولذلك قدَّم الإمام أعمالهم الثابتة على حديث الآحاد الظني الثبوت عند التعارض - وهذا قليل نادر - فلا يظن أحد أن الإمام قدَّم فعل التابعين على قول الرسول صلى الله عليه وسلم.

ومثاله حديث: **(البيعان كل واحد منهما بالخيار على صاحبه ما لم**

---

(122) رواه مسلم 279.

(123) انظر أصول السرخسي ج1 ص341، والوجيز ص174 - 176.

**يتفرقا)** [124]، قال الإمام مالك عن هذا الحديث: (ليس لهذا عندنا حدّ معروف ولا أمرٌ معمولٌ به).

ومع أننا ندافع عن قصد الإمامين ونرجوا لهما الأجر والثواب ونهاجم من أساء بهما الفهم وأراد هدم هذين الرمزين العظيمين إلا أننا نقول إن الصواب مع الجمهور والله أعلم. [125]

### ملحوظة وتنبيه:

فرق كبير بين استعمال السنة كمصدر وبين استعمالها عند بعض الفقهاء كحكم شرعي مرادف للمندوب.

**فمثلاً:** صلاة المغرب ثلاث ركعات: سنة، لأن مصدرنا فيها السنة وليس القرآن، أما حكم صلاة المغرب ثلاث ركعات فهو واجب، يثاب من صلى المغرب ثلاثاً، ويأثم وتبطل صلاة من زاد فيها أو أنقص منها عمداً.

وكذلك صلاة ركعتين بعد المغرب: سنة، لأن مصدرنا فيها قوله وفعله صلى الله عليه وسلم وليس القرآن، أما حكمها فهو كذلك سنة، بمعنى أنها مستحبة، لأن النبي صلى الله عليه وسلم فعلها وحث عليها ثم تركها أحياناً، فتركه لها دل على استحبابها وعدم وجوبها، فمن صلاها أجر وأثيب، ومن تركها فلا إثم عليه.

وكذلك شرب النبي صلى الله عليه وسلم وهو واقف: سنة، لأنه فِعلٌ صدر عنه صلى الله عليه وسلم، أما حكم الشرب واقفاً فهو الكراهة، لأن النبي صلى الله عليه وسلم نهانا عن الشرب ونحن واقفون ثم شرب واقفاً ليوضح لنا أن النهي على الكراهة وليس على التحريم، فمن شرب واقفاً فلا إثم عليه، ومن ترك الشرب واقفاً وشرب جالساً أجر وأثيب.

وعلى هذا فالسنة كمصدر من مصادر التشريع تدور مع الأحكام الشرعية على حسب دلالاتها، فمنها ما هو واجب، ومنها ما هو مندوب، ومنها ما فعله النبي صلى الله عليه وسلم لبيان جواز الفعل مع الكراهة، ومنها ما فعله من الأمور العادية التي صدرت منه

---

(124) رواه مسلم 1531 من حديث ابن عمررضي الله عنه.

(125) انظر أصول الفقه للشيخ محمد أبو زهرة ص301 - 331، والوجيز ص173 - 174.

باعتباره إنساناً وبشراً دون أن يكون لها صلة بالتبليغ عن اللـه تعالى، كأكله لكتف الشاة وللدباء واستعفافه عن أكل الضب وغيرها من المباحات التي يكون الاقتداء به فيها من كمال محبته صلى اللـه عليه وسلم وليس من تشريعات الدين، فلاحظ وفرِّق كي لا تختلط الأمور وتتضارب الأفهام.

**********

## المبحث الثالث

## المصدر الثالث: الإجماع:

**الإجماع هو: (اتفاق جميع المجتهدين، من الأمة الإسلامية، في عصر من العصور، على حكم شرعي، بعد وفاة النبي** صلى اللـه عليه وسلم).[126]

ودليل حجية الإجماع قوله تعالى: **(وَمَن يُشَاقِقِ الرَّسُولَ مِن بَعْدِ مَا تَبَيَّنَ لَهُ الْهُدَى وَيَتَّبِعْ غَيْرَ سَبِيلِ الْمُؤْمِنِينَ نُوَلِّهِ مَا تَوَلَّى وَنُصْلِهِ جَهَنَّمَ وَسَاءَتْ مَصِيرًا)** النساء(115)، فإذا كان اتباع غير سبيل المؤمنين حرام فإن اتباع سبيلهم واجب لا يجوز مخالفته أو مناقضته.[127]

**ومن التعريف يتبين لنا الآتي:**[128]

**(1)** الإجماع يكون على مسألة شرعية، فلو وقع اتفاق على مسألة غير شرعية فلا يعد إجماعاً، كالاتفاق على أن العشرة أكبر من الخمسة، والاتفاق على أن الفاعل مرفوع دائماً والاتفاق على مسائل ونظريات عقلية أو هندسية أو طبية.... هذا الاتفاق ليس إجماعاً، ومن ثم فإنكار مثل هذه الحقائق والمسلمات الثابتة لا يقدح في دين المرء ولا يَنقضه ولا يُنقِصه.

(126) انظر الإحكام للآمدي ج4 ص115، والوجيز ص 179.
(127) انظر المسودة لابن تيمية ص 345، والوجيز ص182.
(128) انظر الوجيز ص179 - 182، والتيسير ص156 - 157.

(2) الإجماع يكون من العلماء المسلمين، فلو وقع اتفاق لعلماء غير مسلمين على مسألة شرعية فلا يُعد اتفاقهم إجماعاً.

(3) الإجماع يكون من العلماء المجتهدين (129)، فلو وقع اتفاق لعلماء غير مجتهدين أو طلبة علم أو مَن دونهم مِن المقلدين والعامة على مسألة شرعية فلا يُعد اتفاقهم إجماعاً.

(4) الإجماع يكون باتفاق جميع المجتهدين في عصر من العصور، فلا يشترط أن يحدث الاتفاق في كل العصور من أول عصر الصحابة إلى يوم القيامة، فإن وقع إجماع في عصر الصحابة فقد انعقد الإجماع حتى ولو جاء مجتهد في عصر التابعين - مثلاً - وخالفهم في إجماعهم، فهذه المخالفة لا تقدح في هذا الإجماع، لأنه لم يخالفهم في زمانهم، بل يُعد هو مخطئٌ في اجتهاده لمخالفته الإجماع السابق له الذي يُعد من مصادر التشريع الواجب اتباعها والذي يحرم الحيدة عنه.

(5) الإجماع يكون باتفاق جميع المجتهدين في كل البلاد، فلو حدث الاتفاق في بلد دون بلد فلا يُعد إجماعاً، بل إن جميع المجتهدين في كل البلاد إن اتفقوا على حكم في مسألة وخالفهم فيها مجتهد واحد في نفس زمانهم فلا ينعقد إجماعهم عند الجمهور، وقال البعض: لا تضر مخالفة الواحد والاثنين والثلاثة.

(6) الإجماع لا يكون إلا بعد وفاة النبي صلى الله عليه وسلم، لأنه إن حدث اتفاق من الصحابة على مسألة في عهد النبي صلى الله عليه وسلم فهذا الاتفاق له حالتين لا ثالث لهما: إما أن ينكره النبيصلى الله عليه وسلم ويخالفه ولا يوافق عليه فعندها نتبع النبي صلى الله عليه وسلم ولا ننظر لهذا الاتفاق حيث لا قيمة له، وإما أن يوافقهم النبي صلى الله عليه وسلم على ما اتفقوا عليه وعندها نعمل به لأنه صار سنة نبوية وليس لأنه إجماع، ومن ثم فلا وجود لإجماع وقع في حياته صلى الله عليه وسلم، وإنما بداية انعقاد الإجماع يكون بعد وفاته صلى الله عليه وسلم.

(129) وسيأتي الحديث عن المجتهد وشروطه في الخاتمة - إن شاء الله -.

## مسائل متعلقة بالإجماع:

(1) الإجماع مرتبة تلي النصوص القرآنية والأحاديث النبوية وليست قبلها، وهو يعتمد عليها، فلا تجد مسألة يتفق الإجماع عليها إلا ولها مستند من الكتاب أو السنة، والإجماع يكون على فهم هذا المستند والحكم المستفاد منه، فالأمة لا تأت بشرع ولا تشرع جديد بعد وفاة الرسول صلى الله عليه وسلم، وفائدة الإجماع على قضية ما أو مسألة ما - بعد وجود المستند - تتمثل في سقوط البحث والاجتهاد في المسألة وحرمة المخالفة وجعل الحكم ثابتاً ثبوتاً قطعياً.[130]

(2) الإجماع يرفع السند من مرتبة الظنية إلى مرتبة القطعية.[131]

بمعنى أنه يزيده قوة فوق قوته، فقد يكون الدليل الذي قام عليه الإجماع دليلاً ظنياً أي أنه مثلاً مستفاد من حديث آحاد، فإذا ثبت الإجماع عليه صار الحكم المستفاد منه قطعياً لا مجال للاجتهاد فيه ولا الحكم بخلافه، ولا مجال لتأويله ولا لاحتماله، كحديث: (**لا تنكح المرأة على عمتها ولا على خالتها**)[132]، فهذا خبر آحاد ظني الثبوت، والحكم المستخلَص منه مجمع عليه، ولذا ارتقى فقه الحديث من مرتبة الظنية إلى مرتبة القطعية.

(3) لا يبتعد عن الحقيقة قول من قال: إنه لم يعرف إجماع متفق على وقوعه غير إجماع الصحابة.[133]

والحق أنه بعد إجماع الصحابة لم يثبت إجماع قط بطريق التواتر، فقد ثبت ولكن بطريق خبر الآحاد الظني، لذلك فإن إنكار الإجماع المنعقد في غير زمن

---

(130) انظر تيسير الوصول إلى علم الأصول ص175.
(131) انظر شرح التلويح لعبيد الله بن مسعود بن تاج الشريعة ج2 ص102، وإجابة السائل شرح بنية الآمل ص 149 للصنعاني تحقيق السباعي وحسن الأهدل، وتيسير الوصول إلى علم الأصول ص175.
(132) رواه الترمذي ج3 ص432، وابن ماجه ج1 ص621.
(133) أصول الفقه للشيخ محمد أبو زهرة ص189.

الصحابة لا يُعد بدعة ولا خروجاً على مصادر التشريع، فالذي ينكره لا ينكر الإجماع كإجماع، وإنما ينكر ثبوت الإجماع لدية في مسألة ما - لتفرق المجتهدين في الأمصار، وصعوبة تمييزهم وحصرهم وصعوبة إثبات اتفاقهم بلا منازع - كما يقال: (تثبت من تصحيحات الحاكم، وموضوعات ابن الجوزي، وإجماع ابن المنذر.)، فقد يتساهل الحاكم في تصحيح الأحاديث ثم يثبت العلماء أنها ضعيفة، ويتسرع ابن الجوزي في الحكم على الأحاديث بأنها موضوعة ثم يثبت العلماء عدم وضعها، وابن المنذر قد يبحث في المسألة ويُثبت الإجماع عليها لعدم وقوفه على مخالف، ثم بمزيد من البحث يُثبت العلماء وجد منازعين ومخالفين يُنقِضون انعقاد هذا الإجماع الذي أثبته ابن المنذر، حيث إن نفي العلم بوجود منازع لا يلزم منه نفي وجود منازع، فليس كل ما لا تعرفه ليس موجوداً.

لذا نقول إن التيقن من ثبوت الإجماع في غير زمن الصحابة أمر صعب، ولا نقول إنه مستحيل أو غير ممكن، وذلك بعكس إثبات الإجماع في زمن الصحابة، كإجماعهم على خلافة أبي بكر الصديق، ثم عمر بن الخطاب، ثم عثمان بن عفان، ثم عليّ بن أبي طالب رضي الله عنهم أجمعين وغيرها....

## أنواع الإجماع:[134]

**(1) إجماع صريح:** وهو أن يصرح كل واحد من المجتهدين بقبول ذلك الرأي المتفق عليه، وهذا النوع حجة قاطعة لا خلاف في حجيته.

**(2) إجماع سكوتي:** وهو أن يتفق بعض المجتهدين على رأي في مسألة من المسائل ويسمع بها الباقون - من المجتهدين - فيسكتون ولا ينكرون عليهم، فيفهم من سكوتهم أنهم موافقون على ما وصلوا إليه من رأي، وكما هو معلوم أن: (السكوت في معرض البيان بيان)، وهذا الإجماع في حجيته خلاف معتبر بين العلماء، بل اختلفوا في اعتبار كونه إجماعاً أصلاً.

(134) انظر الوجيز في أصول الفقه للدكتور عبد الكريم زيدان ص 183 - 186.

فاعتبره الحنابلة وبعض الحنفية إجماعاً صحيحاً وحجة لازمة يحرم مخالفتها، أما الشافعية والمالكية فلم يعتبروه إجماعاً ولا حجة ملزمة، ومنشأ الخلاف أنه قد يكون المجتهد الساكت لم يبحث في المسألة بعد، أو بحث فيها والمسألة عنده تحتاج إلى مزيد بحث فسكت حتى لا يقول في دين الله ما لا تطمئن إليه نفسه، وقد يكون له فيها رأي مخالف ولكنه سكت لمنع مفسدة قد تقع إن تكلم وأظهر رأيه، وغيرها من الاحتمالات التي تسقط كون سكوته دليلاً على الموافقة، ولكن بعض الشافعية وبعض الحنفية مع أنهم لا يعتبرون الإجماع السكوتي إجماعاً أصلاً إلا أنهم يعتبرونه حجة ظنية راجحة الدلالة.

**ونلخص ما سبق في الآتي:**

الإجماع السكوتي بعض العلماء اعتبره إجماعاً، ومن ثم فهو عندهم حجة قطعية الثبوت ويحرم مخالفته.

وبعضهم لا يعتبره إجماعاً، ولكنه عندهم حجة راجحة ظنية الثبوت، ومن ثم لا يحرم مخالفته، بل ينبغي العمل به على الراجح.

وبعضهم لا يعتبره إجماعاً، ولا حجة، فهم يهملون ذكره على الإطلاق.[135]

**هل يحدث للإجماع نسخ؟**

ابتداءً الإجماع لا يحدث إلا بعد عصر النبوة، والنسخ لا يحدث إلا في عصر النبوة، فلا نسخ بعد وفاة الرسول صلى الله عليه وسلم كما لا إجماع في حياته، فتلك مرحلتان متتاليتان لا يجتمعان في زمن واحد، ومن ثم فلا يقع نسخ للإجماع أصلاً ولا ينبغي.

ولو فرضاً جدلاً وقوع إجماع ثانٍ يخالف الإجماع الأول فهذا غير جائز شرعاً، إذ إن الإجماع الأول حجة يحرم الأخذ بخلافه فضلاً عن الإجماع على

---

(135) انظر روضة الناظر لابن قدامة المقدسي ص381، وإرشاد الفحول للشوكاني ص84 - 85، والوجيز ص183 - 186.

خلافه، والأمة لا تجتمع على ضلالة.

*********

## المبحث الرابــع

## المصدر الرابع: القياس:

**القياس هو: (إلحاق أمر غير منصوص على حكمه بأمر آخر منصوص على حكمه، لاشتراكهما في علة الحكم).**(136)

وعليه فإن القياس عبارة عن مسألتين:

الأولى: لها حكم ثابت في القرآن أو السنة أو الإجماع.

والثانية: ليس لها حكم منصوص عليه في القرآن ولا في السنة ولا في الإجماع، فنسوِّي بين المسألتين، وننقل حكم الأولى إلى الثانية، فيصير حكمهما سواء، لاشتراكهما في العلة التي من أجلها صدر الحكم.

والمسألة الأولى المنصوص على حكمها تسمى: (أصل).

والمسألة الثانية الغير منصوص عليها، والتي تريد نقل حكم الأصل إليها تسمى: (فرع).

ومن ثم نستطيع أن نعرف القياس تعريفاً آخر فنقول هو: **(تسوية فرع بأصل في حكم لعلة جامعة بينهما).**(137)

أركان القياس:(138)

القياس له أربعة أركان:

---

(136) انظر تعريفات القياس في شرح الورقات لابن عثيمين ص 197 - 198، وإرشاد الفحول للشوكاني ص198، والمستصفى للغزالي ج2 ص288، والإحكام للآمدي ج3 ص263، وأصول السرخسي ص143، وفواتح الرحموت لمحب الدين بن عبد الشكور ج2 ص246.

(137) الأصول من علم الأصول لابن عثيمين ص70.

(138) انظر الوجيز ص195، وتيسير أصول الفقه للدكتور الفياض ص166، والأصول من علم الأصول لابن عثيمين ص70.

(1) **الأصل:** وهو الموضوع الذي ثبت فيه حكم منصوص عليه في القرآن أو السنة أو الإجماع، ونريد أن نقيس عليه وننقل حكمه على غيره.

(2) **الحكم الثابت للأصل:** وهو ما اقتضاه الدليل الشرعي من وجوب أو تحريم أو ندب أو كراهة أو إباحة أو صحة أو فساد.... وهذا الحكم هو الذي ينتقل من الأصل إلى غيره

(3) **علة الحكم الثابت للأصل**: وهو الوصف الموجود في الأصل والذي من أجله شرع الحكم فيه، والحكم متعلق به وجوداً وعدماً، فإذا وجدت العلة في الأصل ثبت له الحكم، وإذا انتفت انتف الحكم، وإذا وجدت نفس العلة في غير الأصل انتقل إليه حكم الأصل قياساً وصار مساوياً له في الحكم، وإلا فلا.

(4) **الفرع:** وهو الموضوع الذي لم يُنص على حكمه في الكتاب أو السنة أو الإجماع، ونريد تسويته بالأصل وإثبات حكم الأصل له، بناءً على اشتراكهما في العلة.

أمثلة للقياس:

**(أ)** قال رسول صلى الله عليه وسلم: **(لا يرث القاتل)**[139]، فهذا نص نبوي يحكم على القاتل بحرمانه من الميراث، وعلة ذلك الحكم هو اتخاذ القتل العمد العدوان وسيلة لاستعجال الشيء قبل أوانه، فيُردّ عليه قصده السيئ ويعاقب بحرمانه، فالعقوبة من جنس العمل، حيث إن القاعدة تقول: (من استعجل الشيء قبل أوانه عوقب بحرمانه)[140]، هذا فضلاً عن أن الميراث منفعة تصل إلى الوارث لِمَا كان بينه وبين مورِّثه من مودة بسبب الدين والقرابة أو النسب، والقتل قطع تلك المودة والمحبة التي بينهما مما جعلته محروماً ممنوعاً من وصول الميراث إليه، فهذه المسألة تعدُّ أصلاً، وله حكم ثابت في السنة، وعلة بُني عليها هذا الحكم.

(139) صحصح الجامع الصغير4436.
(140) القواعد الفقهية لابن عثيمين ص80.

ثم جاءت مسألة أخرى مماثلة لهذه المسألة ولكن ليس فيها نص، ألا وهي هل يرث المُوصَى له إذا قتل صاحب الوصية؟ فهذه مسألة جديدة فيها نفس علة الحكم الموجودة في المسألة الأولى، وهي استعجال الشيء قبل أوانه بطريق الإجرام، ومن ثم فتلحق مسألة قتل الموصَى له للموصِي بمسألة قتل الوارث مورِّثه لاشتراكهما في هذه العلة، ونسوِّي بينهما في الحكم، فيُحرَم الموصَى له ويُمنَع من نفاذ الوصية إليه وتملكها، كما يُمنَع الوارث من تملك الميراث الذي كان فرضاً له قبل اقترافه جريمة القتل.[141]

**(ب)** النهي عن البيع وقت النداء للصلاة من يوم الجمعة المستفاد من قوله تعالى: **(يَا أَيُّهَا الَّذِينَ آمَنُوا إِذَا نُودِيَ لِلصَّلَاةِ مِن يَوْمِ الْجُمُعَةِ فَاسْعَوْا إِلَى ذِكْرِ اللَّهِ وَذَرُوا الْبَيْعَ)** الجمعة(9) هذا أصل يقاس عليه النهي عن الاستئجار، أو الرهن، أو النكاح، أو إجراء أي عقد أو أي عمل في هذا الوقت، لاشتراكهم في علة الانشغال عن حضور صلاة الجمعة.[142]

**(ج)** ابتياع الإنسان على ابتياع أخيه، وخطبته على خطبة أخيه لا يجوز لورود النص بالنهي عن ذلك، وهو قوله صلى الله عليه وسلم: **(المؤمن أخو المؤمن، فلا يحل للمؤمن أن يبتاع على بيع أخيه، ولا يخطب على خطبة أخيه حتى يذر)**[143]، وعلة الحكم هو ما في هذا التصرف من اعتداء على حق الغير، وما يترتب عليه من عداوة وبغضاء، فهذا أصل وهذا حكمه، وتلك علة هذا الحكم التي بُني عليها، ويقاس على هذه المسألة مسألة عدم جواز استئجار الإنسان على استئجار أخيه، فكلا المسألتين في الحكم سواء لاشتراكهما في علة الحكم.

---

(141) انظر الوجيز ص196.
(142) انظر الوجيز ص197.
(143) صحصح الجامع الصغير 6648.

* **شروط القياس:**

**الشرط الأول:** أن يكون حكم الأصل ثابتًا بالقرآن أو السنة أو إجماع.

لأنه إن كان ثابتًا بقياس لم يصح القياس عليه، حيث إنه يكون قياسًا على قياس وهذا تطويل لا داعي له، والرجوع إلى الأصل الأوّل أسلم من الوقوع الخلل.(144)

**الشرط الثاني:** أن يكون الفرع غير منصوص على حكمه.

لأننا لا نلجأ إلى القياس إلا عند انعدام النص والإجماع في المسألة، فالقياس لون من ألوان الاجتهاد والقاعدة تقول: (لا اجتهاد في معرض النص)، لأننا لو أجرينا القياس مع وجود حكم ثابت للمسألة سوف يهدينا القياس إلى حكم مخالف للنص، وغير معتمد عليه.

فلو قلنا مثلاً بعدم وجوب أداء الصلاة - بالنسبة للمسافر - ثم ألزمناه بقضائها في أيام أخر، قياسًا على الصوم، لصار هذا القياس فاسدًا، حيث إنه يصطدم مع ما هو ثابت نصًا وإجماعًا من أن المسافر له الجمع والقصر، وليس الترك والقضاء.

ـ وكذلك لو قيل إن تزويج المرأة الرشيدة نفسها بغير وليّ جائزٌ، قياسًا على صحة بيعها مالها بغير وليّ، فنقول هذا قياس فاسد الاعتبار لمصادمته النص وهو قوله الرسول صلى الله عليه وسلم: (**لا نكاح إلا بوليّ**)(145)، فوجود النص في المسألة يجعل المسألة أصلاً، ويحول دون جعلها فرعًا لأصل آخر، ومن ثم فإن الأصل لا يجوز أن يكون فرعًا، كما أن الفرع لا يجوز أن يصير أصلاً.(146)

**الشرط الثالث:** أن لا يكون حكم الأصل مختصًا بالأصل.

---

(144) انظر تيسير أصول الفقه ص 167، والأصول من علم الأصول ص 73.

(145) أخرجه الخمسة إلا النسائي وقال الترمذي حديث حسن صحيح 1108 من حديث ابن عباس رضي الله عنه، وقال الألباني في إرواء الغليل حديث صحيح 1839.

(146) انظر تيسير أصول الفقه ص167، والأصول من علم الأصول ص72.

لأن الاختصاص يحول ويمنع نقل الحكم من الأصل إلى غيره، مثل خصوصية الرسول صلى الله عليه وسلم بجواز تزوجه بأكثر من أربعة، وخصوصيته صلى الله عليه وسلم بوصاله الليل بالنهار في صوم شهر رمضان، وخصوصية تحريم الزواج من زوجاته من بعده صلى الله عليه وسلم أبداً.

وكذلك خصوصية قبول شهادة خزيمة بن ثابت رضي الله عنه - وحده - وجعلها تعادل شهادة رجلين فلا يجوز أن نجعل شهادة أبي بكر الصديق رضي الله عنه كشهادة رجلين قياسًا على خزيمة رضي الله عنه، بعلة أنه مثله في الصدق والتقوى، بل هو أتقى منه وأصدق، فهذا قياس فاسد لأنه بني على حكم خاص، ومن ثم فالأحكام الخاصة وقضايا الأعيان لا يقاس عليها.(147)

**الشرط الرابع**: أن تكون العلة موجودة في الفرع كوجودها في الأصل.

فضرب الابن لوالديه - مثلاً - حرام، والتحريم مصدره القياس على النهي الوارد في قوله تعالى: ﴿فَلَا تَقُل لَّهُمَا أُفٍّ وَلَا تَنْهَرْهُمَا﴾ الإسراء (23)، فالمسألتين مشتركتين في علة إلحاق الإيذاء بالأب والأم، فالإيذاء يحصل بالضرب كما يحصل بالتأفف، بل أشد.

فإن لم تكن العلة موجودة في الفرع لم يصح القياس، ولا يصح انتقال الحكم من الأصل إلى الفرع، كأن يقال: إن العلة في تحريم الربا في البُر كونه مكيلاً، ثم يقال يجري الربا في التفاح قياسًا على البُر، فهذا القياس غير صحيح، لأن العلة غير موجودة في الفرع، حيث إن التفاح غير مكيل، وهذا القياس يعرف بالقياس مع الفارق.(148)

**الشرط الخامس**: أن يُبنى الحكم على علة معلومة ظاهرة يمكن إدراكها والتحقق من وجودها أو عدمه، وتكون تلك العلة منضبطة ومتعدية، ويدرك العقل

---

(147) انظر تيسير أصول الفقه ص167.
(148) الأصول من علم الأصول ص 74.

مناسبتها لتشريع الحكم[149]، فالعلة لها قيود أربعة، متى تحققت تلك القيود جاز اعتبارها علة يبنى عليها القياس وإلا فلا، وهذه القيود هي:

**(أ)** الظهور. **(ب)** الانضباط. **(ج)** التعدي. **(د)** المناسبة.

فالإسكار يصلح أن يطلق عليه أنه علة تحريم الخمر، حيث إنه وصف ظاهر، ويمكن إدراك تحقيق وجوده في الخمر من عدمه، وهو وصف منضبط فلا يختلف باختلاف الأشخاص ولا الأحوال، وهو وصف لا يخص مشروبًا بعينه لا يتعدى إلى غيره وإنما يوجد في سائر المسكرات، والعقل يدرك المناسبة بين السُّكر الموجود في الخمر وتحريمها ألا وهي المنفعة الحاصلة من الحفاظ على العقل، والمفسدة الحاصلة من زوال العقل عن طريق السُّكر، والعقل من الضرورات الخمس التي قام الشرع على حفظها وصونها ومنع ما يلحق الضرر بها.[150]

أما إذا تخلف قيد من تلك القيود الأربعة فلا تعدّ العلة علة معتبرة يقوم عليها قياس صحيح ويدور معها الحكم وجوداً وعدماً، ونضرب لذلك عدة أمثلة لقياسات فاسدة:

### (1) مثال لقياس فاسد بسبب عدم كون العلة ظاهرة:

- إذا قيل إن لحم البعير ينقض الوضوء ويقاس عليه لحم النعامة لمشابهتها له، فنقول: هذا القياس غير صحيح لأن حكم الأصل ليس له علة معلومة وإنما هو أمر تعبدي محضٌ على المشهور[151]، فالعلم بالعلة وظهورها وإدراك تحقيق وجودها في الأصل والفرع هو الذي يُبنى عليه القياس وإلا فلا قياس، ومن ثم فالأحكام التعبدية وأسبابها المتعلقة بها وجوداً وعدماً لا سبيل إلى معرفة عللها ولا سبيل إلى إدراك وجه المناسبة بينها وبين أسبابها، فصلاة المغرب لماذا تصلى

(149) انظر تيسير أصول الفقه للفياض ص168 - 169، والأصول من علم الأصول لابن عثيمين ص73 - 74، والوجيز ص204 - 207.

(150) انظر الوجيز ص206.

(151) انظر الأصول من علم الأصول لابن عثيمين ص73، والوجيز ص198، وتيسير أصول الفقه للفياض ص 204.

ثلاث ركعات والعشاء أربعًا والطواف بالبيت سبعًا؟ ولماذا تصلى المغرب عند غروب الشمس والظهر بعد زوال الظل؟... أسئلة لا سبيل إلى الإجابة عليها غير أننا نقول: سمعنا وأطعنا وهكذا أمرنا الله بها.

**(2) مثال لقياس فاسد بسبب كون العلة غير منضبطة:**

- إذا قيل إن المشقة هي علة الجمع والقصر والفطر في السفر، ومن ثم يُبنى على هذا القول جواز الجمع والقصر والفطر للمقيم إذا شعر بالمشقة قياساً، فنقول: هذا القياس فاسد حيث إن المشقة لا تعدّ علة يبنى عليها قياس، لأن المشقة غير منضبطة فهي تختلف من شخص لآخر ومن حال إلى حال، وتختلف بحسب طول السفر واختلاف وسيلة السفر وقوة تحمل المسافر وهكذا..... فهذان رفيقان في السفر أحدهما مازال يتمتع بقوته ونشاطه، والأخر في غاية الإرهاق والمشقة.

والشرع لا يربط أحكامه الشرعية بأشياء غير منضبطة، بل يربطها بما هو منضبط لا يختلف باختلاف الأشخاص والأحوال، فالمسافر له أن يقصر ويجمع ويفطر في السفر وإن لم يشعر بالمشقة، وليس للمقيم أن يقصر أو يجمع أو يفطر - قياساً - حال إقامته حتى وإن شعر بالمشقة، فالمشقة وصف غير منضبط، فلا يبنى عليها قياس، ولا يدور معه الحكم وجوداً وعدماً، وهذه المشقة تسمى: (حكمة)، وليست (علة)، والقاعدة تقول: (الأحكام تربط بعِلَلِهَا لا بِحِكمِهَا).[152]

لذا فالشرع إذا علق الحكم على أمر غير منضبط أقام مقامه أمرًا منضبطًا هو مظنة وجوده فجعل السفر والمرض مظنة حصول المشقة، كما قال تعالى: (فَمَن كَانَ مِنكُم مَّرِيضاً أَوْ عَلَى سَفَرٍ فَعِدَّةٌ مِّنْ أَيَّامٍ أُخَرَ) البقرة (184)، وقال تعالى: (وَإِذَا ضَرَبْتُمْ فِي الأَرْضِ فَلَيْسَ عَلَيْكُمْ جُنَاحٌ أَن تَقْصُرُواْ مِنَ الصَّلاَةِ) النساء (101)، فالمرض يجيز الفطر للمريض، والسفر يجيز الفطر والقصر والجمع للمسافر، والمشقة ليست مؤثرة في حكم المسألة.

(152) انظر الوجيز للدكتور عبد الكريم زيدان ص205، وتيسير أصول الفقه للدكتور الفياض ص169.

(3) **مثال لقياس فاسد بسبب كون العلة خاصة وغير متعدية:**

- إذا قيل إنه يجوز للمسافر ترك الأمر بالمعروف والنهي عن المنكر قياساً على جواز تركه لصيام رمضان، فنقول: هذا القياس فاسد، لأن السفر والمرض (سببان) لجواز الفطر، ولا يسميان: (علةً)، والسبب يتعلق به الحكم وجودًا وعدمًا ولكن لا يبنى عليه قياس، حيث إن السفر والمرض وصفان غير متعديان، بمعنى أنهما مقصوران على الأصل وفقط، فلا يوجدان في غيرهما، فالمقيم لا يوصف بكونه مسافرًا ويأخذ أحكام المسافر إلا إذا كان متلبساً بالسفر فعلاً، والصحيح لا يوصف بكونه مريضًا ولا يأخذ أحكام المريض ورُخصَه إلا إذا كان مريضًا فعلاً، فتلك أوصاف قاصرة على أصحابها، فلا تنقل أحكامهم الخاصة بهم إلى غيرهم قياسًا، ويظل كل حكم مختص بصاحبه دون غيره.

وذلك خلافًا للإسكار فهو وصف متعدٍ يوجد في الخمر - وهو الأصل - ويوجد في غيره، كالنبيذ والأفيون...... وفي كل مسكر، فهو غير قاصر على الأصل، ومن ثم صار الإسكار علة، جاز أن يُبنى عليها القياس.[153]

(4) **مثال لقياس فاسد لعدم مناسبة العلة لمقاصد الشرع:**

- إذا قيل إن عصير الفراولة أو العناب أو الطماطم حرام قياساً على الخمر حيث إنهما يشتركان في اللون الأحمر، فنقول: هذا القياس فاسد لأنه جعل لون الخمر هو علة تحريمها وهذه علة غير منصوص على اعتبارها أولاً، ثم هي لا تناسب التحريم، ولا تتفق مع مقاصد الشرع وقواعده المعتبرة، حيث إنه لا علاقة بين اللون والتحريم، واختلاف اللون لا يؤثر في الشيء المحرَّم، والدين ليس من مقاصده وأهدافه محاربة اللون الأحمر من المشروبات والمسكرات دون غيرها من الألوان، ومن ثم فهذا وصف لا يصلح أن يكون علة يقاس عليه.[154]

ومثل هذه الأوصاف تسمى: أوصاف طردية أو اتفاقية، لا علاقة لها بالحكم

(153) انظر الوجيز ص207.

(154) انظر الوجيز ص206 وتيسير أصول الفقه ص169.

الشرعي، ولا يصلح التعليل بها، مثل حديث ابن عباس رضي الله عنه **أن بريرة خُيرت على زوجها حين عُتقت قال: (وكان زوجها عبدًا أسودًا)**[155]، فقوله: (أسود) وصف طردي اتفاقي، لا مناسبة فيه للحكم، ولذلك فلا يُعد اللون علة للحكم يتعلق به وجودًا وعدمًا، ولا يُبنى عليه قياس، ومن ثم فيثبت الخيار للأَمة إذا عُتقت تحت عبد، وإن كان أبيض اللون، ولا يثبت لها الخيار إذا عُتقت تحت حُر، وإن كان أسود اللون.[156]

وكذلك لا يصح القول بأن علة قطع يد السارق كون المسروق منه فقيرًا، أو السارق غنيًا فهذه أوصاف لا اعتبار لها، ولا تعدّ عللاً يتعلق بها الحكم وجودًا وعدمًا، ولا يبنى عليها قياس، حيث لا مناسبة بينها وبين الحكم الشرعي.[157]

**أقسام القياس:**

القياس له أنواع كثيرة قسمها العلماء ولكل قسم اعتبار معين، وإليك بعضاً منها:

**أولاً: <u>القياس من حيث ثبوت العلة:</u>** وهو ينقسم إلى قسمين:[158]

**(1)** قياس جلي. **(2)** قياس خفي.

وإليك بيان هذين القسمين:

**(1) <u>القياس الجليّ:</u>**

وهو ما ثبتت علته بنص أو إجماع أو بما لا مجال للشك في نفي الفارق بين الأصل والفرع.

ومثال ما ثبتت علته بالنص: حديث ابن مسعود رضي الله عنه أنه أتى إلى النبي صلى الله عليه وسلم

(155) رواه البخاري 4978.

(156) الأصول من علم الأصول لابن عثيمين ص74.

(157) انظر الوجيز ص206، وتيسير أصول الفقه ص169.

(158) شرح الورقات لابن عثيمين ص 182 - 183، والأصول من علم الأصول لابن عثيمين ص 75 - 76.

بحجرين وروثة ليستنجي بهن، فأخذ النبي صلى اللـه عليه وسلم الحجرين وألقى الروثة، وقال: **(هو ركس)**.[159] أي نجس، فبين النبي صلى اللـه عليه وسلم علة عدم استنجائه بالروثة.

ومن ثم فيقاس عليه منع الاستجمار بالدم النجس الجاف لاشتراكهما في النجاسة.

ومثال ما ثبتت علته بالإجماع نهي النبي صلى اللـه عليه وسلم أن يقضي القاضي وهو غضبان.[160]

فيقاس عليه منع الحاقن من القضاء، لاشتراكهما في العلة المجمع عليها ألا وهي: تشويش الفكر وانشغال القلب.

ومثال ما لا مجال للشك في نفي الفارق بين الأصل والفرع: قياس تحريم إتلاف مال اليتيم باللبس على تحريم إتلافه بالأكل الوارد في قوله تعالى: **(وَلاَ تَأْكُلُواْ أَمْوَالَهُمْ إِلَى أَمْوَالِكُمْ)** النساء (2) فلا فرق بين إتلاف المال بالأكل أو اللبس، فكلاهما إتلاف بلا شك.[161]

**(2) القياس الخفيّ:** وهو ما ثبتت علته باستنباط مع احتمال وجود فارق بين الأصل والفرع، ولذلك يختلف العلماء في تحديدها.[162]

ومثاله: قياس الأرز على البُر في ثبوت الربا بعلة أنهما مطعومان.

والتعليل بالمطعوم لم يثبت بنص ولا إجماع، وإنما هو استنباط واجتهاد.

فهل يصح قياس الأرز على البُر الوارد في الحديث وذلك لأنهما يشتركان في كونهما من المطعومات؟ أم لا يقاس لأن النبي صلى اللـه عليه وسلم عين البُر ولم يذكر الأرز؟ الجواب: فيه قولان.

فمن قال إن الأرز يقاس على البُر فقد أجرى قياسًا خفيًا بناه على علة استنباطية اجتهادية.

---

(159) رواه البخاري 115.

(160) صحيح الجامع الصغير 7635.

(161) انظر فواتح الرحموت لمحب الدين بن عبد الشكور ج2 ص320.

(162) انظر تذكير الناس بما يحتاجون إليه من القياس للدكتور محمد الحفناوي ص 59، والقياس للدكتور صلاح زيدان ص40.

**ثانيًا: القياس من حيث وجود العلة في الأصل والفرع:** وهو ينقسم على ثلاثة أقسام:[163]

**(1)** القياس الأوّلي **(2)** القياس المساوي **(3)** القياس الأدنى.

**(1) القياس الأوّلي:** وهو أن تكون العلة موجودة في الفرع بمقدار أكبر وأقوى من وجودها في الأصل.

مثل قياس حرمة ضرب الوالدين على حرمة التأفف، وعلة التحريم: اشتراكهما في إلحاق الأذى بالوالدين، وهذه العلة موجودة في الضرب بشكل أقوى وأشد من وجودها في التلفظ بكلمة: (أفّ)، فجاء التعبير بالأدنى لتكون الدلالة على الأعلى من باب أولى.

**(2) القياس المساوي:** وهو أن تكون العلة موجودة في الفرع بقدر وجودها في الأصل.

كما في منع توريث الموصَى له إذا قتل الموصِي قياسًا على منع توريث الوارث إذا قتل مورثه.

وكذلك تحريم الشرب واللبس من مال اليتيم ظلمًا وعدوانًا قياسًا على تحريم الأكل منه.

**(3) القياس الأدنى:** وهو أن تكون العلة موجودة في الفرع بمقدار أدنى وأقل من وجودها في الأصل، فالإسكار علة تحريم الخمر، ووجود الإسكار في بعض الأنبذة قد يكون أضعف - نوعاً ما - من وجودها في الخمر، وهذا التفاوت الطفيف لا يؤبه به.

**وتوجد أقسام أخرى للقياس نذكر منها:**

**(1) قياس الشبه:** وهو أن يتردد فرع بين أصلين مختلفي الحكم، وفيه شبه بكل منهما، فيلحق بأكثرهما شبهًا، ومثاله: الرقيق، فهو يشبه الحُرّ من حيث كونه إنسانًا عاقلاً مكلفًا يثاب ويعاقب وينكح ويطلق.....

(163) انظر الوجيز للدكتور عبد الكريم زيدان ص218 - 219.

وكذلك يشبه المتاع والمال المتقوَّم من حيث كونه يُباع ويُشترى ويُرهن ويُوهب.....
فإذا قُتل خطأ: هل تضمن ديته قياسًا على الحُرّ؟ أم تضمن قيمته قياسًا على المتاع؟
**الجواب:** أن هذين أصلين يتجاذبان هذا الفرع، فيلحق بأكثرهما شبهًا به.
وقد ألحقه ابن عثيمين بالمتاع والمال المتقوَّم فقال:
يضمن بالقيمة، والقيمة تختلف من عبد إلى آخر).[164]

(2) **قياس العكس:** وهو إثبات نقيض حكم الأصل للفرع لوجود نقيض علة حكم الأصل فيه، ومثلوا لذلك بقوله النبي صلى الله عليه وسلم: (**وفي بضع أحدكم صدقة**) قالوا يا رسول الله: أيأتي أحدنا شهوته ويكون له فيها أجر؟ قال صلى الله عليه وسلم: (**أرأيتم لو وضعها في حرام أكان عليه وزر؟ فكذلك إذا وضعها في الحلال كان له أجر**)[165]

فأثبت النبي صلى الله عليه وسلم للفرع - وهو الوطء الحلال - نقيض حكم الأصل - وهو الوطء الحرام - لوجود نقيض علة حكم الأصل فيه، فأثبت للفرع أجرًا لأنه وطء حلال، كما أن في الأصل وزرًا لأنه وطء حرام.[166]

**تتمة:**

ينحصر اجتهاد المجتهد في العلة في ثلاثة جوانب:[167]

(1) الاستنباط والبحث عن علة الأصل التي لم يرد بها نص ولم ينعقد عليها إجماع، وذلك يكون بحصر الأوصاف التي يظن أنها تصلح أن تكون عللاً، ويطلق علي هذا العمل اسم: (تخريج المناط).

(2) تخليص العلل التي استنبطها وتهذيبها مما يشوبها من أوصاف لا دخل

(164) شرح الورقات لابن عثيمين ص188 - 189.
(165) رواه مسلم 1006 من حديث أبي ذررضي الله عنه.
(166) الأصول من علم الأصول لابن عثيمين ص77.
(167) انظر الوجيز ص116 - 118، وتيسير أصول الفقه ص170 - 172.

للتعليل بها، ولا تؤثر في الحكم وجودًا وعدمًا، فيحذف تلك الشوائب ويبقي الصالح منها، ويطلق على هذا العمل اسم: (تنقيح المناط).

(3) البحث في الفرع والتأكد والتحقق من وجود العلة فيه حتى يسوّي بين الأصل والفرع في الحكم، فيصير حكمهما سواء، ويطبق على هذا العمل اسم: (تحقيق المناط).

**وأخيراً نود أن نوجز القول في الفرق بين الحكمة والسبب والعلة:**

قد يظن البعض أن العلة والحكمة والسبب ألفاظ مترادفة المعاني حيث إننا لو سألنا رجلاً وقلنا له: ما العلة من إرسال الرسل؟ وما الحكمة من إرسال الرسل؟ واذكر سبب إرسال الرسل؟ فسيظن يقيناً أن الأسئلة الثلاثة هي سؤال واحد بألفاظ مترادفة.

والحق أنها متقاربة المعاني متداخلة في مقصودها اللغوي، غير أنها مختلفة متباينة المعاني اصطلاحًا، ونلخص القول فيما يلي:

**(الحكمة):**

هي (المصلحة التي يهدف الشرع إلى تحقيقها، ومن أجلها شرعت الأحكام الشرعية).

وتلك المصلحة هي منفعة يحصل عليها المكلف في الدنيا والآخرة إن التزم بالأحكام الشرعية، ولكن الحكمة قد تكون خفية غير ظاهرة، فلا يدرك العقل وجودها، مثل الصلوات الخمس وغيرها من الأحكام التعبدية التي يعجز العقل عن إدراك مصلحتها لولا أن الشرع أخبرنا عن ثوابها وأمرنا بها بدون تعليل لها، فالمغرب ثلاث ركعات والعشاء والظهر والعصر أربع ركعات والفجر ركعتين، وفي المناسك حجر يُقبّل وأخر يُرمَى، كل هذا وغيره ليس له عللاً ظاهرة.

والحكمة إن أظهرها الشرع لنا كانت غير منضبطة، فتختلف باختلاف الأشخاص والأحوال، فمثلاً الحكمة من التخفيف على المسافر هي: رفع المشقة عنه، فيجوز له الفطر والجمع والقصر حيث إن السفر مظنة المشقة، ولكن هذه الأحكام الخاصة بالمسافر تثبت في حقه حتى ولو لم يشعر بالمشقة.

ومن ثم فالحكم الشرعي لا يدور - غالبًا - مع حكمته وجودًا ولا عـدمًا، ولا يُبنى عليها قياس.

## (السبب):

هو (وصفٌ بُنى عليه حكم تكليفي). ولكن هذا الوصف يشترط فيه شرطان:

(1) الظهور. (2) الانضباط.

والحكم الشرعي يدور مع سببه وجودًا وعدمًا، فيلزم من وجوده الوجود، ومن عدمه العـدم ولكن العقل قد يعجز عن إدراك وجه المناسبة بين الحكم وسببه، كوجه المناسبة بين زوال الظل وصلاة الظهر، وبين غروب الشمس وصلاة المغرب.

والسبب يكون قاصرًا على حكمه المتعلق به فلا يتعداه إلى غـيره، فالسـفر - مـثلاً - سـبب للقصر والجمع والفطر للمسافر، وهذه أحكام خاصة بالمسافر دون المقيم، فإذا وصف الشخص بكونـه مسافرًا كانت تلك الأحكام خاصة به دون سواه، ومن ثم فلا يبنى عليه قياس.

## (العلة):

هي (وصف بُني عليه حكم تكليفي). ولكن هذا الوصف يشترط فيه أربعة شروط:

(1) الظهور. (2) الانضباط. (3) التعدي. (4) المناسبة.

والحكم الشرعي يدور مع علته وجودًا وعدمًا، فيلزم مـن وجـوده وجـود الحكـم الشرعـي، ويلزم من عدمه عدم وجود الحكم الشرعي، مثل السبب تماماً، لأن العلة والسبب يشتركان في تحقـق وجود شرطي: الظهور والانضباط.

ولكن العلة فاقت السبب بتحقق شرطين آخرين، يُبنى عليهما القياس، ويجعل القياس يدور مع علته وجودًا وعدمًا، وهذان الشرطان هما: التعدي والمناسبة.

فالتعدي جعل علة الحكم غير خاص بالأصلي فتوجد فيه وفي غيره.

والمناسبة جعلت العقل يدرك وجه العلاقة بين العلة والحكم الشرعي المتعلق بها.

- ومما سبق يتبين لنا الآتي:

أن الظهور والانضباط وصفان في العلة والسبب، وهما اللذان جعلا الحكم الشرعي يدور معهما وجوداً وعدماً.

والعلة تفوق السبب بوصفي التعدي وإدراك العقل لوجه المناسبة بين الحكم الشرعي وعلته مما جعل القياس يدور مع علته وجوداً وعدماً، ومن ثم فالسبب أعم من العلة، فكل علة سبب وليس كل سبب علة.

فمثلاً:[168]

(الإسكار سبب لتحريم الخمر، وهو علة في نفس الوقت، فيُبنى عليه الحكم والقياس وجوداً وعدماً، أما غروب الشمس فهو سبب لوجوب صلاة المغرب، ولكنه ليس علة له، فيُبنى عليه الحكم وجوداً وعدماً، ولا يُبنى عليه قياس).

أما الحكمة فقد تكون خفية وقد تكون ظاهرة، وإن كانت ظاهرة فهي غير منضبطة. ومن ثم فلا يُبنى عليها حكمٌ شرعي غالباً، ولا يُبنى عليها قياس مطلقاً.

\*\*\*\*\*\*\*\*\*\*

---

(168) انظر الوجيز للدكتور عبد الكريم زيدان ص 57 - 58.

# الفصل الثاني
## المصادر المختلف فيها:

### المبحث الأول
### المصدر الأول: الاستحسان

<u>الاستحسان هو:</u>

**(العدول بحكم المسألة عن نظائرها لدليل يراه المجتهد أقوى يقتضي ـ هذا العدول).**

فالمجتهد إذا جاءته مسألة وتبادر إلى ذهنه أنها تندرج تحت أصل معين فتأخذ نفس حكم هذا الأصل قياساً، ولكن لها شبه بأصل آخر بعيد عن الذهن، فيقوم المجتهد بإلحاق هذه المسألة بالأصل البعيد عن الذهن والعدول عن إلحاقها بالأصل القريب إلى الذهن، وذلك لدليل يراه المجتهد يرجح هذا العدول.

وعلى هذا فالاستحسان عبارة عن قياسان، أحدهما جليّ ضعيف الأثر، والآخر خفيّ قوي الأثر، فيهمل المجتهد القياس الجليّ، ويُعْمِل القياس الخفيّ، فتعد هذه المسألة مستثناة من بين نظائرها وأشباهها.

ومن ثم نستطيع القول بأن الاستحسان هو:

**(ترك القياس الجليّ لقياس خفيّ أقوى منه في نظر المجتهد).** [169]

<u>مثاله:</u>

- كل مسألة استثنى الشرع حكمها من بين نظائرها، كبيع السَّلم أو السلف -

---

[169] انظر تعاريف أخرى للاستحسان في: روضة الناظر لابن قدامة المقدسي ج1 ص407 وما بعدها، والإحكام للآمدي ج4 ص209، والمسـودة لابـن تيميـة ص455، الـوجيز ص230 - 231.

مثلاً - وهو:

(بيع شيء آجل موصوف في الذمة بثمن عاجل) أي أنه بيع ما ليس عندك، والدليل الشرعي العام يقتضي عدم جواز بيع المعدوم، فهذا العقد باطل قياسًا لقول النبي صلى الله عليه وسلم لحكيم بن حزام رضي الله عنه: **(لا تبع ما ليس عندك)**(170)، ولكن النبي صلى الله عليه وسلم استثنى عقد السلف من بين نظائره وأقره لما قال: **(من أسلف في تمر فليسلف في كيل معلوم، ووزن معلوم، إلى أجل معلوم)**(171). فهذا استحسان ومستندة النص النبوي.

وقُل مثل ذلك في عقد الاستصناع، إذ المعقود عليه - كذلك - معدوم، والعقد على المعدوم لا يجوز، ولكن هذا العقد جاز استحسانًا بالإجماع، حيث جرى العمل بهذا العقد في كل زمان دون أن ينكر عليه أحدٌ من المجتهدين، فهو إجماع سكوتي بُني على مراعاة الحاجة ودفع الضرر المترتب على المنع من ذلك التعامل، فهو مستثنى من بين نظائره، فهذا استحسان ومستندة الإجماع.

وكذلك جواز وصية المحجور عليه - لسفهٍ - إذا أوصى بما لا يزيد عن الثلث من ماله في وجوه الخير، فقد جازت هذه الوصية استحسانًا، بالرغم من أن جميع تصرفات السفيه المالية غير معتبره والوصية تدخل ضمن التصرفات المالية، ولكن حكم عدم الجواز لا يشملها لأن العلة من الحَجْر هي: الحفاظ على مال السفيه، وهذه الوصية إذا نفذت فلن تؤثر في هذه العلة، حيث إنها لا تفيد المِلك ولا تنفَّذ إلا بعد وفاة الموصِي الموصوف بالسفه، فيظل المال محفوظًا له ولأقاربه طيلة حياته، وهو المقصود من الحَجْر، ولذلك أجاز العلماء هذا التصرف من السفيه استحسانًا دون غيره من تصرفاته المالية التي لم يأذن بها القيِّم على ماله(172)، ومما

(170) رواه أبو داود ج3 ص283، وابن ماجه ج2 ص737، والنسائي ج7 ص289، والترمذي ج3 ص534، وقال الألباني صحيح من حديث حكيم بن حزامرضي الله عنه.

(171) رواه مسلم رقم 1604.

(172) انظر أصول الفقه للشيخ محمد أبو زهرة ص211، والوجيز ص 231 - 234، وتيسير أصول الفقه ص175 - 178.

سبق يتبين لنا أن الاستحسان له صورتان: -

**الأولى:** استثناء جزئيّ من أصل كليّ. **الثانية:** ترجيح قياس خفيّ على قياس جليّ.

**تتمة:**

**(1)** الاستحسان لا بد وأن يعتمد على دليل ثابت بالكتاب، أو السنة، أو الإجماع، أو القياس الخفي، أو يعتمد على حفظ ضرورة، أو رفع حرج، أو دفع مشقة، أو غيرها من الأدلة المعتبرة أو القواعد المقررة أو المقاصد المبرمة شرعاً.

أما إذا كان الاستحسان بمجرد الهوى ولا يعتمد على دليل معتبر فهو كلام غير معتبر، بل هو باطل ولا يُعد من مصادر التشريع بلا خلاف بين العلماء.[173]

**(2)** جرى خلاف بين العلماء في حجية الاستحسان فذهب الحنفية والمالكية والحنابلة إلى حجيته واستعمال هذا المصطلح في كتبهم وأقوالهم، وخالفهم الشافعية وأنكروه.

والحق أن الإمام الشافعي أنكر الاستحسان فقال: (مَن استحسن فقد شرَّع)[174]، ثم هو استحسن في بعض فتواه، مما يدل على أنه كان يقصد الاستحسان الذي لا يُبنى على دليل معتبر، وكل العلماء يوافقونه على بطلان وعدم جواز الاستحسان الذي لا يعتمد على دليل، ثم هو لما استحسن أنسب الحكم إلى الدليل المعتبر الذي أقام عليه استحسانه ولم ينسبه إلى الاستحسان كمصدر من مصادر التشريع، فالإنكار وقع على استعمال اللفظ، وليس حقيقة اللفظ ومعناه.

ويقول الدكتور عبد الكريم زيدان - بتصرف - محاولاً التوفيق بين أقوال العلماء: (مِن الأفضل أن الاستحسان الثابت بدليل يُنسب إلى دليله، ولا يُنسب إلى الاستحسان خروجاً من الخلاف اللفظي الواقع بين الحنفية والشافعية، فبعض

---

(173) انظر إرشاد الفحول ص641 للشوكاني، والموافقات للشاطبي ج4 ص135.

(174) الرسالة للشافعي ص503.

الشافعية أنكروا مصطلح الاستحسان، والحنفية أقروه، والحق أنه لا مشاحة في الاصطلاح).[175]

## الفرق بين القياس والاستحسان:

القياس ينقل الحكم من الأصل إلى الفرع عند اشتراكهما في العلة، أما الاستحسان فهو مخالفة القياس الجلي لوجود دليل - من قرآن أو سنة أو إجماع أو ضرورة أو مصلحة أو حاجة أو قياس خفي - بعيد الدلالة يكون من وجهة نظر المجتهد أنه أقوى من اندراج المسألة تحت هذا القياس الجلي.[176]

فالقياس الجلي يثبت حكمًا للمسألة، والاستحسان يثبت حكمًا مغايرًا لنفس المسألة لوجود دليل يراه المجتهد أقوى من استعماله للقياس الجلي.

ومن ثم فالاستحسان مانع من استعمال القياس الجلي، مثل الحكم بطهارة سؤر سباع الطير - كالصقر والنسر مثلاً - فالقياس الجلي في هذه المسألة هو: قياسه على سؤر سباع البهائم الذي يقتضي نجاسته لكونهما من أكلة اللحوم، ولكن قالوا بطهارته اعتبارًا بقياسه على سؤر الآدمي، لأن سباع الطير تشرب بمناقيرها وهي عبارة عن عظام طاهرة غمست في ماء طاهر فلا تعْلق بها نجاسة، فالتقاء طاهر بطاهر لا يضر، وهذا قياس خفي بعيد عن الأذهان يستحسن الأخذ به، وترك القياس الآخر.[177]

## المبحث الثاني

## المصدر الثاني: المصالح المرسلة

**المصالح هي:** جلب المنافع ودفع المفاسد.[178]

---

(175) انظر الوجيز ص 234 - 235 بتصرف.

(176) انظر تيسير أصول الفقه ص182.

(177) انظر الوجيز ص 234.

(178) انظر المستصفى للغزالي ج2 ص139، والوجيز ص 236.

**أقسام المصالح:** تنقسم المصالح إلى ثلاثة أقسام:

## (1) المصالح المعتبرة: وهي (مصالح أقرها الشرع واعتبرها وأيدها).

وتلك المصالح إما أن تكون مصلحة ضرورية، أو حاجية، أو تحسينية، فتلك ثلاث مصالح كلها معتبرة:[179]

**(أ) المصالح الضرورية:** هي المصالح التي قصد الشرع منها الحفاظ على ما يتوقف حياة الناس عليه، وبفقدانها يختل نظام الحياة وتعم الفوضى وتنتشر ـ المفاسد، وتتمثل في الحفاظ على الضرورات الخمس المشار إليها سابقا وهي: (الدِّين والنفس والعقل والعِرض والمال) ومما شُرع للحفاظ على تلك الضرورات:

إقامة الحدود على من اعتدى على واحد منهن، ففي إقامتها مفسدة تقع على عاتق مَن اعتدى وتجاوز الحدود، كجلده أو قطع يده أو رجمه أو قتله، وذلك على حسب جُرمه، ولكن هذه المفسدة الخاصة غارقة في بحور المصالح العامة الناتجة عن إقامتها.

**(ب) المصالح الحاجية:** هي المصالح التي قصد الشرع منها رفع الحرج والمشقة عن الناس بحيث إذا فُقدت لم يترتب على فقدانها اختلال نظام الحياة ولا تعم الفوضى ولا تنتشر المفاسد، ولكن يترتب على فقدانها إلحاق الحرج والضيق بالناس، مثل: إباحة الفطر للمسافر والمريض وغيرها.

**(ج) المصالح التحسينية:** هي المصالح التي لم يقصد بها الشرع تحقيق المصالح الضرورية ولا رفع الحرج عن الناس، ولكن يقصد بها الأخذ بمحاسن العادات وبلوغ درجة الكمال الأخلاقي، مثل مراعاة آداب الأكل والشرب، واستعمال الطيب، وندب أخذ الزينة عند كل صلاة وغير ذلك، فتلك ثلاث مصالح كلها معتبرة شرعاً.

---

(179) انظر الموافقات ج2 ص4.

(2) المصالح المُلغاة: وهي (مصالح ولكن دل الشرع على إهدارها والنهي عنها).

مثل الربا والخمر والميسر، ففيهم مصالح ومكاسب وزيادة لأموال المرابي وتاجر الخمور واللاعبين للقمار، ولكنها مصالح أهدرها الشرع ونهي عنها لما فيها من مفاسد أعظم من مصالحها، كما قال تعالى: (يَسْأَلُونَكَ عَنِ الْخَمْرِ وَالْمَيْسِرِ قُلْ: فِيهِمَا إِثْمٌ كَبِيرٌ وَمَنَافِعُ لِلنَّاسِ وَإِثْمُهُمَا أَكْبَرُ مِن نَّفْعِهِمَا) البقرة(219).

وكذلك الحال في اقتراف أي نهي، فإنك تجد في فعله نوعًا من اللذة الوقتية، كالزنى، وفي ترك أي تكليف تجد فيه نوعًا من راحة بُنيان البدن وسلامة النفس من الأذى - كترك الدعوة إلى الله والجهاد في سبيل الله - فكل هذه فيها مصالح وحظوظ للنفس، ولكن الشرع أهدر تلك المصالح، ومن ثم فلا اعتبار لها.

(3) **المصالح المُرسَلة**: وهي **(مصالح سكت عنها الشرع، فلم يعتبرها ويحث عليها، ولم يهدرها وينه عنها).**

فهي مصالح لِمَا فيها من جلب نفع أو دفع ضر، وهي مرسلة لأن الشرع أطلقها وسكت عنها، ومن ثم فلا تكون إلا في الوقائع المسكوت عنها في الشرع والتي ليس لها فيه نظير يقاس عليه.

مثل: جمع القرآن، وتوحيد الناس على مصحف واحد، وتدوين الدواوين، وقتل الجماعة بالواحد، ونفي عمر بن الخطاب رضي الله عنه (للحجاج بن نصر) لفتنة النساء به، ففي كل ما ذُكر مصلحة محققة سكت عنها الشرع ولم يأمر بها ولم ينه عنها.[180]

والمصالح المرسلة من اعتبرها من مصادر التشريع وضع لها شروطاً إذا تحققت عُمل بها وصارت مصدراً من مصادر التشريع - المختلف فيها - وإلا لم تتحقق فلا يُعمل بها ولا اعتبار لها.

**شروط العمل بالمصالح المرسلة:**[181]

**(1)** أن تكون المصلحة ملائمة لمقاصد الشرع، فلا تخالف دليلاً ثابتا بالكتاب أو السنة أو الإجماع أو القياس، وإلا كانت مصلحة ملغاة.

**(2)** أن تكون المصلحة معقولة تتقبلها العقول السليمة، وإلا كانت مصلحة مُتَوَهَّمة.

**(3)** أن تكون المصلحة عامة تشمل أكبر عدد ممكن من الناس بحيث تجلب لهم النفع وتدفع عنهم الضرر والحرج فلا تخص فردًا معينًا أو فئة معينة دون نظائرها.

**(4)** أن تكون المصلحة لحفظ ضروري أو لرفع حرج، أي أنها تخدم مصلحة اعتبرها الشرع، ومن ثم فهي تحقق مقصدًا من مقاصد الشرع، وهذا الشرط هو الذي أكسب المصلحة المرسلة قوة وحجية.

**فائدة:**

**(1)** المصالح المرسلة لا يُعمل بها إلا في أبواب المعاملات فقط، أما العبادات فلا مجال لها فيه، حيث إن المصلحة مبنية على ما يدرك العقل نفعه أو ضرره، والعبادات لا يُدرك العقل نفعها لولا أن الشرع أمرنا بها ورتب الثواب على فِعلها ورتب العقاب على ترك بعضها، لذا فالأصل في العبادات المنع والحظر كما بينا سابقاً، ومن ثم فأي زيادة في العبادة تُعد ابتداع في الدين مذموم، وكل بدعة ضلالة وكل ضلالة في النار.[182]

**(2)** إذا تعارضت مصلحة مع مفسدة وتعين عليك فِعل إحداهما فعليك العمل بالقاعدة التي تقول: (درء المفاسد أولى من جلب المصالح)، وذلك إذا كانت

(180) انظر الطرق الحكيمة لابن القيم ص14، والوجيز ص 237, 241.

(181) انظر الاعتصام للشاطبي ج2 ص 307 - 312، وأصول أبو زهرة ص261، والوجيز ص242، وتيسير أصول الفقه ص186.

(182) انظر الوجيز ص 238 وتيسير أصول الفقه ص187.

المفسدة أعظم من المصلحة أو مساوية لها.(183)

أما إذا كان العمل فيه مصلحة ومفسدة والمصلحة أعظم وأكبر من المفسدة: فعليك القيام بالعمل تحقيقاً للمصلحة، والصبر على ما ترتب عليه من مفسدة، فلن تجد عملاً إلا وتجمعت فيه مصالح ومفاسد، والحكم يكون لغلبة أحدهما على الآخر.

(3) إذا تزاحمت مفسدتين وتعيّن عليك فِعل أحدهما، فعليك أن تقدم أقلهما ضرراً، فتدفع أشرّ الشرّين بفِعل أهونهما، لأن في فِعل المفسدة الصغرى تفويتٌ للمفسدة الكبرى، كما خرق الخضر- عليه السلام السفينة حفاظاً عليها، ودفعاً لمفسدة أخذ الملك الظالم لها، وعندها لا تسمى المفسدة الصغرى مفسدة، بل هي عين المصلحة.(184)

**تتمة:**

ممن اشتُهر بالأخذ بالمصالح المرسلة واستعمال هذا المصطلح الإمام مالك وأحمد بن حنبل.

ونُسب إلى الشافعية والحنفية إنكارها بالرغم من أن لهم اجتهادات بُنيت على المصالح المرسلة وأقروها في كتبهم.

فإنكارهم للمصالح المرسلة مع العمل بمضمونها يدلنا على أن هذا الخلاف خلاف لفظي في استعمال المصطلح كمصطلح، وكما قلنا سابقًا أنه لا مشاحة في الاصطلاح.

والحق أن المصالح المرسلة إذا تحققت شروطها لم تعد مصدرًا مستقلاً بذاته وإنما صارت مستمدة من القرآن والسنة، حيث إنّ تحقيق المنفعة ودفع المضرة ورفع المشقة يُعد من الأمور التي أقرها الشرع وبنى عليها أحكامه، ومن ثم فكل حكم بُني على المصالح المرسلة وتحققت فيه شروطه هو في الحقيقة بُني

(183) انظر القواعد الفقهية لابن عثيمين ص20 - 21.

(184) انظر القواعد الفقهية لابن عثيمين ص 37 - 39.

على ما استقر من مقاصد القرآن والسنة.[185]

قال الشاطبي: (والشريعة ما وُضعت إلا لتحقيق مصالح العباد في العاجل والآجل ودرء المفاسد عنهم)[186]، وقال العز بن عبد السلام: (الشريعة كلها مصالح، إما درء مفاسد أو جلب منافع)[187]، ولذلك كان السعي في تحقيق المصلحة من الأمور المعتبرة شرعًا.

*********

## المبحث الثالث

## المصدر الثالث: الذرائـــع

**الذرائع هي:** الوسائل، ومفردها: ذريعة.

فالوسيلة الموصلة إلى الحرام حرام، والوسيلة الموصلة إلى الواجب واجب وهكذا....

فالوسائل تأخذ حكم المقاصد والمآل والغايات دون النظر إلى النيات.

فحرم الله سب الذين يدعون من دون الله لأنه يُفضي إلى سب الله تعالى فقال: **(وَلاَ تَسُبُّواْ الَّذِينَ يَدْعُونَ مِن دُونِ اللهِ فَيَسُبُّواْ اللهَ عَدْواً بِغَيْرِ عِلْمٍ)** الأنعام (108)

وغالبًا يطلق سد الذرائع على منع الوسائل المؤدية إلى المفاسد.

ومن المعلوم أن الشرع من مقاصده جلب المصالح والمنافع وفتح الوسائل المفضية إليها، ودفع المضار والمفاسد وسد الوسائل المفضية إليها، ومن ثم فالأحكام المبنية على الذرائع هي في الحقيقة مبنية على مقصد شرعي معتبر.

---

(185) انظر الوجيز للدكتور عبد الكريم زيدان ص 238.

(186) انظر الموافقات للشاطبي ج2 ص 4، 37.

(187) قواعد الأحكام للعز بن عبد السلام ج1 ص9.

### أنواع الوسائل المفضية إلى المفاسد:[188]

**(1) وسائل محرمة بذاتها:**

وهي كل ما نهى عنه الشرع على وجه الإلزام، كالشرك بالله وشرب الخمر وقتل النفس التي حرم الله إلا بالحق وغيرها من المحرمات، فكل فعلٍ لحرامٍ وكل تركٍ لواجبٍ يُعد فسادًا وإفسادًا في الأرض.

(2) **وسائل مباحة جائزة في الأصل ولكنها تفضي إلى مفاسد:** ولها ثلاث حالات:

**(أ) وسائل تؤدي إلى مفاسد احتمال وقوعها نادرًا فتكون مظنة المصلحة أرجح من المفسدة:**

كمثل: نظر الخاطب إلى من يريد خطبتها، وزراعة العنب وبيعه، وقبول شهادة الشهود فكل هذه الوسائل لا تمنع على الإطلاق ولا يُنظر إلى المفاسد النادرة المترتبة عليها، حيث إن مفسدتها مغمورة في مصلحتها الراجحة.

فلا تقل: إن النظرة للمخطوبة حرام لأنها تفتح باب الاستهتار وكشف العورات وانتهاك حرمات الآخرين.

ولا تقل: إن زراعة العنب وبيعه حرام على الإطلاق لأنه يفضي إلى صناعة الخمر.

ولا تقل: على القاضي أن يرفض قبول شهادة الشهود لأن فيها مظنة الكذب.

فكل هذه احتمالات ولكنها ظنية نادرة غير راجحة، ولو منعناها لهدم الدين وعمت المفاسد وضاعت الحقوق.

لذلك فلا خلاف بين العلماء على أنها وسائل غير مانعة، ولا يُنظر إلى مفسدتها المغمورة في بحر مصالحها.

---

(188) انظر الوجيز ص245 - 246.

**(ب) وسائل تؤدي إلى مفاسد احتمال وقوعها كثيراً فتكون مظنة المفسدة أرجح من المصلحة:**

كمثل: إجارة العقار لمن بَيَّنَ لك أنه سيستعمله في محرم، وكبيع العنب لمن عُرف أنه يصنعه خمرًا، وكحفر بئر ماء في وسط الطريق، ففي هذه الأعمال مصلحة، ولكن المفسدة أعظم من المصلحة، واحتمال وقوع تلك المفسدة كبير يقترب من اليقين، لذلك تمنع هذه الأعمال سدًا للذريعة.

وهذه الحالة وقع فيها الخلاف بين العلماء في كون اعتبارهما من المصادر المانعة.

وسبب الخلاف أن تلك الوسائل في الأصل مباحة ومشروعة، فتمسك فريق بالأصل فأباحها ولم ينظر إلى ما تؤول إليه من مفاسد، وتمسك الآخرون بالمآل فحرموا تلك الوسائل ومنعوها سداً للذريعة.[189]

وهذه الحالة ارتبطت بها القاعدة التي تقول: (دفع المفاسد مُقدّم على جلب المصالح)، وتطبق هذه القاعدة في حالة ما إذا كانت المفسدة أعظم من المصلحة أو تساويها.[190]

**(جـ) استعمال المكلَّفُ الشرعَ كحيلة لتحقيق مقصدٍ خاص ومصلحة خاصة ينقض مقصداً شرعياً:**

كمثل: مَن يتوسل بالنكاح لغرض تحليل المُطلَّقة ثلاثًا لمُطلِّقها، فهذا قد استعمل الشرع في غير مقاصده التي شرع من أجل تحقيقها.

وكمثل الشركاء الذين فضّوا شركتهم وقسّموا أموالهم قبل حولان الحول، كي يحافظوا على رؤوس أموالهم وتسقط عنهم الزكاة، فقد استعملوا الشرع في غير ما وُضع له، ونقضوا مقاصده التي من أجلها شرعت الزكاة، فاستعملوا قواعد الشرع وضوابطه الظاهرة ليصلوا إلى عدم الالتزام بالأحكام الشرعية.

(189) انظر الوجيز ص 246 - 247.

(190) انظر القواعد الفقهية لابن عثيمين ص20 - 21.

واليهود ممن اشتهر بتلك الحيل، وتفننوا فيها يخادعون بها الله والذين آمنوا، وما يخدعون إلا أنفسهم والله شديد المحال.

**تتمة:**

**(1)** ممن قال بسد الذرائع الحنابلة والمالكية [191]، والحق معهم لأن الدين من مقاصده المعتبرة: جلب المصالح وتكثيرها ودفع المفاسد وتقليلها وسد الأبواب المفضية إليها، ثم من غير المقبول أن يُحرِّم الشرع شيئًا ثم يسمح لأسبابه ووسائله فيتركها على أصل إباحتها.[192]

أما الشافعية فاعترضوا على هذا المصدر مع أنهم أخذوا بمقتضاه في بعض اجتهاداتهم باعتباره داخل في أصل شرعي آخر، أو قاعدة شرعية أخرى [193]، ومن ثم نستنتج أن الخلاف بين الشافعية والحنابلة والمالكية خلاف لفظي يدور حول على مسمى الاصطلاح، فالشافعية خافوا من التوسع في استعمال هذا المصطلح بغير حق، فقرروا منعه سداً للذريعة.

ومما سبق يتبين لنا العلاقة الوثيقة بين سد الذرائع والمصالح المرسلة، وأن بعض صور سد الذرائع هي من صور المصالح المرسلة.

**(2)** كما أن بعض العلماء سدوا الذرائع المفضية إلى المفسدة الراجحة ولو كانت في الأصل حلال، كذلك فتحوا الذرائع المفضية إلى المصلحة الراجحة حتى ولو كانت في الأصل حرام.

كمثل: جواز دفع الدولة المسلمة الضعيفة المالَ لدولة العدو اتقاء شرهم، كما عرض النبي صلى الله عليه وسلم ذلك على أصحابه يوم الأحزاب، وعرضه ذلك دليل على جوازه، مع أن دفع المال لهم يُقوّيهم، وهذه مفسدة، ولكن هذه المفسدة ستميل

---

(191) انظر الوجيز ص246 نقلاً عن: الأم للشافعي ج3 ص3, 69، وبداية المجتهد لابن قدامة ج2 ص 117 - 119، والمغني لابن قدامة ج4 ص174، والمدونة الكبرى للإمام مالك ج2 ص171, ج3 ص399، ومختصر الطحاوي ص280.

(192) انظر أعلام الموقعين لابن القيم ج3 ص 121 - 140.

(193) انظر الوجيز ص246، ص249 - 250.

قلوبهم وتحُول دون حصول مفسدة أعظم منها، ألا وهي انقضاضهم على دولة المسلمين حال ضعفها.

ومثله تقديم المال لظالم على سبيل الرشوة لتدفع بها ظلمه الذي لا يزول إلا بذلك.

وتلك المسألة وأشباهها تدور حول القاعدة التي تحت على: (دفع أعظم الضررين بفعل أهونهما). ففي دفع الرشوة مفسدة وفي وقوع الظلم عليك مفسدة، ولا سبيل إلى درء المفسدتين إلا بفعل إحداهما، ولا يكون فعل الأدنى في هذه الحال محرمًا على الحقيقة، بل هو عين المصلحة، لأن في فِعل المفسدة الصغرى تفويتٌ للمفسدة الكبرى، كما خرق الخضر عليه السلام السفينة، حفاظاً عليها ودفعاً لمفسدة أخذ الملك الظالم لها.[194]

*********

## المبحث الرابع

## المصدر الرابع: العـــرف

**العرف هو:**

**(ما أَلِفَهُ المجتمع واعتاده في حياته من قول أو فعل دون أن يُعَارض الشرع).[195]**

**المتأمل في التعريف يستنتج عدة حقائق هي:**

**(1)** العرف قد يكون قولاً وقد يكون فعلاً.

(194) انظر القواعد الفقهية لابن عثيمين ص37 - 39، والوجيز ص251 نقلاً عن: الفروق للقرافي ج2 ص32 - 33.
(195) انظر أصول الفقه لزكي الدين شعبان ص 175، وأصول الفقه للشيخ عبد الوهاب خلاف ص189.

فالعرف القولي هو كل لفظ استعمله المجتمع في معنى خاص مغاير لمعناه اللغوي والشرعي، كإطلاق اسم اللحم على غير السمك.

والعرف العملي هو كل عمل له مدلول خاص عند المجتمع، فتقديم الطعام للضيف مثلاً يدل على الإذن له بتناوله.

**(2)** المجتمع قد يتعارف كله ويعتاد عرفاً معيناً، وقد يعتاده جزء منه، ومن ثم فالعرف إما أن يكون عاماً وإما أن يكون خاصًّا.

فالعرف العام هو: العرف الشائع في جميع البلاد الإسلامية.

والعرف الخاص هو: العرف الشائع في بلد دون بلد، أو بين أصحاب حرفة معينة، أو أهل علم معين....

**(3)** العرف قد يكون صحيحًا وقد يكون فاسدًا.

فالعرف الصحيح: هو ما لا يخالف دليلاً ثابتًا بالقرآن أو السنة أو الإجماع أو القياس، ولا يُفوِّت مصلحة راجحة، ولا يجلب مفسدة حاصلة، كتقسيم المهر إلى عاجل وآجل والآجل لا يُستحق إلا بعد الفِراق.

والعرف الفاسد هو: ما خالف دليلاً شرعًا ثابتًا، أو فوّت مصلحة راجحة، أو جلب مفسدة محققة، كالتبرج والسفور وشرب الدخان واتخاذ الغناء في الأفراح والاختلاط وغيرها من المحرمات التي تعارف عليها الناس واعتادوها وألِفوها دون إنكار، وصارت وكأنها حلال، بل أنكروا على مَن خالف عرفهم واتبع شرع الله.(196)

<u>فائدة:</u>

العرف المعتبر ليس دليلاً مستقلاً ولكنة يرجع إلى أدلة الشريعة المعتبرة ويرجع إلى مقاصد الدين العامة، ويشترط فيه أن لا يصطدم مع النصوص الثابتة.(197)

(196) انظر أصول الفقه للبرديسي ص34، والوجيز ص252 - 253، وتيسير أصول الفقه للفياض ص190 - 195.
(197) انظر المبسوط للسرخسي ج13 ص14.

فإذا اصطدم العرف بالشرع فلا اعتبار له مطلقاً ولا وزن ولا قيمة، ويُعد من الأعراف والعادات الفاسدة المخالفة لهدي النبي صلى الله عليه وسلم وهدي أصحابه والعلماء المعتبرين من بعدهم، ووجب العمل على القضاء عليه ومحاربته وإزالته، وإحلال الشرع الحنيف مكانه.[198]

## ضوابط وقواعد للعرف الصحيح:

(1) ما هو المجال الذي يدخل فيه العرف؟

يجب أن نعلم أن العرف لا مجال له في أبواب العبادات مطلقاً ولا العقائد من باب أوْلَى، حيث إنها من الأمور التوقيفية التي لا تقبل الزيادة ولا النقصان.

وإنما يَعمل العرف في أبواب المعاملات فقط، حيث إن الأصل في المعاملات الإباحة ما لم تأت قرينة تفيد غير ذلك.

وكذلك يجب أن نعلم أن العرف المعمول به لا يُنشئُ الأحكام الشرعية كالقرآن والسنة، ولا يُفسّر ألفاظ الشرع، وإنما يُعْمَل به في تفسير ألفاظ المكلفين التي تتعلق بها الأحكام الشرعية.

**فمثلا:** إذا أوصَى تاجرُ لحمٍ بقر وسمكٍ بإخراج ثلث ما يمتلكه من (لحوم) لإطعام الفقراء والمساكين والمجاهدين، ثم مات ذلك الرجل، فهل ورثته يخرجون ثلث ما يمتلكه من اللحم والسمك؟ أم أن السمك لا يدخل ضمن وصيته؟

وأخر قال: والله لن آكل (لحماً) فهل إذا أكل (سمكاً) يكون قد حنث في يمينه وعليه كفارة؟

**الجواب:** إننا نحتكم إلى العرف في تفسير هذا اللفظ، وبناء على تفسير العرف للفظ وجب صرف المعنى إليه، والعرف عندنا يقول: إن اللحم اسم يطلق على الذبائح فقط ولا يطلق على السمك، ومن ثم فالحكم الشرعي يتعلق بالتفسير العرفي لألفاظ المكلَّفين، بينما إذا ذكر قوله تعالى: (وَمِنْ كُلّ تَأْكُلُونَ لَحْماً طَرِيّاً)

(198) انظر الوجيز ص254 - 255.

**فاطر(12)**، صُرف معنى اللحم في الآية إلى السمك حيث إن سياق الآية يستوجب ذلك واللغة تحتمل ذلك، ولا اعتبار بالعرف حيث إن ألفاظ الشرع تفهم بمعانيها الشرعية إن كان الشرع قد استعملها استعمالاً خاصًا، فإن لم يستعملها استعمالاً خاصًا فهمت بمعانيها اللغوية، وليس للعرف اعتبار حيث إن العرف يتغير بتغير الزمان والمكان، وألفاظ الشرع ثابتة لا ينبغي أن نفهمها إلا بمدلولها الذي أراده الشرع وقصده يوم أنزلها.

وكذلك كل ما جاء في الشرع بغير تحديد نرجع في تحديده إلى العرف، كتحديد مهر المِثل والنفقة على الزوجة والأولاد وغيرها من الأمور التي تركها الشرع دون تحديد لمقدارها وقيمتها، فالشرع أوجبها دون تحديد، وترك العرف هو الذي يحدد، فالعرف حدد القيمة فقط ولم ينشئ حكمًا شرعياً جديدًا.

واعلم أن الأحكام المبنية على العرف تتغير إذا تغير العرف، فهي تدور معه حيثما دار[199] فقيمة مهر المِثل منذ مائة عام تختلف عن قيمته الآن، لأن القيمة تختلف من مكان لآخر ومن زمان لآخر.

وعليه فإن الفقهاء اتفقوا على أن العرف معتبر في أمرين اثنين لا ثالث لهما:[200]

**الأول:** تفسير أقوال وأفعال المكلفين.

**الثاني:** تحديد ما جاء في الشرع غير محدد.

واعتمدوا في حجية العرف على قوله تعالى: (خُذِ الْعَفْوَ وَأْمُرْ بِالْعُرْفِ وَأَعْرِضْ عَنِ الْجَاهِلِينَ) الأعراف (199)، والعرف في الآية يشمل المعروف شرعًا والمألوف عرفًا، والأمر من الله هو دليل اعتباره في الشرع.[201]

---

(199) انظر الفروق للقرافي ج1 ص 176، وأعلام الموقعين لابن القيم ج3 ص9، والوجيز ص 258.

(200) انظر أصول الفقه للشيخ محمد أبو زهرة ص 73.

(201) انظر الفروق للقرافي ج3 ص 149، والوجيز ص245.

(2) إذا كان اللفظ له معنى شائع ثم اندثر هذا المعنى واستحدث له معنى جديد، فعلى أي العرفين يُحمَل المعنى ويكون العمل؟

**الجواب:** أن اللفظ يُفَسَّر على حسب معناه العرفي الذي كان في زمن التلفظ به، ولا يُنظَر إلى معاني نفس اللفظ الذي كان شائعة في أي زمن آخر، حيث إن المكلف لما تكلم باللفظ أراد المعنى المفهوم في وقته دون غيره.

**فمثلاً:** إذا أوقف رجل مالاً لطلبة العلم، وكان العرف أثناء حياته يَفهم أن طلبة العلم اسم يُطلق على طلبة العلم الشرعي الديني فقط، ثم بعد وفاته جَدَّ عرف جديد يُطلِق طلبة العلم على طلبة العلم الديني والدنيوي على حد سواء، فأي العرفين يُعمَل به؟ وأي طلبة ينتفعون بهذا الوقف؟

**الجواب:** أن الكلام يحمل على العرف الشائع في حياة الواقف للمال، ويُهمَل العرف اللاحق ذو المفهوم الجديد المغاير للمعنى السابق.

ومن ثم فينتفع طلبة العلم الشرعي فقط دون غيرهم. [202]

(3) المعروف عرفاً إذا شاع بين الناس صار كالمشروط شرط [203]، حيث إن الإقرار بالعرف يجعله في قوة الشرط ما لم يُشترَط إلغاؤه.

**فمثلاً:** إذا اشترط العاقدان شرطاً ألغى مفهوم العرف في مسالة من المسائل أخِذ بالشرط وأهمِل العرف، لأن المسلمين عند شروطهم، أما إذا لم يشترطوا شرطاً يخالف العرف دل ذلك على موافقتهم على العرف الشائع وإقرارهم به، لذلك كان في حكم الشرط المنطوق به ووجب العمل بمقتضاه.

كمن اشترط أن يدفع قيمة المهر كاملاً قبل الدخول بالزوجة، فهذا شرط ألغى العمل بالعرف السائد وهو تقسيم المهر إلى عاجل وآجل والعاجل يدفع قبل

---

(202) انظر الوجيز ص256 - 257.
(203) القواعد الفقهية لابن عثيمين ص66.

الدخول بها والآجل لا يطلب إلا عند الفراق.

والقاعدة تقول: (ما يثبت بالعرف بدون ذِكر لا يثبت إذا نص على خلافه). <sup>(204)</sup>

********

## المبحث الخامس

## المصدر الخامس: قول الصحابي

**الصحابي هو: (مَن اجتمع بالنبي** صلى الله عليه وسلم **مؤمناً به، ومات على ذلك).** <sup>(205)</sup>

مثل: الخلفاء الراشدون والمبشرون بالجنة وعبد الله بن مسعود وابن عباس وغيرهم   رضي الله عنهم.

قال ابن عثيمين: يشترط فيمن يطلق عليه لقب صحابي أن يلقى النبي صلى الله عليه وسلم وهو مؤمن حال لقائه ومات على الإيمان، ولا يشترط فيه طول الصحبة بل يحصل على هذا اللقب حتى ولو اجتمع بالنبي صلى الله عليه وسلم لحظة أو لقيه برهة، وهذا من خصائص النبي صلى الله عليه وسلم دون غيره، وكذلك من ارتد منهم عن الإسلام ثم رجع إليه فهو صحابي على الراجح. <sup>(206)</sup>

## أقسام قول الصحابي أو فتوى الصحابي:

**(1)** أن يقول الصحابي قولاً لا يُدرَك بالرأي ولا مجال للاجتهاد فيه.

كإخباره عن الغيبيات من جنة ونعيمها، أو نار وجحيمها، أو القيامة وأهوالها، أو إخباره عما مضى من أحوال وتفاصيل قصص من قبلنا، أو إخباره عما

---

(204) انظر قواعد الأحكام للعز بن عبد السلام ج2 ص 178، والوجيز ص 257.

(205) شرح البيقونية لابن عثيمين ص57.

(206) شرح البيقونية لابن عثيمين ص57.

سيأتي في آخر الزمان من فتن وملاحم.... أو أن يخبرنا عما نحصل بفعله على ثواب مخصوص أو عقاب مخصوص كقوله من فعل كذا.... فله من الأجر كذا....، وغيرها من الأمور الغيبية التي لا مجال لإعمال العقل فيها.

فهذه الأخبار - الموقوفة ظاهراً - تأخذ حكم المرفوعة، فتعامل معاملة السنة النبوية التي هي من مصادر التشريع المتفق عليها، لأن الصحابة كلهم ثقات وعدول، وما ينبغي لأحدهم أن يتقول في الدين بغير علم فيخبر عن أشياء إثباتها يفتقر إلى وحي القرآن أو السنة

ولكن الصحابي الذي يُحدّث الناس عن الغيبيات يشترط فيه ألا يُعرف عنه أنه ينقل عن كتب بني إسرائيل مثل عبد الله بن عمرو بن العاص رضي الله عنه [207]، فإن عرف عنه ذلك فلا تعامل أخباره معاملة المرفوع - احتياطاً - لاحتمال أن تكون روايته هذه مما نقلها عن بني إسرائيل حيث إننا يجوز لنا الإخبار عنهم، ولا يجوز لنا تصديقهم ولا تكذيبهم، كما قال النبيصلى الله عليه وسلم: **(ما حدثكم أهل الكتاب فلا تصدقوهم ولا تكذبوهم، وقولوا آمنا بالله وكتبه ورسله، فإن كان حقاً لم تكذبوهم، وإن كان باطلاً لم تصدقوهم)** [208]

فكتبهم محرفة يقيناً إن خالفت كتابنا أو سنة نبينا الصحيحة، أما إن لم تكن مخالفة لما هو ثابت عندنا بقي ضعف نسبتها إلى قائلها، فهم عندنا كفار وليسوا أمناء في نقل دينهم، ومن ثم نتوقف في كل خبر كانوا هم مصدره، فلا نكذبهم لاحتمال أن يكون صدقاً، ولا نصدقهم لاحتمال أن يكون كذباً.[209]

- وكذلك من الموقوف الذي يعامل معاملة المرفوع: أن يضف الصحابي قوله أو فعله إلى الماضي مما يشعرنا أن النبي صلى الله عليه وسلم أقره أو حث عليه كأن يقول الصحابيّ: كنا نقول أو نفعل كذا....، أو لا نرى بأسا من قول أو فعل كذا..... أو

(207) شرح البيقونية لابن عثيمين ص41.
(208) السلسلة الصحيحة 2800.
(209) انظر شرح البيقونية لابن عثيمين ص41.

فعل أو قيل على عهد النبي صلى الـلـه عليه وسلم كذا....، أو من السنة كذا....، أو أمرنا بكـذا....، أو نهينا عن كذا....، أو رُخص لنا كذا....، أو من فعل كذا فقـد عصى رسـول الـلـه، أو أن يفسر الصحابي تفسيراً يتعلق بسبب نزول آية.

- وكذلك من الموقوف الذي يعامل معاملة المرفوع: أن يفعل الصحابي فعلاً لا مجال للاجتهاد فيه، كصلاة على بن أبي طالب رضي الـلـه عنه في الكسوف ثلاث ركوعات في كل ركعة، فهذا من المرفوع حكماً، حيث إن عدد الركوعات في الركعة الواحدة أمر توقيفيّ لا مجال للاجتهاد فيه، فنحن لا نعبد الـلـه إلا بما شرعه الـلـه في كتابه العزيز أو في سنة رسوله الصحيحة، ومَن عبد الـلـه مِن وحي نفسه أو اتباعا لغير وحي الكتاب والسنة فقد ابتدع في الدين، وكل بدعة ضلالة وكل ضلالة في النار، والله أثنى على الصحابة ثناءً عظيماً، والرسول مدحهم مدحاً وفيراً، ومن ثم فالأمة تثق فيهم ثقة شديدة تجعلنا نقول: إن الصحابي لا يجتهد فيما لا مجال للاجتهاد فيه، ولا يُشرّع في دين الـلـه من تلقاء نفسه، بل هو متبعٌ للوحي غير مبتدع حتى ولو لم يصرح لنا أن فعله هذا أو قوله هذا مرفوع إلى النبي صلى الـلـه عليه وسلم، هذا ظننا فيهم، وعليه استقرت آراء علماء أهل السنة والجماعة.[210]

**(2)** قول الصحابي الذي حصل عليه اتفاق صريح، وهذا أيضاً يُعد حجة لأنه من قبيل الإجماع الصريح.

**(3)** قول الصحابي الذي اشتُهر ولم ينكره أحد، وهذا أيضاً حجة عند من اعتبر الإجماع السكوتي حجة.

**(4)** قول الصحابي الصادر عن رأيه واجتهاده، وهذا هو الذي حصل فيه اختلاف بين العلماء في اعتبار كونه مصدراً من مصادر التشريع وحجة على من جاء بعدهم، علمًا بأن قول الصحابي لا يعتبر حجة ملزمة على صحابي مثله.[211]

ونسوق لك اختلافات أهل العلم في حجية قول الصحابي وفتواه على

(210) انظر تيسير مصطلح الحديث للدكتور الطحان ص115 - 116.

(211) شرح مسلم الثبوت لعبد العلي محمد بن نظام الدين الأنصاري ج2 ص185 وما بعدها.

النحو التالي:[212]

(أ) قال بعض أهل العلم: إن قول الصحابي ليس بحجة، لأن الصحابي ليس معصوماً، فلا يمكن أن نلزم عباد الله بقول غير المعصومين مع أن قولهم أرجح من قول غيرهم، وهناك فرق بين أن تقول قولهم راجح وبين أن تقول قولهم ملزم، فالقول الملزم من خالفه كان آثماً، أما من خالف الراجح فلا إثم عليه، وإنما ترك الأخيرَ والأفضل.

(ب) القول الثاني: إن أبا بكر وعمر قولهما حجة، وما عداهما ليس بحجة، لقول النبي صلى الله عليه وسلم: (إن يطيعوا أبا بكر وعمر يرشدوا)[213].

(ج) القول الثالث: إن الخلفاء الراشدين قولهم حجة، وما عداهم ليس بحجة، واحتج هؤلاء بقول الرسول صلى الله عليه وسلم: (عليكم بسنتي وسنة الخلفاء الراشدين المهديين من بعدي)[214]

وقالوا لا أحد أرشد في خلافته من هؤلاء الأربعة: أبو بكر الصديق وعمر بن الخطاب وعثمان بن عفان وعلي بن أبي طالب رضي الله عنهم، وألحق بعض العلماء بهم: عمرَ بن عبد العزيز رحمه الله، على خلاف فيه.

(د) القول الرابع: إن السابقين الأولين من المهاجرين والأنصار قولهم حجة دون غيرهم، لأن لهم قدم صدق وسابقة في الإسلام فهم أعلم بشرع الله ممن تأخر عنهم، ووعد الله من اتبعهم بالرضا والجنة فقال: (وَالسَّابِقُونَ الْأَوَّلُونَ مِنَ الْمُهَاجِرِينَ وَالْأَنْصَارِ وَالَّذِينَ اتَّبَعُوهُمْ بِإِحْسَانٍ رَضِيَ اللَّهُ عَنْهُمْ وَرَضُوا عَنْهُ وَأَعَدَّ لَهُمْ جَنَّاتٍ تَجْرِي تَحْتَهَا الْأَنْهَارُ خَالِدِينَ فِيهَا أَبَداً)التوبة (100)

(هـ) القول الخامس: إن الفقهاء المشهورين من الصحابة قوله حجة كأمثال

(212) انظر شرح نزهة النظر لابن عثيمين ص290 - 293.
(213) رواه مسلم 681 من حديث أبي قتادة رضي الله عنه.
(214) رواه البخاري 3677، ومسلم 2389 من حديث ابن عباس رضي الله عنه.

أبي بكر وعمر وعثمان وعلي وابن عباس وابن مسعود ومعاذ بن جبل غيرهم رضي الله عنهم أجمعين.

* والحاصل أن المسألة خلافية بين أهل العلم، وكل هذا الخلاف مشروط بألا يخالف الصحابي نصًا، فإن خالف نصًا فقوله ليس بحجة على الإطلاق، ومشروط كذلك بألا يخالف قول صحابي آخر، فإن خالف قول صحابي آخر طلِبَ المُرَجِّحُ، لقوله تعالى: (فَإِنْ تَنَازَعْتُمْ فِي شَيْءٍ فَرُدُّوهُ إِلَى اللهِ وَالرَّسُولِ). النساء(59)

*************

## المبحث السادس

## المصدر السادس: شـــرع من قبلنـا

### شرع من قبلنا

**هو: (الأحكام التي شرعها الله للأمم السابقة وأنزلها على رسلهم لتبليغهم إياها).**

أنواع شرع من قبلنا:[215]

**(1)** أحكام كانت في شريعتهم وأقرها شرعنا وأبقاها لنا، مثل الصيام، وهذا النوع لا خلاف في كونه شرعاً لنا، ومصدر حجيته هو نصوص شريعتنا وليس نصوص شرع من قبلنا.

**(2)** أحكام ذكرت في شريعتنا تخص من قبلنا وقام الدليل بنسخها في شريعتنا، وهذا النوع لا خلاف في كونه ليس شرعاً لنا، كما في قوله تعالى: (قُل لاَّ أَجِدُ فِي مَا أُوْحِيَ إِلَيَّ مُحَرَّماً عَلَى طَاعِمٍ يَطْعَمُهُ إِلاَّ أَن يَكُونَ مَيْتَةً أَوْ دَماً مَّسْفُوحاً أَوْ لَحْمَ خِنزِيرٍ فَإِنَّهُ رِجْسٌ أَوْ فِسْقاً أُهِلَّ لِغَيْرِ اللهِ بِهِ فَمَنِ اضْطُرَّ غَيْرَ بَاغٍ وَلاَ عَادٍ فَإِنَّ

(215) انظر الوجيز ص263 - 266.

رَبَّكَ غَفُورٌ رَّحِيمٌ ، وَعَلَى الَّذِينَ هَادُواْ حَرَّمْنَا كُلَّ ذِي ظُفُرٍ وَمِنَ الْبَقَرِ وَالْغَنَمِ حَرَّمْنَا عَلَيْهِمْ شُحُومَهُمَا إِلاَّ مَا حَمَلَتْ ظُهُورُهُمَا أَوِ الْحَوَايَا أَوْ مَا اخْتَلَطَ بِعَظْمٍ ذَلِكَ جَزَيْنَاهُم بِبَغْيِهِمْ وِإِنَّا لَصَادِقُونَ) **الأنعام (145 - 146)**

فالآية دلت على تحريم أشياء على بني إسرائيل خاصة بهم وهي منسوخة في شريعتنا.

**(3)** أحكام ينسبونها إلى شريعتهم ولم تذكر في شريعتنا أنها مثبتة لهم، وهذا النوع لا يكون شرعاً لنا بلا خلاف بين العلماء، حيث إنهم عندنا ليسوا عدولاً ولا ثقات حتى نثق في نقلهم عن الله عز وجل.

**(4)** أحكام جاءت بها نصوص شريعتنا ولكن لم يقم دليل من سياق هذه النصوص على إبقاء الحكم لنا أو نسخه، وهذه النوع وقع الخلاف بين العلماء في حجيته.[216]

فذهب المالكية وأكثر الحنفية وأكثر الشافعية وجمهور الفقهاء إلى حجيته، مستدلين بقوله تعالى: (أُولَئِكَ الَّذِينَ هَدَى اللّهُ فَبِهُدَاهُمُ اقْتَدِهْ) الأنعام (90)

ومن ثم صار لديهم قاعدة ثابتة هي: (شرع من قبلنا شرع لنا ما لم يخالف شرعنا).

وذهب الرازي والآمدي والغزالي وبعض الحنفية وبعض الشافعية إلى أن هذه الأحكام مجرد أخبار عن شرع من قبلنا ولا يفهم منها أن شريعتنا أقرتها لنا، مستدلين بقوله تعالى: (لِكُلٍّ جَعَلْنَا مِنكُمْ شِرْعَةً وَمِنْهَاجاً) المائدة (48).[217]

قال الدكتور عبد الكريم زيدان: (الحق إن هذا الخلاف غير مهم لأنه لا يترتب عليه اختلاف في العمل، فما من حكم من أحكام الشرائع السابقة، قصه الله تعالى علينا أو بينه الرسول صلى الله عليه وسلم لنا: إلا وفي شريعتنا ما يدل على نسخه أو بقائه في

---

(216) انظر الوجيز ص 264.

(217) انظر الواضح في أصول الفقه للمبتدئين للدكتور محمد سليمان الأشقر ص140 - 141.

حقنا، سواء جاء دليل الإبقاء أو النسخ في سياق النص الذي حكى حكم الشرائع السابقة، أو جاء ذلك في مكان آخر من نصوص الكتاب والسنة.

كما في قوله تعالى: (وَكَتَبْنَا عَلَيْهِمْ فِيهَا أَنَّ النَّفْسَ بِالنَّفْسِ وَالْعَيْنَ بِالْعَيْنِ وَالأَنفَ بِالأَنفِ وَالأُذُنَ بِالأُذُنِ وَالسِّنَّ بِالسِّنِّ وَالْجُرُوحَ قِصَاصٌ) المائدة (45) فقد أخبر سبحانه عن حكم من أحكام شريعة مَن قبلنا دون أن يَذكر لنا إبقاءه أو إلغاءه في نفس سياق هذه الآية، ولكن هذا الحكم معمول به لموافقة شريعتنا له في سياق أدلة أخرى، ومن ثم فالذين يعتبرون شرع من قبلنا شرعاً لنا من الوهلة الأولى، والذين لا يعتبرونه شرعاً لنا ويبحثون عن دليل آخر يوافقه كلاهما أفتى بمقتضى هذه الآية وعمل بها، فصارت من شريعتنا.[218]

**********

## المبحث السابع

## المصدر السابع: الاستصحاب:

**الاستصحاب هو: (بقاء الوصف على ما كان عليه).**

أي هو: **(استمرار إثبات ما كان ثابتاً، أو نفي ما كان منفياً، ما لم يتحقق زوال وصفه)**

فهو ليس حكمًا جديدًا وإنما هو فقط قرينة على بقاء واستمرار واصطحاب الحكم السابق الذي أثبته دليله.[219]

أنواع الاستصحاب:

**(1) استصحاب حكم الإباحة الأصلية للأشياء:**[220]

(218) الوجيز ص265 - بتصرف -.
(219) انظر أعلام الموقعين لابن القيم ج1ص294، والوجيز ص267.
(220) انظر لطائف الإرشاد لعبد الحميد بن محمد علي قدس ص55 - 56، والوجيز ص 268.

فالقاعدة تقول: (الأصل في المعاملات الإباحة ما لم يأت دليل على خلاف ذلك).[221]

ودليل الإباحة قوله تعالى: **(وَسَخَّرَ لَكُم مَّا فِي السَّمَاوَاتِ وَمَا فِي الْأَرْضِ جَمِيعاً مِّنْهُ) الجاثية (13).**

وما سُخر لك فهو مباح لك. ومن ثم فالأشياء النافعة الأصل فيها الإباحة، كما أن الأصل في الأشياء الضارة التحريم[222]، لقوله صلى الله عليه وسلم: (لا ضرر ولا ضرار).[223]

**(2) استصحاب براءة الذمة:**

فالقاعدة تقول: (الأصل براءة الذمة من جميع الحقوق)[224]، سواء أكانت هذه الحقوق متعلقة بحقوق الله كالعبادات أو متعلقة بحقوق العباد كالدَّين والميراث وغيرها.

فمن عبد الله بغير ما شرعه الله فقد ابتدع وضل، لأنه قدَّم عبادة لله ليست من شرع الله، والذمة بريئة منها، والقاعدة تقول: (الأصل في العبادات التحريم والمنع إلا إذا أذن بها الشرع)، فمن عبد الله بما لم يأذن به الله طولب بالإتيان بالدليل وإلا صار فِعله افتراءً على الشرع واتهامًا للرسول صلى الله عليه وسلم بالخيانة، والرسول صلى الله عليه وسلم يقول: **(من أحدث في أمرنا هذا ما ليس منه فهو رد)**[225]

وكذلك من ادعي لنفسه حقاً على أخيه فعليه أن يثبت لنفسه هذا الحق ابتداءً، فإن عجز فإن القاعدة تقول: (البينة على المدعي، واليمين على من

(221) انظر الإحكام للآمدي ج1ص91، والإحكام لابن حزم ج2ص871، والمستصفى للغزالي ج1ص63، وإرشاد الفحول للشوكاني ص139.

(222) جرت عادة العلماء بتقسيم الفقه إلى عبادات ومعاملات، والعبادات يغلب عليها طابع تنظيم علاقة العبد بربه، كالطهارة والصلاة والصيام والزكاة والحج، أما المعاملات فهي ما دون ذلك من المسائل التي يغلب عليها طابع تنظيم علاقات العباد فيما بينهم، كالزواج والطلاق وغيرها من العقود.

(223) السلسلة الصحيحة 250.

(224) انظر القواعد الفقهية لابن عثيمين ص32 - 33.

(225) رواه البخاري 2697، ومسلم 1718.

أنكر)[226]، والمتهم بريء حتى تثبت إدانته، وكما يقولون: (الأصل البراءة ما لم تثبت الإدانة)[227]، كقول المضارب بعدم الربح وادعاء خصمه أنه قد ربح، فالأصل في هذه المسألة هو عدم الربح، أما ادعاء الربح وطلب الحق فيه: فهذا يفتقر إلى بينه من المدعي فإذ لم يوجد ما يُثبت هذا الحق له سقطت المطالبة به استصحابًا لبراءة الذمة بعد أن يوثق المدعى عليه قوله بيمين.

### (3) استصحاب الوصف المثبت للحكم الشرعي حتى يقوم الدليل على خلافة:

فمن أثبت ملكيته لعقار تبقى هذه الملكية ونحكم بها إلا إذا قام دليل آخر على زوالها كبيعه أو وقفه مثلاً، فالحكم الأول ثابت يقيناً، وكما يقولون: (اليقين لا يزول بالشك وإنما يزيله يقين مثله)[228]، وعليه فإن الشك والوهم لا يزيلان اليقين.

وأمثلة ذلك كثيرة: فمن توضأ يقيناً ثم شك في انتقاض وضوئه بقي على وضوئه، ولا يلزمه إعادة الوضوء، ومن انتقض وضوءه يقينًا ثم شك في طهارته بقي على حدثه ولزمه الوضوء.

قال الخطابي: (الشك لا يزحم اليقين)[229].

أما إذا تعذر اليقين فإن غلبة الظن تأخذ حكم اليقين[230]، لقول الرسول صلى الله عليه وسلم: (إذا شك أحدكم في صلاته فليتحر الصواب فليتم عليه)[231].

### مسألة في استصحاب الوصف:

رجل سافر وغاب وانقطعت أخباره فلم نعلم هل هو ما زال على قيد الحياة أم أنه توفي وفارق الحياة، ماذا نفعل في ماله وممتلكاته؟

---

(226) انظر القواعد الفقهية لابن عثيمين ص68 - 69.

(227) انظر الوجيز ص270 - 271.

(228) انظر الوجيز ص271.

(229) معالم السنن للخطابي ج1 ص129.

(230) القواعد الفقهية لابن عثيمين ص79.

(231) رواه مسلم 572.

**الجواب:** إن الحياة وصف ثابت له يقينًا من قبل، والموت وصف له مشكوك فيه غير غالب فنستصحب الأصل ونثبت له الحياة، ويُبنى على ذلك بقاء واستمرار ملكيته لأملاكه، فلا يُوَرَّث ماله، ولا تَبِين منه زوجته، ويظل الحال على ما كان عليه قبل فقدانه وغيابه.

ولكن إذا مات للغائب قريب له، وكان هذا الغائب من ورثته كأبيه أو ابنه مثلاً، فهل يصل إليه ميراثه ويضاف إلى ممتلكاته؟ أم نتوقف في ميراثه ولا تنقل إليه تلك الحقوق والأملاك الجديدة حتى نعلم حاله يقينًا؟

**الجواب:** إن هذه المسألة فيها خلاف بين العلماء، فيرى الحنابلة والشافعية وصول الميراث له فيضاف إلى مِلكه، ويرى الحنفية أن نتوقف فلا تُثبت له مِلكية ميراثه حتى نتبين حاله.

فاستصحاب الوصف عند الحنابلة والشافعية يكون في الدفع والإثبات.

وعند الحنفية يكون في الدفع دون الإثبات.

بمعنى أنه عند الشافعية والحنابلة لا تسلب حقوقه القديمة فيدفعون ويمنعون توزيع أملاكه على ورثته، ولا يعتبرونها تركة أصلاً، ولا تَعتَد زوجته عدة المتوفى عنها زوجها، فتظل حقوقه مُثبتة له كما لو كان موجودًا، وكذلك يضاف إلى أملاكه الحقوق الجديدة فيثبِتون له ملكيته للميراث وغيره، وهذا معنى قولهم: استصحاب الوصف يكون في الدفع والإثبات، أما الحنفية فعندهم لا تسلب حقوقه القديمة فيدفعون ويمنعون توزيع أملاكه على ورثته، ولا يعتبرنها تركه أصلاً، ولا تَعتَد زوجته عدة المتوفى عنها زوجها، وهم في ذلك مثل الشافعية والحنابلة، ولكنهم لا يُثبتون له حقوقاً جديدة إلا بعد أن يتبين لهم حاله يقيناً، فتظل حقوقه الجديد مُعلقة فلا تَثبت له ملكيته لميراثٍ أو غيره.

وهذا معنى قولهم: استصحاب الوصف يكون في الدفع لا في الإثبات.[232]

(232) انظر أصول الفقه للشيخ محمد أبو زهرة ص279 - 280.

## تتمة:

الشافعي أكثر الفقهاء أخذاً بالاستصحاب مـن الحنفيـة والمالكيـة، لأنـه في كـل موضـع كـان
للعرف والاستحسان فيه حكم كان محله عند الشافعي الاستصحاب. (233)

## ملاحظة:

يلجأ المجتهد إلى الاستصحاب عندما ينعدم وجـود دليـل خـاص بحكم المسـألة، فـإذا سُئـل
المجتهد عن مسألة فيبحث ويبذل غاية جهده في التحري وطلب حكمها من كتاب اللـه عز وجل أوّلاً،
فإن لم يجد فينتقل إلى سنة رسول اللـه صلى اللـه عليه وسلم، فإن لم يجد فينتقل إلى الإجماع، فإن لم
يجد فينتقل إلى القياس، فإن لم يجده لجأ إلى استصحاب الحال في النفي والإثبـات، فـإن كـان التـردد في
زواله، فالأصل بقاؤه، وإن كان التردد في ثبوته، فالأصل عدم ثبوته، بمعنى أن الحكم يكون للمتيقن منه
لا للمشكوك فيه، ولذلك قال الشوكاني رحمه اللـه: (الاستصحاب آخر مدار الفتوى)(234).

\*\*\*\*\*\*\*\*\*

(233) انظر أصول الفقه للشيخ محمد أبو زهرة ص284.
(224) إرشاد الفحول ص237.

# الباب الثالث

## الناسخ والمنسوخ[235]

**النسخ هو: (رفع الحكم الشرعي بدليل من الكتاب أو السنة متأخر عنه).**[236]

فيسمى الدليل الأول المتقدم منسوخًا، ويسمى الدليل الثاني المتأخر ناسخًا.

والدليل الناسخ وجب الأخذ به والعمل بمقتضاه، والدليل المنسوخ وجب إهماله وتركه وعدم العمل به.

والنسخ لا يُعرف إلا إذا صرح الشرع به، كما في حديث أبي هريرة رضي الله عنه قال: بعثنا رسول الله صلى الله عليه وسلم في بعث، فقال: **(إن وجدتم فلاناً وفلاناً)** - لرجلين من قريش سمَّاهما - **(فأحرقوهما بالنار)**، ثم قال حين أردنا الخروج: **(إني كنت أمرتكم أن تحرقوا فلاناً وفلاناً، وإن النار لا يعذب بها إلا الله، فإن وجدتموهما فاقتلوهما)**[237]، وهذا يطلق عليه اسم:(النسخ الصريح).

وكذلك يُعرف النسخ عن طريق تعارض معنى دليلين - ثابتين في القرآن أو السنة الصحيحة - تعارضاً ينعدم معه إمكانية الجمع والتوفيق بينهما، فيكون الدليل الذي نزل متأخراً هو الناسخ، والذي نزل قبله هو المنسوخ، وهذا يطلق عليه

---

(235) لما عرضنا الأحكام الشرعية وأقسامها ومصادرها وضوابطها وجدنا من الأنسب أن نعرض بعده بعض المسائل الخاصة بالناسخ والمنسوخ حيث إن المنسوخ مع أنه ثابت بدليل في القرآن أو السنة الصحيحة إلا أنه لا يعمل به ولا يفتى بمقتضاه، فأردت إلفات النظر إلى وجود أدلة ثابتة يعمل بها وأدلة أخرى موجودة ملغاة وكأنها معدومة.

(236) انظر الوجيز ص 288، والأصول من علم الأصول ص52.

(237) رواه البخاري (3016).

اسم: (النسخ الضمني).[238]

**ملاحظـــات:**

(1) النسخ لا يقع إلا بدليل من الكتاب أو السنة فقط، فما عداهما من الأدلة كالإجماع والقياس و....فلا يصلح أن يكون ناسخًا ولا منسوخًا، حيث إنه ليس لأحد سلطة تبديل أحكام الـلـه إلا الـلـه، ولا يكون ذلك إلا في حياة رسول الـلـه قال تعالى أمرًا نبيه أن يقول: (قُلْ مَا يَكُونُ لِي أَنْ أُبَدِّلَهُ مِن تِلْقَاء نَفْسِي إِنْ أَتَّبِعُ إِلاَّ مَا يُوحَى إِلَيَّ إِنِّي) يونس (15)

(2) النسخ لا يقع في الأخبار، وإنما محل وقوعه الأحكام، فمثلا الإخبار عن الغيبيات لا تجد فيها نسخاً مطلقاً، حيث إن نسخ الخبر وتغييره وتبديله يقتضي كذب أحد الخبرين، كأن تقول لأخيك: (إني رأيت أباك بالأمس) وتعود وتقول له: (إني ما رأيت أباك قط)، فهذان الخبران متناقضان نحكم على أحدهما بالكذب قطعاً ولا ريب، والكذب إن كان يُحتمل وقوعه من العباد فيستحيل وقوعه فيما أخبرنا به الـلـه ورسوله، لذلك لا يقع النسخ في الأخبار الشرعية ولا ينبغي وقوعه، إلا إذا كان الخبر يراد به الطلب، فيكون طلباً ولكنه بصيغة الخبر، فعندها يجوز نسخه لأنه لم يَعُد خبراً، والعرب كثيراً ما يستعملون الخبر ويريدون به الطلب، كقولك لأخيك: " إني ظمآن "، فهذا ليس خبرًا مجردًا، فأنت لا تريد أن تخبره عن ظمئك وعطشك وفقط، ولكنك تخبره هذا الخبر بغرض أن يُحضر لك ماءً، فهو يساوي قولك له: " أحضر لي ماء "، ومثل هذا الأسلوب وقع في الشرع حيث إنه نزل بلسان عربي مبين كما في قوله تعالى: (إِن يَكُن مِّنكُمْ عِشْرُونَ صَابِرُونَ يَغْلِبُواْ مِائَتَيْنِ.... )الأنفال (65)، هذه الآية خبر في معنى الطلب، أي إن كنتم عشرين فقاتلوا مائتين ولا تـفروا من أمامهم، فالواحد يحرم عليه الفرار من عشرة، أما إذا تجمع حول الواحد أكثر من عشرة فيجوز له الفرار، فهذا هو الحكم الأول ثم نُسخ

(238) انظر الوجيز ص390.

وخُفف بقوله تعالى: (الآنَ خَفَّفَ اللـهُ عَنكُمْ وَعَلِمَ أَنَّ فِيكُمْ ضَعْفاً، فَإِن يَكُن مِّنكُم مِّائَةٌ صَابِرَةٌ يَغْلِبُواْ مِائَتَيْنِ...) الأنفال (66)

فهذا خبر آخر في معناه طلب وجوب صمود وقتال المائة للمائتين وعدم الفرار من أمامهم، فيحرم فرار الواحد من الاثنين، أما إذا تجمع حوله ثلاثة فأكثر جاز له الفرار - تخفيفاً - بعدما كان لا يجوز له الفرار إلا من أحد عشر مقاتلاً، وعليه فإنه لا يجوز نسخ الخبر الذي يراد به مجرد الإخبار.

**أنواع النسخ:** للنسخ أنواع كثيرة قسمها العلماء على حسب اعتبارات شتى، ولكن انتقى منها نوعين خاصين بما يستفاد به في الأحكام المطلوب فعلها أو المطلوب تركها:

**(1) نسخ كُلِّي:** وهو (رفع الحكم عن كل المكلفين وتغييره بحكم آخر).

مثل تحويل القبلة من بيت المقدس إلى البيت الحرام.

**(2) نسخ جُزْئي:** وهو (رفع الحكم عن بعض أفراد المكلفين وبقاؤه للآخرين).

مثل وجوب إتيان القاذف بأربعة شهداء - إذ لم يعترف المقذوف بأنه اقترف جريمة الزنى - وإلا جُلد القاذف ثمانين جلدة، فهذا حكم يشمل كل أفراد الأمة، قال تعالى: (وَالَّذِينَ يَرْمُونَ الْمُحْصَنَاتِ ثُمَّ لَمْ يَأْتُوا بِأَرْبَعَةِ شُهَدَاءَ فَاجْلِدُوهُمْ ثَمَانِينَ جَلْدَةً.. ) النور (4)، ولكن هذا الحكم نُسِخ في حق الزوج إذا قذف زوجته ولم يكن معه شهود، فله حكم أخر مغاير، ورُفع عنه الحكم السابق فلم يعد مخاطباً به، هذا الحكم الناسخ هو أن يشهد أربع شهادات بالله إنه لمن الصادقين والخامسة أن لعنة اللـه عليه إن كان من الكاذبين قال تعالى: (وَالَّذِينَ يَرْمُونَ أَزْوَاجَهُمْ وَلَمْ يَكُنْ لَهُمْ شُهَدَاءُ إِلَّا أَنْفُسُهُمْ فَشَهَادَةُ أَحَدِهِمْ أَرْبَعُ شَهَادَاتٍ بِاللهِ إِنَّهُ لَمِنَ الصَّادِقِينَ * وَالْخَامِسَةُ أَنَّ لَعْنَتَ اللـهِ عَلَيْهِ إِنْ كَانَ مِنَ الْكَاذِبِينَ) النور(6 - 7) فوجوب الإتيان بأربعة شهداء منسوخ في حق الزوج - فقط - إذا قذف زوجته، وهذا الحكم الجديد

جاء بعدما كان الزوج مطالبًا بالحكم السابق كبقية أفراد الأمة.[239]

ومما يوضح أن كل الأمة كانت ملتزمة بالحكم الأول هو سبب نزول الآية:

فعن ابن عباس رضي الـلـه عنه أن هلال بن أمية قذف زوجته عند رسول الله صلى الله عليه وسلم بشريك بن سحماء فقال النبي صلى الـلـه عليه وسلم: **(البينة وإلا حدٌّ في ظهرك)**، فقال يا رسول: إذا رأى أحدنا على امرأته رجلاً ينطلق يلتمس البينة؟ فجعل النبي صلى الـلـه عليه وسلم يقول: **(البينة وإلا حد في ظهرك)** فقال هلال: والذي بعثك بالحق إني لصادق فلينزلن الـلـه ما يُبرِّئ ظهري من الحد، فنزل جبريل وأنزل عليه: (وَالَّذِينَ يَرْمُونَ أَزْوَاجَهُمْ... ) فقرأ حتى بلغ: (إِنْ كَانَ مِنَ الْكَاذِبِينَ).[240]

## شرط النسخ:

(1) تَعذر الجمـع بيـن الـدليلين، فإن أمكـن التوفيـق بَطل النسـخ، لأن في التوفيـق إعمـال للدليلين وفي النسخ إعمال لأحدهما وإهمال للآخر المتقـدِّم عنـه، وكمـا يقولون: الإعمال مقدم عـلى الإهمال.

(2) العلم بتأخر الناسخ عن المنسوخ في الـزمن، فيعمـل بالمتأخِّر، وينسخ المتقـدِّم، فـإذ لم يعلم المتقدِّم من المتأخِّر لزم عدم نسخ أحدهما للآخر، لأن النسخ يعتمد على معرفة زمن الحكم، فهو مرتكزة وقطب رحاه، وبدون معرفة الزمن لا نستطيع تحديد الناسخ من المنسوخ.[241]

## ما يجوز فيه النسخ:

(1) يجوز نسخ القرآن بالقرآن، ومثاله: آيتا المصابرة في سورة الأنفال.

(2) يجوز نسخ السنة بالقرآن، ومثاله نسخ استقبال بيت المقدس الثابت بالسنة باستقبال الكعبة الثابت بقوله تعالى: (فَوَلِّ وَجْهَكَ شَطْرَ الْمَسْجِدِ

---

(239) انظر الوجيز ص388 - 389.
(240) رواه البخاري 4747.
(241) انظر الأصول من علم الأصول لابن عثيمين ص54 - 55.

الْحَرَامِ....) البقرة (144)

(3) يجوز نسخ السنة بالسنة، ومثاله قوله صلى اللـه عليه وسلم: **(يأيها الناس إني قد كنت أذنت لكم في الاستمتاع من النساء، وإن اللـه حرم ذلك إلى يوم القيامة).**[242]

أما نسخ القرآن بالسنة، فيقول ابن عثيمين: (إنه يجوز، ولكني لم أجد له مثالاً سليمًا).[243]

تتمة:**هل يشترط في الناسخ أن يكون أقوى من المنسوخ؟**

الجواب: إن الجمهور اشترطوا في الناسخ أن يكون أقوى من المنسوخ، فعندهم لا يُنسخ المتواتر بالآحاد حتى ولو كان ثابتًا صحيحًا، حيث إن المتواتر أقوى سندًا من الآحاد، والأرجح كما ذكره الشيخ ابن عثيمين رحمه اللـه فقال:

(إنه لا يُشترط أن يكون الناسخ أقوى، لأن محل النسخ الحكم، ولا يشترط في ثبوته التواتر).[244]

*********

(242) رواه مسلم 1406.
(243) انظر الأصول من علم الأصول لابن عثيمين ص57.
(244) انظر الأصول من علم الأصول لابن عثيمين ص55.

# الباب الرابع
# المحكوم فيه والمحكوم عليه

## المبحث الأول

## المحكوم فيه

وهو **(ما تعَلّق به خطاب الشرع)**، سواء كان حكمًا تكليفيًا أو حكمًا وضعيًا. وسبق الكلام عنهما، والمحكوم فيه يسمى بالمحكوم به، ولكن التسمية الأولى أفضل.[245]

### شروط المحكوم فيه:

الخطاب الشرعي لا يُعدّ تكليفًا شرعيًا مطلوبًا فعله من المكلَّف إلا إذا توفرت فيه شروط:

**(1)** أن يكون التكليف معلومًا لدى المكلَّف، فلا تكليف بمجهول، فلا يصير الفعل تكليفاً شرعياً في حق المكلَّف إلا بعد العلم به أو إمكان العلم به، فالعاجز عن معرفة التكليف الشرعي بنفسه أو بسؤال أهل العلم: مرفوع عنه هذا التكليف الذي عجز عن معرفته، وكما قالو: (لا تكليف إلا بمعلوم).[246]

**(2)** أن يكون التكليف في مقدور المكلَّف[247]، والقاعدة تقول: (لا تكليف

---

(245) انظر تيسير التحرير لمحمد أمين المعروف بأمير باد شاه الحسيني البخاري المكي ج2ص328.

(246) القواعد الفقهية لابن عثيمين ص23 - 24، وانظر الإحكام للآمدي ج1ص102، وتيسير أصول الفقه للفياض ص101 - 102.

(247) انظر الإحكام للآمدي ج1ص187، وإرشاد الفحول ص8، والوجيز ص77.

إلا بمقدور)، فطلب فِعلٍ أو تَركِ المستحيل مثلاً، أو ما لا يدخل تحت إرادة الإنسان كهواجس النفس وميل القلب، أو ما ليس في استطاعة المكلَّف القيام به، كل ذلك لا يصح أن يسمى تكليفاً، فالعاجز عن القيام بالتكليف الشرعي مرفوع عنه هذا التكليف الذي فوق طاقته، وهو ليس من المخاطبين به، ولا يُعد هذا التكليف في حقه تكليفاً شرعياً[248]، قال تعالى: (لاَ يُكَلِّفُ اللّهُ نَفساً إِلاَّ وُسْعَهَا) البقرة (286)، وقال: (فَاتقُوا اللهَ مَا استطَعتمْ) التغابن (16).

**************

## المبحث الثاني

## المحكوم عليه

هو (**الشخص المطلوب منه القيام بالتكاليف الشرعية**)، ويطلق عليه اسم المكلَّف.[249]

ولا يكون الإنسان مكلَّفًا إلا إذا كان أهلاً للتكليف، وأهليه التكليف تثبت ببلوغ الإنسان عاقلاً فالمجنون والصغير - المميِّز وغير المميِّز - ليسوا مكلَّفين ولا مقصودين بالخطاب الشرعي أصلاً، حيث إنهم لا يفهمون خطاب التكليف على الوجه المعتبر.[250]

**وهذه الأهلية تنقسم إلى قسمين:**[251]

**(1) أهلية وجوب:**

وهي صلاحية الإنسان لأن تكون له حقوق كالميراث، وعليه واجبات كالزكاة، وأهلية الوجوب تجيب على سؤالين:

(248) انظر الوجيز ص77 - 78، وتيسير أصول الفقه ص 103 - 108.
(249) انظر تيسير التحرير لمحمد أمين ج2ص395.
(250) انظر الإحكام للآمدي ج1ص114، والوجيز ص91.
(251) انظر أصول الفقه لعبد الوهاب خلاف ص150.

هل الشخص له واجبات تؤخذ من الغير وتقدَّم له؟

وهل عليه واجبات تؤخذ منه وتقدَّم للغير؟

## (2) أهلية أداء:

وهي صلاحية الإنسان لأداء العبادات واعتبارها منه، وتَحَمُّل ما يترتب على تصرفاته القولية والفعلية، كعقد العقود، وفعل ما يستوجب العقوبة وغيرها.

وأهلية الأداء تجيب على سؤالين:

هل هذا الشخص تسقط عنه العبادات التي قام بها؟

وهل هو مسئول عن تصرفاته القولية والفعلية أم أنها كأن لم تكن؟

وهذه الأهلية بقسميها قد تثبت للشخص ناقصة، وقد تثبت له كاملة على حسـب مراحـل حياته التي يمر بها، وإليك أولاً: مراحل حياة الإنسان، ثم ثانياً: أثرها في أهليته:[252]

\*\*\*\*\*\*\*\*\*\*\*

## المبحث الثالث

## مراحل حياة الإنسان:

## (1) مرحلة الجنين:

وهي مرحلة وجود الطفل في بطن أمه.

## (2) مرحل ما بين الانفصال إلى التمييز:

وهي المرحلة التي تبدأ من بداية الولادة وتنتهي عند تمام السنة السادسة.

## (3) مرحله ما بين التمييز إلى البلوغ:

وهي المرحلة التي تبدأ من بداية السنة السابعة وتنتهي عند بداية البلوغ.

والبلوغ يعرف للذكر بحصول واحدة من ثلاث:

---

(252) انظر الوجيز ص93 - 99.

(أ) الاحتلام. (ب) نبت شعر العانة. (ج) تمام سن الخامسة عشر.

ويزاد عليهن للأنثى: نزول دم الحيض.

أي أن هذه المرحلة تبدأ من بداية السابعة وتمتد إلى الخامسة عشر كحد أقصى.

**(4)** مرحلة ما بعد البلوغ:

وهي المرحلة التي تبدأ من تحقق بلوغ الشخص وتمتد حتى وفاته.

***************

## المبحث الرابع: أهلية الإنسان واختلافها على حسب اختلاف مراحل حياته

| المرحلة | أهلية الوجوب | أهلية الأداء |
|---|---|---|
| **أولا: - مرحلة الجنين: -** | **تجب له حقوقه كاملة، كحقه في الميراث والحفاظ عليه وعدم إزهاق روحه.... وليس عليه واجبات.** | **لا وجود لأهلية الأداء أصلاً إذ ليس له تصرفات تصدر عنه.** |
| **ثانياً: - مرحلة ما بين الانفصال إلى التمييز: -** | **تجب له حقوقه كاملة. أما الواجبات التي عليه: فما يمكن أداؤه عنه وجب على وليّه** | **تصرفاته القولية:<br>لا اعتبار لها فهي كأن لم تكن، مثل إجرائه للعقود.<br>تصرفاته الفعلية:<br>فما يمكن أداؤه عنه أداه وليُّه نيابة عنه.** |

| | | |
|---|---|---|
| | أن يفعله.<br>مثل الواجبات المالية المستحقة على ماله كالزكاة. | مثل العقوبات المالية كضمان ما أتلفه.<br>أما العقوبات البدنية كقطع يده إن سرق فتسقط عنه، فهو ليس مخاطباً بها، ولا تصلح فيها الإنابة، بينما على وليِّه ضمان الحقوق المالية للآخرين.<br>وتخفف العقوبات البدنية إلى مالية مثل الدية في القصاص<br>أما العبادات كالصلاة والصيام والحج فهو ليس مخاطب بها في هذا السن، ومن ثم فلا يُعاقب على عدم أدائها، وإذا أداها فأداؤه لا اعتبار له، كمن حج في هذا السن فحجته هذه لا تُسقِط عنه فريضة الحج، فهي كأن لم تكن. |

| | | |
|---|---|---|
| ثالثاً: - مرحلة ما بعد التمييز إلى البلوغ: - | تجب له حقوقه كاملة.<br>أما الواجبات التي عليه: فما يمكن أداؤه عنه وجب على وليِّه أن يفعله، فمثله كمثل المرحلة السابقة تماماً.<br>مثل الواجبات المالية المستحقة على ماله كالزكاة. | تصرفاته القولية:<br>لهـا ثلاث حـالات:<br>(1) تصرف فيه مصلحة محضة، كقبوله للهدية والوقف والصدقة، فهذا التصرف مُثبت ومعتبر.<br>(2) تصرف فيه مضرّة محضة، كنقص مِلكه دون مقابل كتمليك ماله للغير على سبيل الهدية أو الهبة..... فهذا التصرف غير مُثبت وعقوده باطلة غير معتبرة فهي كأن لم تكن.<br>(3) تصرف متردد بين النفع والضرر، |

| | | |
|---|---|---|
| | | كعقد بيع أو شراء فهذا التصرف موقوف على إجازة وليّه له، فإن أجازه وأقره كان تصرفه معتبراً، وإلا صار عقده باطلاً فاسدًا، كأن لم يكن.<br>تصرفاته الفعلية:<br>فما يمكن أداؤه عنه أداه وليُّه نيابة عنه.<br>والعقوبات البدنية تسقط عنه لأنها لا تصلح فيها الإنابة وهو غير مخاطب بها، بينما على وليِّه ضمان الحقوق المالية للآخرين.<br>وتخفف العقوبات البدنية إلى مالية مثل الدية في القصاص<br>أما العبادات فهو ليس مخاطب بها، ولا يعاقب على تركها، ومن حج في هذا السن فحجته هذه لا تُسقِط عنه هذا الفرض، فهي كأن لم تكن. |
| رابعاً: - مرحلة ما بعد البلوغ إلى الوفاة: - | تثبت له أهلية الوجوب كاملة، فيأخذ كل حقوقه الشرعية، ويطالب بالقيام بكل الواجبات المستحقة عليه شرعاً ما دام سالماً من عوارض الأهلية. | تثبت له أهلية أدائه كاملة، فجميع عباداته وتصرفاته القولية والفعلية معتبرة، ويؤاخذ بها ما دام سالماً من عوارض الأهلية. |

المبحث الخامس

عوارض الأهلية:

## عوارض الأهلية:

هي (أمور يتعرض لها الإنسان بعد كمال أهليته فتزيل أهليته بالكلية، أو تنقصها، أو تغير بعض الأحكام بالنسبة له).

أنواع العوارض: [253]

### (1) عوارض سماوية:

وهي التي تثبت من قِبَل اللـه الذي في السماء، وبدون اختيار من الإنسان فهي تنـزل عليه مثـل: (الجنون والعته والنسيان والنوم والإغماء ومرض الموت).

(2) **عوارض مكتسبة:** وهي ما كان للإنسان فيها كسب واختيار. وتنقسم إلى قسمين:

(أ) عوارض تكون من نفس الإنسان وكسبه.

مثل: (الجهل والخطأ والهزل والسفه والسُّكر).

(ب) عوارض تكون من غيره عليه، مثل: (الإكراه).

وسنتناول كل عارض من هذه العوارض بمزيد من التفصيل والبيان موضحين مـدى تـأثيره في أهلية الإنسان، وقبل أن نتكلم في هذا الموضوع نريد أن نقرر حقيقة ألا وهي:

إن عوارض الأهلية بكل أنواعها لا تنافي أهلية الوجوب، وإنمـا تـؤثر في أهليـة الأداء فقط إلا الموت، فإن الحقوق المتعلقة بالذمة مثل الدَّين في أدائه قولان في حالة مـا إذا مـات الإنسان ولم يتـرك تركة، أي أنه مات مفلساً، فمنهم من قال:

---

(253) انظر الوجيز ص100 - 101.

يسقط الدّين من ذمة المتوفى لإفلاسه ولا يطالب به أحد من الأحياء، ومنهم من قال: يظل المتوفى مطالَباً به ولكن ينتقل إلى ذمة غيره، فيكون الغير ضامناً يدفع عن المتوفى دَينه.[254]

العوارض السماوية والمكتسبة اللتان تؤثران في أهلية الأداء:

(1) **الجنون:** وهو (اختلال في العقل بحيث يمتنع جريان الأفعال والأقوال على نهج العقل إلا نادرًا)، وهذا الخلل إما أن يكون أصليًا وإما أن يكون طارئًا.

والأصلي إذا بلغ الإنسان مجنونًا، والطارئ إذا بلغ عاقلاً ثم أصابه الجنون.

وهذا الجنون قد يكون بصفة مستمرة، وقد يكون بصفة متقطعة.

والمجنون إذا كان جنونه متقطعاً امتد جنونه إلى نهاية العبادة المؤقتة واستغرق وقتها عندها تسقط عنه تلك العبادة ولا إعادة عليه بعد الإفاقة، كمن امتد به الجنون من أول رؤية هلال رمضان إلى غروب شمس ليلة العيد.[255]

والمجنون - حال جنونه - أهلية أدائه مثل أهلية أداء الصبي غير المميز.

ويُحجر[256] على أمواله حفاظاً عليها.[257]

(2) **المعتوه:** وهو (قليل الفهم مختلط الكلام فاسد التدبير).[258]

والمعتوه أهلية أدائه مثل أهلية أداء الصبي المميز. ويُحجر على أمواله كذلك.[259]

---

(254) الوجيز ص 110 - 111.

(255) انظر التلويح لعبيد الله بن تاج الشريعة ج2 ص167، والوجيز ص102 - 103.

(256) الحَجْر شرعًا: هو المنع من التصرف في الأموال من بيع وشراء وهبة.. بمعنى عدم انعقادها وعدم نفاذها حتى ولو كانت نافعة.

(257) الوجيز ص102.

(258) انظر شرح الكنز للزيلعي ج5 ص101، والوجيز ص104.

(259) انظر الوجيز ص104.

**(3) النسيان:** وهو (ضد التذكر).

والنسيان يُسقط الإثم عند الـلـه عز وجل فقط، ولا يعد عذراً يُسقط الحقوق، فمـن نسي ـ صلاة فعليه القيام بها حين يذكرها، ومن أتلف مال غيره ناسياً فعليه ضمان ما أتلفه. [260]

**(4),(5) النوم والإغماء:** [261] وهما (حالتان يجعلان المرء فاقداً لعقله ووعيه وإدراكه).

وهذان العارضان يجعلان التصرفات القولية للنائم والمغمى عليه لا اعتبار لها، فهـي كأن لم تكن، أما تصرفاتهما الفعلية والتي يترتب عليها عقوبة فهي معتبرة، ويؤاخذان عليها بالعقوبات المالية فقط دون البدنية، مع سقوط الإثم عند الـلـه عز وجل.

فمن أتلف مال غيره حال نومه أو حال وقوعه مغمياً عليه: فعليه ضمان ما أتلفه.

أما العبادات فبالنسبة للنائم: تؤخر حتى يستيقظ.

أما المغمى عليه: إن امتد إغماؤه من بداية العبادة المؤقتة حتى انتهى وقتهـا: سـقطت عنـه تلك العبادة ولا إعادة عليه بعد الإفاقة، كمن أغمي عليه قبل العصر ـ ثـم أفـاق بعـد غـروب الشـمس فليس عليه صلاة العصر، لأنه لما وجبت صلاة العصر لم يكن من جملة المكلفين بها حال إغمائه، أما لـو أغمي عليه بعد دخول وقتها أو أفاق قبل انتهاء وقتها فعليه القيام بها متى أفاق.

**(6) مـرض المـوت:** وهو (المرض الذي يلازم صاحبه ويكون سبباً في موته).

ومرض الموت يغير بعض الأحكام المتعلقة بالزواج والطلاق وتصرفات المدين في أمواله - حال مرض موته - على النحو الآتي:

---

(260) انظر أصول البزدوي وشرحه ج4ص1396، والوجيز ص105.

(261) انظر كشف الأسرار للبزدوي ج4 ص1382، والوجيز ص106.

**أولاً**: نكاح المريض مريض الموت:

عند الجمهور إذا تبين أنه يقصد بنكاحه الإضرار بالورثة: رُدّ عليه قصده السيئ، وصار نكاحه كأن لم يكن، ومن ثم فلا يترتب عليه أثر، فليس لها في ذمته مهر وليس لها من الميراث شيء، أما إذا كان لا يقصد الإضرار بالورثة: فنكاحه صحيح.

ومن ثم فلها المهر المسمى، أو مهر المثل - إذ لم يحدد المهر - ما لم يزد عن ثلث التركة فإن زاد توقفنا في الزيادة حتى يأذن الورثة وأصحاب الديون إن كان عليه دَين.

وخالف الإمام مالك الجمهورَ، واعتبر نكاحه عموماً - في هذا الحال - كأن لم يكن، ومن ثم فلا يترتب عليه أثر. [262]

**ثانياً**: طلاق المريض مرض الموت لزوجته - المدخول بها - طلاقاً بائناً بغير رضاها:

هذا الطلاق يقع ما لم يقصد الإضرار بها، وأوجب الجمهور لها الميراث.

واختلف العلماء في مدة بقاء هذا الحق لها من الميراث:

فالحنفية قالوا ترث ما دامت في عدتها، والحنابلة قالوا ترث ما لم تتزوج، والمالكية قالوا ترث في جميع الأحوال، أما الشافعية فقالوا لا ترث لأن الطلاق البائن يقطع الميراث، ولا عبرة بقصده السيئ ونيته الخبيثة، حيث إن العمل على الظاهر وليس على الباطن. [263]

**ثالثاً**: التصرفات المالية للمريض مرض الموت:

يُحْجَرُ عليه بقدر صيانة حق الورثة والدائنين - إن كان عليه دَين - وحق

---

(262) انظر المدونة الكبرى للإمام مالك ج2 ص133، والأم للشافعي ج3 ص31 - 34، والمغني لابن قدامة ج2 ص326 والوجيز ص 108.

(263) انظر الخلاف للطوسي ج2 ص456، والمدونة للإمام مالك ج2 ص132، والأم للشافعي ج5 ص 329 - 332، والمغني لابن قدامة ج3 ص329 - 332، والمحلى لابن حزم ج1 ص25 - 26، والقواعد لابن رجب ص230، والوجيز ص109.

الورثة هو الحفاظ على ثلثي التركة، وحق الدائنين يُقدر بقدر دَينهم، ولا يحجر عليه فيما هو من ضروراته أو حاجاته، كالنفقة عليه ومداواته حتى ولو نفد كل ماله.[264]

**تنبيه:** مرض الموت لا يعرف أنه مرض الموت فتتعلق به الأحكام سالفة الذكر إلا بعد موت صاحبه، فتكون أهليته ناقصة متأثرة بهذا المرض من بداية مرضه حتى وفاته.[265]

**(7) الجهل:**[266] وهو (ضد العلم والمعرفة).

والجهل يُسقط الإثم عند الله عز وجل، ويرفع العقوبة في الدينا ويُعدّ شبهة تدرأ بها الحدود.

وهو جهلان:

**(أ) جهل بالأحكام:** وهو الناشئ عن العجز وعدم التمكن من الوصول إلى العلم، وليس الناشئ عن الإعراض أو التقصير في طلب العلم، كالمجتهد إن اجتهد فيما جاز له الاجتهاد فيه ثم أخطأ ولم يصب الصواب، فهذا لا إثم عليه، بل له عند الله أجر اجتهاده وبحثه عن الحق كما أخبرنا النبي صلى الله عليه وسلم.

**(ب) جهل بالوقائع:** كمن نكح أخته من الرضاعة جهلاً بكونها أخته، فهذا لا إثم عليه عند الله، كما لا يُعد فِعله جريمة ولا عقوبة تجرى عليه في الدنيا.

**(8) الخطأ:** وهو (إتيان الفعل عن غير قصد وعمد).

فالخطأ هنا ضده العمد، وليس الخطأ الذي ضده الصواب.

وهذا العارض يُسقط الإثم عند الله عز وجل، وبسببه تدرأ الحدود، ويُخفف القصاص من العقوبات البدنية إلى العقوبات المالية، هذا بالنسبة للتصرفات الفعلية.

---

(264) انظر التلويح على التوضيح لعبيد الله بن تاج الشريعة ج2 ص117، وشرح مرقاة الوصول ج2 ص446 - 447، وشرح المنار ص692، والوجيز ص107.

(265) انظر شرح المنار ص691 - 692، والوجيز 107.

(266) انظر الوجيز ص112 - 185.

أما التصرفات القولية التي صدرت عن طريق الخطأ: فلا يترتب عليها أثر عند الجمهور، فهي كأن لم تكن.[267]

**(9) الهـزل:** وهو (ضد الجد).

أي أن المتكلم يقصد بكلامه اللهو واللعب ولا يقصد المعنى الحقيقي الذي يفهم من كلامه.

والهازل يباشر العقود وتكون تصرفاته عن طواعية واختيار، ولكنه لا يريد الحكم المترتب علي هذه العقود، ولا يختاره ولا يرضى بوقوعه، وإنما يقول ذلك بقصد الممازحة أو السخرية أو الاستهزاء أو غير ذلك مما ليس فيه إرادة قصد مفهوم الكلام بعزم وجدٍّ.[268] والهزل يحدث في ثلاثة أشياء:[269]

**(أ) هزل في الاعتقادات:** وهذا كفر وردة، فلو تكلم إنسان بالكفر هازلاً صار كافرًا حتى وإن لم يقصد الكفر، لأن الهزل في الدِّين استخفاف به والاستخفاف بالدِّين كفر بالله العظيم والله يقول: **(وَلَئِن سَأَلْتَهُمْ لَيَقُولُنَّ إِنَّمَا كُنَّا نَخُوضُ وَنَلْعَبُ قُلْ أَبِاللَّهِ وَآيَاتِهِ وَرَسُولِهِ كُنتُمْ تَسْتَهْزِئُونَ لَا تَعْتَذِرُواْ قَدْ كَفَرْتُم بَعْدَ إِيمَانِكُمْ)**التوبة (65 - 66)

**(ب) هزل في الاخبارات والإقرارات والشهادات:** فلو أخبر إنسان أو أقر أو شهد بشيء ثم تبين أنه هازل غير جاد في كلامه صار هذا الهزل مُبطِلاً للموضوع الذي أخبر عنه أو أقره وشهد به، فلا يُعتَد بإقراره ولا إخباره ولا شهادته، ومن ثم فلا يترتب على قوله شيء، فهو كأن لم يكن، لأن هذا يُعد كذبًا.

فلو أن شخصا سُئل هل فلان باع كذا؟ فقال نعم، ثم تبين أنه هازل فيُعد هذا الشخص كذاب، ولا عبرة بما قاله، ولا يترتب عليه إثبات البيع الذي أقره

---

(267) انظر أعلام الموقعين لابن القيم ج3 ص55, ج4 ص72، التلويح على التوضيح لتاج الشريعةج2 ص 195، والوجيز ص116.

(268) انظر كشف الأسرار للبزدوي ج4ص1477، والوجيز ص116.

(269) انظر الوجيز ص117 - 118.

وشهد به.

**(ج) هزل في الإنشاءات:** يعني في إيقاع الأسباب التي يترتب عليها إنشاء أحكام شرعية، كعقد بيع أو إجارة أو زواج أو غيره، فالهزل في إنشاء العقود لا يترتب عليه أثر، فهو على القول الراجح الصحيح كأنه لم يكن، إلا في الطلاق والزواج والرجعة، فلا خلاف في كون الهزل فيهن معتبر مثل الجِّد تماماً لقول النبي صلى الله عليه وسلم: **(ثلاث جدهن جدّ وهزلهن جدّ: النكاح والطلاق والرجعة)**.[270]

**(10) السفه:** وهو (التصرف في المال على خلاف مقتضى الشرع والعقل، مع وجود العقل).[271]

والسفه لا ينافي أهلية الأداء فجميع تصرفاته القولية والفعلية معتبرة ويؤاخذ بها غير أن تصرفات السفيه المالية فقط كتصرفات الصغير المميز، ومن ثم يُحْجَرُ عليه وما ذلك إلا حفاظاً على أمواله وممتلكاته[272]، قال تعالى: **(وَلاَ تُؤْتُواْ السُّفَهَاء أَمْوَالَكُمُ)** النساء(5).

**(11) السُّكْر:** وهو (زوال العقل بتناول الخمر وما يلحق بها، بحيث لا يدري بعد إفاقته ما كان قد صدر منه حال سكره).[273]

والسُّكْر له طريقان:[274] **(أ)** سُكر بطريق مباح **(ب)** سُكر بطريق محظور

فأما السُّكر الذي حدث بطريق مباح فهو كالمضطر والمُكرَه والمخطئ.

وهذا حكمه حكم المغمى عليه، فتصرفاته القولية غير معتبرة، أما تصرفاته الإجرامية فيؤاخذ بالعقوبات المالية، فإذا أتف مال الغير فعليه ضمانه.

---

(270) رواه الترمذي وقال حسن غريب1184، وحسنه الألباني في الصحيحة3027.

(271) انظر شرح المنار ص988، والوجيز ص118.

(272) انظر المغني لابن قدامة ج4ص458، وأصول البزدوي وشرحه ج4ص1492، والخلاف للطوسي ج2 ص22، الوجيز ص118 - 126.

(273) انظر الوجيز ص128.

(274) المصدر السابق ص128 - 129.

وأما السُّكر الذي حدث بطريق محظور فهو كمن شرب الخمر مختاراً عالماً متعمداً ارتكاب الحرام فهذا في تصرفاته تفصيل:[275]

**أولاً:** التصرفات القولية: في اعتبارها أو إهدارها قولان.

**ثانيًا:** التصرفات الفعلية: لا خلاف في أن أفعاله المتعلقة بحقوق العباد يؤاخذ عليها مؤاخذه مالية، فإذا أتلف مالاً ضمن ما أتلفه، أما المؤاخذة البدنية أي العقوبات البدنية على أفعاله الإجرامية كالقتل مثلا: فالجمهور على أنه يؤاخذ بها مؤاخذة بدنية، فيُقتل إذا قتل فهو والمُدرك لما يفعله سواء، وذلك ردعاً له ولغيره.

أما إذا صدر منه ما يدل على كفره وردَّته: فلا يُعتد بما صدر منه ولا يُحكم عليه بالكفر والرِّدة، لأن القصد معتبر فيها.

**(12) الإكراه:**

وهو (حمل الغير على قول أو فعل ما لا يرضاه ولا يختاره لو خلي ونفسه).[276]

وهذا الإكراه يكون بإلحاق الضرر بشخص في مقابل تنفيذ ما طلب منه، وهذا الشخص المغلوب على أمره يسمى مُكرَهاً - بفتح الراء - وهو الذي نبحث في أهليته، وهذا الضرر الذي يلحق به كقتله أو إتلاف عضو من أعضائه أو أخذ ماله الكثير، أو إلحاق هذا الضرر بمن يهمهم أمره كالولد والوالد وغيرهما، وهذا الإكراه يطلق عليه اسم: (الإكراه المُلْجِئ) ويطلق على إلحاق أي ضرر به دون ما ذكر اسم: (الإكراه الغير مُلْجئ) كضربه أو حبسه أو تقييده أو غير ذلك، وكلا الإكراهين - المُلجئ وغير المُلجئ - معتبران في كونهما من عوارض الأهلية، ولكن للإكراه

(275) انظر زاد المعاد ج2ص202 - 203، وأعلام الموقعين لابن القيم ج4ص40 - 42، والخلاف للطوسي ج2ص45، والمغني لابن قدامة ج7ص113 - 124، والمحلى لابن حزم ج1 ص209 - 211، والمهذب للشيرازي ج2 ص82، وبدائع الصنائع للكساني ج3 ص69، وكشف الأسرار ج4 ص،1و474، والوجيز ص129 - 133.

(276) انظر التلويح لعبيد الله بن تاج الشريعة ج2 ص196، والوجيز ص135.

شروط كي يصبح معتبراً، هذه الشروط هي:[277]

1 - أن ما هدد به يلحق ضرراً حقيقياً بالمكرَه - بفتح الراء - أو بمن يهمه أمرهم.

2 - أن يكون المُكره - بكسر الراء - قادراً على إيقاع ما هَدد به.

3 - أن يغلب على ظن المُكرَه - بفتح الراء - أن المُكره - بكسر الراء - سينفذ ما هَدّد به.

4 - أن يكون ما هَدّده به سينفذه عاجلاً وفي الحال.

5 - ألا يستطيع المُكرَه - بفتح الراء - أن يدافع عن نفسه ولو بالفرار.

فإذا تحققت تلك الشروط صار هذا الإكراه في حق المُكرَه - بفتح الراء - من عوارض أهليته سواء كان الإكراه ملجئاً أو غير ملجئ ولكن بتفصيل:

**أولاً:** تصرفات المُكرَه القولية: عند الجمهور كالشافعية والحنابلة لا يُعترف بها، فأقواله مهدرة ولا يترتب عليها آثرها الشرعية، فهي كأن لم تكن، سواء كان الإكراه ملجئاً أو غير ملجئ، أما الحنفية فجعلوا إقراراته وإنشاءاته كالهزل.

والحق مع الجمهور حيث إن الفارق بين الهازل والمكره كبير، فالهازل باشر القول مختاراً ولم يقصد ما يترتب على قوله من آثار شرعية وإنما قصد المزاح، أما المكرَه فباشر القول قهراً ولم يقصد ما يترتب على قوله من آثار شرعية وإنما قصد دفع الأذى عن نفسه، فهو بمنزلة من يحكي قول غيره.[278]

**ثانياً:** تصرفات المُكرَه الفعلية تختلف على حسب نوع الإكراه:

(1) الإكراه الغير مُلجئ: تصرفات المكرَه الفعلية تكون معتبرة، فالإكراه الغير مُلجئ لا يُعد من عوارض الأهلية، أي أنه لا ينافي أهلية أداء المُكرَه، فكل

(277) انظر فتح الباري شرح صحيح البخاري لابن حجر العسقلاني ج12 ص311.

(278) انظر الأم للشافعي ج3 ص 20، والمغني لابن قدامة المقدسي ج7 ص118، وزاد المعاد لابن القيم ج2 ص200، وأعلام الموقعين لابن القيم ج3 ص180، ج4 ص43 - 44، والوجيز ص 138 - 141.

تصرفاته الفعلية تثبت لها آثارها الشرعية، ويؤاخذ بها كاملة.

**(2)** الإكراه المُلجئ: تصرفات المُكرَه الفعلية لها ثلاث حالات:[279]

**(أ)** أفعال يجب على المُكرَه أن ينفذ ما أُكرِه عليه، فيفعل الحرام وجوباً، وليس عليه شيء عند الجمهور، وهي الأفعال التي أباح الشرع إتيانها عند الضرورة كشرب الخمر وأكل الميتة ونحوها، حيث إن الحفاظ على الحياة والنفس أعظم في نظر الشرع من رعاية هذه المحرمات، وهذا الإكراه يُعد من قبيل رخصة الإسقاط التي سبق الكلام عنها.

**(ب)** أفعال يجوز للمُكرَه أن ينفذها كما يجوز له الإصرار وعدم الخضوع لما أكره عليه - مهما كلفه ذلك الإصرار - كمن أكره على الكفر، قال تعالى: **(مَن كَفَرَ بِاللَّهِ مِن بَعْدِ إِيمَانِهِ إِلاَّ مَنْ أُكْرِهَ وَقَلْبُهُ مُطْمَئِنٌّ بِالإِيمَانِ)** النحل (106) وقال النبي صلى الله عليه وسلم لعمَّار بن ياسر رضي الله عنه: **(إن عادوا فعد لهم بما قلت)**[280]، وذلك عندما حمله المشركون على أن يسب رسول الله صلى الله عليه وسلم ويذكر آلهتهم بخير، فأخذ عمَّاررضي الله عنه بالرخصة وكفر ظاهراً واطمأن قلبه بالإيمان، وأخذ أبواه بالعزيمة ولم ينطقا بكلمة الكفر فقتلا شهيدين رضي الله عن الجميع، وهذا الإكراه يُعد من قبيل رخصة الترفيه التي سبق الكلام عنها كذلك.

**(ج)** أفعال يحرم على المُكرَه أن ينفذ ما أكره عليه بأي حال من الأحوال مهما كلفه ذلك الأمر، كمن أكره على الإتيان بجريمة القتل، أو شهادة الزور التي تفضي إلى القتل، فليس لأحد أن يدفع الموت عن نفسه بقتل غيره أو التسبب في قتله.

ومن ثم فالقاتل آثم حتى وإن كان مُكرهاً.

وكذلك لا إكراه على الزنى بالنسبة للرجال، أما بالنسبة للمرأة فالجمهور

(279) انظر قواعد الأحكام للعز بن عبد السلام ج1ص93، وأحكام القرآن للجصاص ج5 ص16، والوجيز ص141 - 142.
(280) حديث مرسل ورجاله ثقات انظر فتح الباري ج12ص312.

على سقوط الإثم عنها إذا أكرهت عليه، وعليه فإن الزاني آثمٌ حتى وإن كان مُكرهاً.

واختلف الفقهاء في إقامة الحدّ على القاتل والزاني مكرَهاً، فمَن أوجب الحـدّ نظـر إلى أن الشرع لم يرفع الإثم عن المكرَه الذي باشر هاتين الجريمتين، ومن أسقط الحدّ عنه اعتبر الإكراه شـبهة تدرأ بها الحدود.

## ومما سبق من الكلام عن الإكراه نستنتج الآتي:

ـ الإكراه المُلجئ يُسقط تبعات الأقوال والأفعال، ما عدا القتل والزنى.

ـ الإكراه غير المُلجئ يُسقط تبعات الأقوال دون الأفعال.

# الباب الخامس
# القواعد الأصولية اللغوية

<u>القواعد الأصولية اللغـوية</u>: وهـي قواعـد تتعلـق بألفـاظ النصـوص مـن جهـة إفادتهـا للمعاني.

وهذه القواعد تختلف على حسب اعتبارات مُعيَّنة نُلخصها في أربعة فصول:

* <u>الفصل الأول</u>: اللفظ من حيث دلالته على أفراد معناه.

أي هل اللفظ يشمل كل أفراد معناه؟ أم أنه يخص البعض دون البعض؟ أماذا يُقصد به؟

وفي هذا الفصل سنتحدث عن: (العام والخاص والمشترك، والمُطلق والمُقيد).

* <u>الفصل الثاني</u>: اللفظ من حيث استعماله في المعنى الموضوع له.

أي هل اللفظ يُحمل على معناه الذي وُضع له أصلاً؟ أم أن له معنى آخر استجد له؟

وفي هذا الفصل سنتحدث عن: (الحقيقة والمجاز، والصريح والكناية).

* <u>الفصل الثالث</u>: اللفظ من حيث طرق وكيفية دلالته على معناه.

أي كيف فُهـم هذا المعنى من لفظه؟

وفي هذا الفصل سنتحدث عن: (مفهوم العبارة والإشارة والدلالة والاقتضاء والمخالفة).

* <u>الفصل الرابع</u>: اللفظ من حيث ظهور وخفاء دلالته على معناه.

أي هل اللفظ معناه واضح بذاته؟ أم أنه مُفتقر إلى ألفاظ أخرى توضحه؟

وإذا كان واضحًا فما هي درجة وضوحه؟ وإذا كان غير واضح فما هي

151

درجة عدم وضوحه؟

وفي هذا الفصل سنتحدث عن: (المُحْكم والمُفسَّر والنص والظاهر) من حيـث كـونهم ألفاظاً واضحة الدلالة بذاتها مُستغنية عن توضيح غيرها لها.

وسنتحدث عن: (الخفي والمُجمل والمُشكل والمُتشابه) من حيث كونهم ألفاظاً غـير واضـحة الدلالة مُفتقرة إلى ألفاظ أخرى توضحها وتكشف عن معناها ومضمونها.

وإليك بيان ذلك مفصلاً:

# الفصل الأول

## اللفظ من حيث دلالته على أفراد معناه:

وهذا المبحث يجيب على سؤال من قال: هل اللفظ يشمل كل أفراد معناه؟ أم أنه يخص البعض دون البعض؟ أم أن له معانٍ متزاحمة لا تجتمع في سياق واحد؟

واللفظ بهذا الاعتبار ينقسم إلى ثلاث أقسام: (1) العام (2) الخاص (3) المشترك

## المبحث الأول

### العام

- العام هو: (اللفظ الذي يستغرق ويشمل جميع أفراد ما يفهم منه بدون حصر ولا تعيين).[281]

فكلمة (الرجال) لفظ عام يشمل جميع الأفراد الذين ينطبق عليهم هذا اللفظ دون تحديد لطائفة معينة من الرجال وبدون حصر لعدد محدد، وللعام ألفاظ تدل عليه نجملها فيما يلي:

ألفاظ العموم:[282]

(1) اللفظ الذي أضيف إلى إحدى هذه الكلمات: (كل وجميع وكافة

---

(281) انظر البيضاوي ص50، وتسهيل الوصول إلى علم الأصول للمحلاوي ص36، والمسودة لابن تيمية ص574، والوجيز ص305.

(282) انظر تسهيل الوصول للمحلاوي ص65 وما بعدها، والمسودة لابن تيمية ص89، والأصول من علم الأصول لابن عثيمين ص34 - 36.

وعامة وقاطبة.....) وما في معناهم، تلك الألفاظ تفيد العموم، كما في قوله تعالى: (كُلُّ نَفْسٍ ذَآئِقَةُ الْمَوْتِ) آل عمران (185) أي أن الموت يشمل ويعم جميع من ينطبق علي مدلول كلمة: (نفس) دون حصر أو قصر أو استثناء أو تخصيص لطائفة دون أخرى.

**(2)** الاسم المفرد أو الجمع المعرف بـ (ال) الاستغراقية يفيد العموم.

ولكي تستطيع التمييز بين (ال) الاستغراقية وغيرها كـ (ال) الجنس أو العهد: أنك تقوم بحذفها وإحلال كلمة (كل) مكانها فإن استقام المعنى فهي تفيد العموم والاستغراق، كما في قوله تعالى: (وَخُلِقَ الإِنسَانُ ضَعِيفاً) النساء (28)، فإذا قلت: خلق كل إنسان ضعيفاً، فستجد المعنى مستقيماً، فالضعف يشمل ويعم جميع من ينطبق على مدلول كلمة: (إنسان) دون حصر أو قصر أو استثناء.

**(3)** الاسم المفرد أو الجمع المُعَرَّف بالإضافة يفيد العموم.

كما في قوله تعالى: (حُرِّمَتْ عَلَيْكُمْ أُمَّهَاتُكُمْ....... ) النساء (23)، فلفظ (أمهات) جمع مضاف إلى الضمير المتصل (كُمْ)، لذلك فالمعنى يشمل تحريم زواج أي رجل من أي امرأة تندرج تحت وصف كونها أمٌ حقيقية له بدون حصر أو قصر أو استثناء.

وكذلك المعنى في قوله تعالى: (وَإِن تَعُدُّواْ نِعْمَةَ اللهِ لاَ تُحْصُوهَا) النحل (18)، فلفظ (نعمة) مفرد مضاف إلى لفظ الجلالة (الله)، وهذا أفاد أن المعنى يشمل كل النعم بلا حصر لها، وليس نعمة واحدة، ولذلك قال سبحانه: (لا تحصوها) ونفي الإحصاء لا يكون إلا في الكثرة الغير محصورة.

ومن ثم فالمفرد والجمع إذا أضيفا لا يفهم منهما حصر المعنى في عدد محدد، بخلاف المثنى فإن المعنى ينحصر في العدد اثنين ولا يشمل غيرهما.

فمثلا قوله تعالى: (يَدُ اللهِ فَوْقَ أَيْدِيهِمْ) الفتح (10)، وقوله: (أَوَلَمْ يَرَوْا أَنَّا خَلَقْنَا لَهُمْ مِمَّا عَمِلَتْ أَيْدِينَا أَنْعَاماً... ) يس (71) وقوله: (قَالَ يَا إِبْلِيسُ مَا مَنَعَكَ أَن تَسْجُدَ لِمَا خَلَقْتُ بِيَدَيَّ... ) ص (75)

فهذه الآيات أثبت الله فيها لنفسه (يدًا ويدين وأيدي) فأيهم نثبته لله سبحانه وتعالى حيث إن ظاهر الألفاظ تبدوا متضاربة؟

الجواب: إن هذا ليس من التعارض في شيء، ومعاني الألفاظ ليست متضاربة حيث إنه في الآية الأولى قال: (يد الله) ويد مفرد مضاف، ولذا فلا يُفهم من اللفظ قصد تخصيص عدد معين، في الآية الثانية قال: (عملت أيدينا) وأيدينا جمع مضاف، ولذا فلا يُفهم من اللفظ قصد تخصيص عدد معين كذلك، أما الآية الثالثة فأثبتت أن لله يدين خلق بهما آدم عليه السلام، والمثنى مقصودٌ عدده، محصور أفراد معناه، ومن ثم فلا تعارض بين الآيات، فنثبت أن الله له يدان حقيقيتان يليقان بجلاله سبحانه الذي ليس كمثله شيء، إثباتًا بلا تشبيه أو تمثيل، ولا تحريف أو تأويل، ولا نفي أو تعطيل.[283]

**(4)** الأسماء الموصولة تفيد العموم.

مثل: (الذي والتي واللذان واللتان والذين واللائي ومَنْ وما....) كما في قوله تعالى: ﴿مَا عِندَكُمْ يَنفَدُ﴾ النحل(96)، فكلمة (ما) اسم موصول جعل الفناء والهلاك يشمل وينسحب على كل شيء عندنا دون تخصيص أو تحديد أو استثناء.

**(5)** أسماء الاستفهام تفيد العموم.

مثل: (مَنْ وماذا وأين ومتى.....)، كما في قوله تعالى: (مَن ذَا الَّذِي يُقْرِضُ اللّهَ قَرْضاً حَسَناً) البقرة (245)، فلمن يُوَجه له هذا السؤال من أجل حضه وحثه على الإنفاق؟

**الجواب:** أنه يشمل كل الأمة، لأنه استفهام، والاستفهام يعم كل المخاطبين به دون تحديد لفئة معينة، وكذلك عموم الخطاب في قوله تعالى: (مَاذَا أَجَبْتُمُ الْمُرْسَلِينَ) القصص(65) فهذا سؤال عام يشمل كل العالمين.

**(6)** أسماء الشرط تفيد العموم.

---

(283) راجع شرح العقيدة الوسطية لابن عثيمين ص 54 - 66, ص189 - 200.

مثل: (مَنْ وما وأينما وحيثما ومَهْمَا....)، كما في قوله تعالى: (فَمَن شَهِدَ مِنكُمُ الشَّهْرَ فَلْيَصُمْهُ)البقرة(185) فالصيام مطلوب الفعل من كل واحدٍ شهد شهر رمضان.

وكذلك عموم الخطاب في قوله: (أَيْنَمَا تَكُونُواْ يُدْرِككُّمُ) النساء (78) فالموت لا يحل في مكان دون مكان، وإنما إذا جاء وقته أصابكم في أي مكان حللتم فيه، فلا أحد يستطيع الفرار منه على الإطلاق.

وكذلك قوله تعالى: (مَنْ عَمِلَ صَالِحاً فَلِنَفْسِهِ وَمَنْ أَسَاء فَعَلَيْهَا) فصلت (46)، فكل من عمل صالحاً فصلاح عمله يعود نفعه على نفسه بلا استثناء، وكل من عمل سوءً فسوء عمله يعود ضره على نفسه بلا استثناء.

(7) النكرة في سياق النفي أو النهي أو الشرط أو الاستفهام الإنكاري يفيد العموم.

كما في قوله تعالى: (وَلا يُشْرِكُ فِي حُكْمِهِ أَحَدًا) الكهف (26)، فلفظ (أحداً) نكرة وقعت في جملة منفية، أفاد ذلك أن الله متفرد في الحكم دون سواه ولا يشاركه في حكمه أي أحد مهما كانت مكانته عند الله، ولا ينبغي لأحد أن يشاركه فيه كائنًا من كان بلا تخصيص ولا استثناء.

وكما في قوله تعالى: (وَلاَ تُشْرِكُواْ بِهِ شَيْئاً) النساء (36)، فلفظ (شيئاً) نكرة وقعت في جملة بها نهي، أفاد ذلك أن الله نهانا أن نتخذ معه آلهة نعبدها أياً كان ذلك المعبود، فالنهي على العموم سواء كان ملكاً مكرّماً أو نبياً مرسَلاً أو ولياً مُقرَّبًاً أو غير ذلك بلا تخصيص ولا استثناء.

وكما في قوله تعالى: (إِن تُبْدُوا شَيْئاً أَوْ تُخْفُوهُ فَإِنَّ اللَّهَ كَانَ بِكُلِّ شَيْءٍ عَلِيماً) الأحزاب (54)

فلفظ (شيئاً) نكرة وقعت في جملة شرطية، أفاد ذلك

أن كل شيء يصدر منا - سراً وجهراً - يعلمه اللـه عز وجل، فعِلمه سبحانه يعم كل شئ بلا تخصيص ولا استثناء ولا حصر لشيء دون شيء.

وكما في قوله تعالى: (مَنْ إِلَهٌ غَيْرُ اللـهِ يَأْتِيكُم بِضِيَاء) القصص (71)، فلفظ (إله) ولفظ (ضياء) نكرتان وقعتا في جملة بها استفهام استنكاري، أفاد ذلك أنه ليس هناك أي إله - على الإطلاق والعموم من الآلهة الباطلة التي عبدها المشركون قديماً أو يعبدونها حديثاً وطلبوا منها جلب نفع أو دفع ضر - ليس هناك أي إله قادراً على أن يأتي بأي ضياء قل أو كثر إلا اللـه سبحانه وتعالى، فهو الإله الواحد القادر، وما سواه فهو إله باطل عاجز عن الإتيان بأي شيء.

والسؤال الاستنكاري يكون الغرض منه: نفي الإجابة على السؤال نفيا مشروبا بالتحدي، وعليه فيكون قوله: (مَنْ إِلَهٌ غَيْرُ اللـهِ يَأْتِيكُم بِضِيَاء) تعني أنه ليس هناك أي إله غير اللـه يأتيكم بأي ضياء، ومن قال غير ذلك فليأتنا بهذا الإله الذي ليس له وجود على الإطلاق، فالكل ضعيفٌ لا يقدر على أي شيء، فقيرٌ لا يملك لنفسه نفعاً ولا ضراً، فضلاً عن أن يملك لغيره جلب نفع أو دفع ضر، ومن ثم فلا يبقى إلا اللـه القوي الغني المالك القادر على كل شيء، فالجئوا إليه إن كنتم تعقلون.

حكم العمل بالعام:

يجب فهم اللفظ العام على عمومه وانسحاب معناه على جميع أفراده وشمول الحكم لهم ما لم يأت دليل يرفع هذا العموم ويخصصه لبعض الأفراد دون البعض الآخر.[284]

واللفظ العام دلالته على كل فرد من أفراد معناه دلالة ظنية عند الجمهور، وخالفهم الحنفية فقالوا إن دلالته قطعية.[285]

## قواعد متعلقة بألفاظ العموم:

### (أ) العبرة بعموم اللفظ لا بخصوص السبب:[286]

وتلك القاعدة يُقصد بها أن العام يبقى على عمومة فيشمل الأمة جميعها، والكل مُخاطبون به وإن كان وُرُودُه بسبب خاص كسؤال أو واقعة معينة دعت إلى

(284) انظر الأصول من علم الأصول لابن عثيمين ص36.
(285) انظر مذكرات في أصول الفقه الحنفي للدكتور محمود العكازي ص53.
(286) انظر المسودة لابن تيمية ص130 وإرشاد الفحول للشوكاني ص117 - 118، والوجيز ص 324 - 325.

مجيء هذا النص.

وهذا الفهم هو فهم الفقهاء في كل العصور دون إنكار منهم وعليه كان العمل، ولو كانت النصوص خاصة بمن سيقت بسببهم لكان أغلب الدين خاصًا بمن سبقنا من الرسول صلى الله عليه وسلم وأصحابه وأعدائه الذين ماتوا من مئات السنين، ولا يبقى لنا من الدين إلا القليل، فتلك آية نزلت تخاطب الرسول، وتلك آيات تعالج موقفاً حدث من أصحاب الرسول صلى الله عليه وسلم، وأخرى ترد على مشركي مكة، وغيرها تبين حال بعض المنافقين من الأعراب، وهذه تتحدث عن يهود المدينة، وأخرى تتحدث عن نصارى نجران وغيرها... ومن ثم فالدين إن جعلناه خاصاً بمن سيقت النصوص بسببه فسوف يكون لغيرنا وليس لنا، ويكون قد مات بموت السابقين الأولين ومن حولهم، وهذه النتيجة لا شك في أنها مناقضة لدين الله جملة وتفصيلاً حيث أرشدنا سبحانه إلى عمومية الرسالة بقوله تعالى: (وَمَا أَرْسَلْنَاكَ إِلَّا رَحْمَةً لِّلْعَالَمِينَ) الأنبياء (107)، وقوله: (قُلْ يَا أَيُّهَا النَّاسُ إِنِّي رَسُولُ اللهِ إِلَيْكُمْ جَمِيعاً) الأعراف (158)

وعلى هذا فسبب نزول الآيات يصلح أن يُفسِّر الآيات ولكن لا يُخَصِّصها، فنفهم النصوص في حدود أسباب ورودِها ونزولها، وهي لنا كما كانت لغيرنا، والدين باق إلى يوم الدين، يصلح لكل زمان ومكان، ومثال ذلك: أن النبي صلى الله عليه وسلم مَرَّ بشاةٍ ميتةٍ فقال: **(هلا أخذتم إهابها فدبغتموه فانتفعتم به).**[287] فهل قول النبي صلى الله عليه وسلم خاص بجلد تلك الشاة دون غيرها؟

**الجواب:** لا، فإن الحكم عام في طهارة وجواز الانتفاع بجلود الميتة من الغنم وغيرها مما يؤكل لحمه ولكن بعد دبغه.

وكذلك آية اللعان، وإن كانت قد نزلت بسبب واقعة مُعينة وهى قذف هلال بن أمية رضي الله عنه زوجته إلا أنها عامة في جميع الأزواج إذا قذفوا زوجاتهم ولم يكن معهم شهداء إلا أنفسهم.

(287) رواه مسلم 363 من حديث ابن عباس رضي الله عنه.

وعليه فإن النص إن كانت ألفاظه عامة فتحمل على عمومها ولا تخص من نزلت بسببهم إلا إذا جاء دليل جعل النص خاصاً بمن نزل بسببه، وعندها لا يتعداه إلى غيره.(288)

وكما أشار الشافعي رحمه الله إلى ذلك قائلاً: (السبب لا يصنع شيئاً وإنما تصنع الألفاظ).(289)

**(ب) خطاب الله الموجه لرسوله** صلى الله عليه وسلم **يعم كل المسلمين ما لم يأت دليل يجعله خاصاً بالنبي** صلى الله عليه وسلم:

كما في قوله الله: (يَا أَيُّهَا النَّبِيُّ إِذَا طَلَّقْتُمُ النِّسَاء فَطَلِّقُوهُنَّ لِعِدَّتِهِنَّ وَأَحْصُوا الْعِدَّةَ وَاتَّقُوا اللهَ رَبَّكُمْ... ) الطلاق(1)، فهل هذا الخطاب للنبي صلى الله عليه وسلم فقط؟

**الجواب:** لا، وإنما هو له صلى الله عليه وسلم وللأمة كلها.

أما الخطاب الموجه للنبي المقترن بقرينة جعلت الخطاب خاصاً به دون أمته كقوله تعالى: (وَامْرَأَةً مُّؤْمِنَةً إِن وَهَبَتْ نَفْسَهَا لِلنَّبِيِّ إِنْ أَرَادَ النَّبِيُّ أَن يَسْتَنكِحَهَا خَالِصَةً لَّكَ مِن دُونِ الْمُؤْمِنِينَ)الأحزاب (50)

فهذا الخطاب خاص بالنبي صلى الله عليه وسلمدون أمته، وليس لنا أن نعمل ونقتدي بالرسول صلى الله عليه وسلم في هذا الحكم.

**(ج) خطاب الشرع الموجه للذكور يشمل الإناث لعموم الرسالة أوعلى سبيل التغليب:**

كما في قوله تعالى: **(قُلْنَا اهْبِطُواْ مِنْهَا جَمِيعاً)** البقرة (38) فلفظ (اهبِطوا) للمذكر، والمقصود بالخطاب هو آدم عليه السلام وحواء زوجته، وإبليس عليه لعنة الله، فشمل الخطاب حواء مع كونها أنثى.

(288) انظر الوجيز للدكتور عبد الكريم زيدان ص324 - 325.
(289) انظر الوجيز للدكتور عبد الكريم زيدان ص325.

- أما إذا جاء دليل يخصص الخطاب للرجال فعندها لا تدخل الإناث في هذا الخطاب.

كما في أدلـة الأمـر بالجهـاد فهـو أمـر للرجـال دون النسـاء، وكـذلك الأمـر بتنصـيب خليفـة للمسلمين وقضاة يقضون بين الناس بشرع الـلـه، فتلك أمور منوطة بالرجال وخاصة بهم لقيـام الأدلـة على ذلك.[290]

**(هـ) الخطاب الموجه للإناث يخص النساء ولا يشمل الرجال:**

كما في قوله تعالى: (وَالْمُطَلَّقَاتُ يَتَرَبَّصْنَ بِأَنفُسِهِنَّ ثَلاَثَةَ قُرُوَءٍ) البقرة (228)

وقوله: (يَا أَيُّهَا النَّبِيُّ قُل لِّأَزْوَاجِكَ وَبَنَاتِكَ وَنِسَاء الْمُؤْمِنِينَ يُدْنِينَ عَلَيْهِنَّ مِن جَلَابِيبِهِنَّ) الأحزاب(59) وغيرها من الأدلة التي تخاطب جماعة الإناث، فلا يدخل فيها الرجال.

************

## المبحث الثاني

## الخــاص

**- الخاص هو: (اللفظ الدال على محصور بشخص أو عدد أو نوع).**[291]

بمعنى أن اللفظ الخاص لفظ وضع لأفراد محصورين مُعَـيّـنـين مقصودين دون غيرهم.

مثل أسماء الأعـداد كواحـد واثنـين وثلاثـة، فهـي ألفـاظ موضـوعة لمعـاني محـددة مُعَـيّـنة محصورة مخصوصة لا تزيد ولا تنقص عن مدلولها.

---

(290) انظر الوجيز للدكتور عبد الكريم زيدان ص308 - 309.

(291) انظر الأصول من علم الأصول لابن عثيمين ص38.

ومثل الأسماء الموضوعة للدلالة على الأشخاص كمحمد وأحمد وأبي لهب.....

والأسماء الموضوعة للدلالة على الأماكن كمكة والمدينة ومصر.....

والأسماء الموضوعة للدلالة على الأزمنة كالأشهر الحرم ورمضان ويوم الجمعة.....

فكل هذه الألفاظ معانيها لا تشمل إلا أشياء مُحَدّدة مُعَيّنة محصورة مخصوصة تسمى (أعلام)، وكذلك الأسماء الموضوعة للدلالة على النوع كرجل وامرأة.....

والأسماء الموضوعة للدلالة على الجنس كالإنس والجن والحيوان.....

**ملحوظة:**

الأسماء الموضوعة للنوع والجنس هي خاصة من جهة وعامة من جهة أخرى:

فكلمة (رجل) لفظ عام لأنه يشمل كل من ينطبق عليه هذا المسمى دون تحديد أو تعيين، وهو كذلك خاص باعتبار تمييزه عن نوع النساء والأطفال.

وكلمة (إنسان) لفظ عام يشمل كل من ينطبق عليه هذا المسمى دون تحديد أو تعيين، وهو كذلك خاص باعتبار تمييزه عن جنس الحيوانات والجمادات.

**العمل بالخاص:**

يجب فهم اللفظ الخاص على خصوصيته فلا ينسحب معناه إلا على أفراده المُخصَّصين المعنيِّين فقط، فيشملهم الحكم دون غيرهم، ما لم يأت دليل يجعل هذا الحكم غير خاص بهم، فعندها يعم الحكمُ الجميعَ ويشمل مَن هو على شاكلتهم.

واللفظ الخاص دلالته على معناه الموضوع له دلالة قطعية، بمعنى أنه لا يصرف عن ظاهر معناه إلا بدليل يقتضي ذلك، كما في قوله تعالى: **(فَصِيَامُ ثَلَاثَةِ أَيَّامٍ)** المائدة (89)، فالعدد (ثلاثة) لفظ لا يحتمل التأويل ولا الزيادة ولا النقصان،

وهذا العدد مقصود لذاته، ومن ثم فلا يُصرَف عن ظاهر معناه الموضوع له.

وكما في قوله تعالى: (مُّحَمَّدٌ رَّسُولُ اللَّهِ) الفتح (29)، فلفظ (محمد) لا يحتمل إلا أن يكون هو: رسول الله محمد بن عبد الله صلى الله عليه وسلم دون سواه، وتلك دلالة قطعية - لا تحتمل التأويل - وليست دلالة ظنية.[292]

**تخصيص العام**: وهو قصر العام على بعض أفراد معناه.

وبمعنى آخر: هو إخراج بعض أفراد العام بحيث لا يشملهم الخطاب.[293]

**أنواع التخصيص:**

(1) **تخصيص منفصل:** وهو أن يكون اللفظ المخصِّص مذكورًا في كلام مستقل بنفسه عن الكلام الذي ذكر فيه اللفظ العام، بمعنى أنه ليس جزءًا من الكلام الذي اشتمل عليه اللفظ العام، وهذا الكلام المستقل المخصِّص قد يُذكر عقب الكلام العام مباشرة، وقد يُذكر في سياق بعيد عنه تماماً.

(2) **تخصيص متصل:** وهو أن يكون اللفظ المخصِّص مذكورًا مع اللفظ العام في نفس سياق الكلام، بحيث إنه لا يستقل عنه، فهو جزءٌ من تركيبة الجملة لا ينفك عنها، ولو حاولنا فصله عنها لفسد ت الجملة من الناحية اللغوية.

**تنبيه:**

التخصيص لا يسمى تخصيصاً عند الحنفية إلا إذا كان المخصِّص ذكر مستقلاً عن النص المشتمل على العام، ومقارناً له في وقت نزوله.[294]

أمثلة للتخصيص المنفصل:

- **مثال للمخصِّص الذي ذكر مستقلاً عقب السياق الذي ذكر فيه العام مباشرة:**

(292) انظر الوجيز للدكتور عبد الكريم زيدان ص281.

(293) انظر الأصول من علم الأصول لابن عثيمين ص38، والوجيز ص310.

(294) انظر مذكرات في أصول الفقه الحنفي للدكتور محمود العكازي ص49.

قوله تعالى: (فَمَن شَهِدَ مِنكُمُ الشَّهْرَ فَلْيَصُمْهُ)**البقرة (185)**

فكلمة (مَنْ) شرطية تفيد العموم، فيكون المعنى أن كل من شهد شهر رمضان وجب عليه صومه، ولكن هذا العموم خصصه الـلـه عز وجل بقوله تعالى: (وَمَن كَانَ مَرِيضًا أَوْ عَلَى سَفَرٍ فَعِدَّةٌ مِّنْ أَيَّامٍ أُخَرَ) البقرة(185)، وهذا المخصِّص ذكره في نفس الآية - بعد سياق العام مباشرة ولكنه في جملة مستقلة - أفاد أن المرضى والمسافرين لا يشملهم الأمر العام بالصوم - الوارد في أول الآية - ولكن لهم حكم خاص بهم دون غيرهم ألا وهو: جواز الفطر ثم الصيام في أيام أخر.[295]

- **مثال للمخصِّص الذي ذكر مستقلاً في موضع بعيد عن السياق الذي ذكر فيه العام:**

قوله تعالى: (وَالْمُطَلَّقَاتُ يَتَرَبَّصْنَ بِأَنفُسِهِنَّ ثَلَاثَةَ قُرُوءٍ) البقرة(228)

فلفظ (المطلقات) جمع معرف بـ (ال) الاستغراقية التي تفيد العموم، فيكون المعنى أن كل مطلقة - سواء دخل بها زوجها أم لم يدخل بها - وجب عليها أن تعتد ثلاثة قروء، ولكن هذا العموم خصصه الـلـه عز وجل، فجعله يخص المطلقات المدخول بهن فقط دون سواهن فالمطلقة الغير مدخول بها ليس لها عدة، وذلك مستفاد من قوله تعالى: (يَا أَيُّهَا الَّذِينَ آمَنُوا إِذَا نَكَحْتُمُ الْمُؤْمِنَاتِ ثُمَّ طَلَّقْتُمُوهُنَّ مِن قَبْلِ أَن تَمَسُّوهُنَّ فَمَا لَكُمْ عَلَيْهِنَّ مِنْ عِدَّةٍ تَعْتَدُّونَهَا)الأحزاب (49)، وهذه الآية المخصِّصة ذكرت في موضع بعيد عن الموضع الذي ذكر فيه اللفظ العام، حيث إن السياق العام ذكر في سورة البقرة، والسياق المخصِّص له ذكر في سورة الأحزاب، وفرق كبير بين الموضعين في المصحف.[296]

وهذا المخصِّص بهذا الوضع لا يسمى عند الحنفية تخصيصاً، وإنما يسمى نسخاً.[297]

(295) انظر الوجيز للدكتور عبد الكريم زيدان ص311.

(296) انظر الوجيز للدكتور عبد الكريم زيدان ص312.

(297) انظر مذكرات في أصول الفقه الحنفي للدكتور محمود العكازي ص50.

أمثلة للتخصيص المتصل:[298]

التخصيص المتصل وهو أن يكون اللفظ المخصِّص مذكورًا مع اللفظ العام في نفس سياق الكلام بطريقة تجعله لا يصلح أن يستقل عنه، أي أن الجملة إن انفصل عنها المخصِّص فسدت تركيبتها اللغوية، **وهذا المخصِّص له أربع صور:**

**(أ)** تخصيص بالاستثناء. **(ب)** تخصيص بالشرط.

**(ج)** تخصيص بالغاية. **(د)** تخصيص بالوصف.

وهذا المخصِّص بأنواعه الأربعة لا يسمى عند الحنفية تخصيصاً، وإنما يسمى قصراً.[299]

**(أ) مثال لتخصيص الاستثناء:**

وأدوات الاستثناء كثيرة منها: (إلا وسوى وغير وخلا وعدا...) كما في قوله تعالى: (مَن كَفَرَ بِاللَّهِ مِن بَعْدِ إيمَانِهِ إِلاَّ مَنْ أُكْرِهَ وَقَلْبُهُ مُطْمَئِنٌّ بِالإِيمَانِ) النحل (106) فقصر سبحانه الكفر على غير المكرَه، وأثبت للمُكرَه حكمًا خاصاً مخالفاً لحكم غير المكرَه إذا صدر منه الكفر وقلبه مطمئن بالإيمان، أي أن الحكم ثابت في حق المستثنى منه دون المستثنى.

**(ب) مثال لتخصيص الشرط:**

وأدوات الشرط كثيرة منها: (إذا ومَن وما وإنْ ومهما وحيثما وأينما.....) كما في قوله تعالى: (وَلَكُمْ نِصْفُ مَا تَرَكَ أَزْوَاجُكُمْ إِن لَّمْ يَكُن لَّهُنَّ وَلَدٌ) النساء (12)، فميراث النصف للزوج من زوجته المتوفية خاص وقاصرٌ على الزوج الذي

(298) انظر الإحكام في أصول الأحكام للآمدي ج2ص416 وما بعدها، وإرشاد الفحول للشوكاني ص129 - 135، ولطائف الإشارات لعبد الحميد بن محمد علي قدس ص30 - 31، والوجيز ص 314 317.

(299) انظر مذكرات في أصول الفقه الحنفي للدكتور العكازي ص49.

ليس لزوجته ولد، فوجود الولد يجعل الزوج ليس له النصف، وإنما له حكم آخر مغاير لهذا الحكم، أي أن الحكم ثابت في حق من توفر فيه الشرط دون غيره، فإذا زال الشرط زال معه الحكم المتعلق به.

(ج) **مثال لتخصيص الغاية:**

والغاية هي نهاية الشيء المقتضية لثبوت الحكم لما قبلها وانتفائه عما بعدها، وصيغها: (إلى وحتى واللام)، كما في قوله تعالى: (يَا أَيُّهَا الَّذِينَ آمَنُواْ إِذَا قُمْتُمْ إِلَى الصَّلاةِ فاغْسِلُواْ وُجُوهَكُمْ وَأَيْدِيَكُمْ إِلَى الْمَرَافِقِ... ) المائدة(6)، فغسل اليدين واجب، بدايته رؤوس الأصابع وغايته ونهايته الوصول إلى المرفقين.

فالوجوب خاص وقاصرٌ على ما دون المرفقين من اليدين، فما زاد عن ذلك فليس بواجب وإنما له حكم آخر مغاير لهذا الحكم، أي أن الحكم ثابت إلى أن تتحقق الغاية، فإذا تحققت ثبت حكم آخر مغاير للحكم الذي قبل تحقق الغاية.

وكما في قوله تعالى: (فَلاَ وَرَبِّكَ لاَ يُؤْمِنُونَ حَتَّىَ يُحَكِّمُوكَ فِيمَا شَجَرَ بَيْنَهُمْ) النساء(65) فلا يتحقق الإيمان ولا تثبت صفته للشخص إلا بتحكيم شرع الله ورسوله، فإذا انتفى التحكيم انتفى معه الإيمان.

(د) **مثال لتخصيص الوصف:**[300]

والوصف ليس المقصود به مجرد النعت المعروف عند علماء النحو، بل هو يشمله ويشمل الخبر، والحال، والبدل، والمضاف وما أضيف إليه، وظرفي الزمان والمكان، حيث إن الكلام يتعلق مفهومه بمثل هذه الأشياء.

فيُعد الخبر وصفاً للمُخبَر عنه، والنعت وصفاً لذات المنعوت، والحال وصفاً لهيئة الفاعل أو المفعول أو الاثنين معاً وظرفي الزمان والمكان وصفاً لزمان ومكان وقوع الفعل.

وعليه فإن كل هذه الاستعمالات تعد وصفاً مخصِّصًا لألفاظ العموم.

فالوصف بالنعت كما في قوله تعالى: (مِن مِّا مَلَكَتْ أَيْمَانُكُم مِّن فَتَيَاتِكُمُ

(300) انظر الأصول من علم الأصول لابن عثيمين ص41.

الْمُؤْمِنَاتِ) النساء (25)

والوصف بالبدل كما في قوله: (وَلِلَّهِ عَلَى النَّاسِ حِجُّ الْبَيْتِ مَنِ اسْتَطَاعَ إِلَيْهِ سَبِيلاً) آل عمران (97)

والوصف بالحال كما في قوله: (وَمَن يَقْتُلْ مُؤْمِنًا مُّتَعَمِّدًا فَجَزَآؤُهُ جَهَنَّمُ) النساء (93)

فكل هذه الأوصاف وغيرها تجعل الحكم خاصًا وقاصراً على مَن اتصف بتلك الصفات وتحققت فيه دون غيره، أي أن الحكم ثابت في حق من توفر فيه الوصف دون غيره، فإذا زال الوصف زال معه الحكم المتعلق به.

الفرق بين النسخ الجزئي والتخصيص:

ظن البعض أن ليس هناك فرق بين تخصيص العام وبين النسخ الجزئي، لأن كليهما يجعل الخطاب لا يشمل الجميع، ولكنه يخص البعض دون البعض الأخر.

والحق أن هناك فرق دقيق بينهما ألا وهو: أن النسخ الجزئي هو إخراجٌ لبعض أفراد العام من مخاطبتهم بالحكم بعدما كانوا مخاطبين به وملتزمين به من قبل.

أي أن المسلمين التزموا بهذا الحكم في صدر الأمة ثم استقر الحكم بعد ذلك على رفعه عن البعض وظل الباقين مخاطبين به، فهذا يسمى نسخ جزئي.

مثل حديث هلال بن أمية لما قذف زوجته وقال النبي له صلى الله عليه وسلم: (**البينة وإلا حد في ظهرك**) فقال هلال: والذي بعثك بالحق إني لصادق فلينزلن الله ما يُبرِّئ ظهري من الحد، فنزل جبريل وأنزل عليه: (والذين يرمون أزواجهم... ) فقرأ حتى بلغ: (إن كان من الكاذبين).[301]

فوجوب الإتيان بأربعة شهداء منسوخ في حق الزوج إذا قذف زوجته، وهذا

(301) رواه البخاري 4747.

الحكم الجديد جاء بعدما كان الزوج مطالبًا بالحكم السابق كبقية الأمة.[302]

أما التخصيص فهو بيان أن بعض أفراد العام لم يكونوا مخاطبين بالحكم ابتداءً، فهم ليسوا مقصودين بالخطاب أصلاً.

لذلك قد يكون الدليل المخصِّص للعام سابق في النزول عن الدليل العام، أما الدليل الناسخ فيشترط أن يكون متأخرًا في النزول عن الدليل المنسوخ.[303]

وبتعبير آخر: النسخ رفع للحكم بعد ثبوته، والتخصيص بيان ما قصد باللفظ العام.[304]

تتمة:

اتفق العلماء على جواز تخصيص اللفظ العام الوارد في القرآن بمخصِّص من القرآن أو السنة المتوترة، ورأى الجمهور جواز تخصيص عمومات القرآن بسنة الآحاد، لأن العام من القرآن والسنة المتواترة وإن كان قطعي الثبوت إلا أن دلالته على كل فرد من أفراد معناه دلالة ظنية، فيصح تخصيصه بالدليل الظني كخبر جائز.

وخالفهم في ذلك الحنفية، حيث إن العام - عندهم - دلالته على كل فرد من أفراد معناه دلالة قطعية، فتصبح عمومات القرآن والسنة المتواترة قطعية الدلالة والثبوت، ومن ثم فلا تخصَّص بالظني.[305]

والحق مع الجمهور، حيث إنه لا يشترط أن يكون المخصِّص - بكسر الصاد - أقوى من المخصَّص - بفتح الصاد - ما دام الدليل صحيحًا، لأن محل التخصيص هو الحكم، أما التواتر فليس شرطاً في ثبوت الحكم، فإذا ثبت الدليل ثبوتًا قطعيًا أو ظنيًا فلا ضير أن يخصِّص أحدهما الآخر، ومن أمثلة تخصيص القرآن بالسنة: قوله تعالى: (حُرِّمَتْ عَلَيْكُمُ الْمَيتة) المائدة (3)، فلفظ (الميتة) لفظ عام يشمل ويستغرق تحريم كل ميتة زهقت روحها بدون ذكاة شرعية، ولكن

---

(302) انظر الوجيز للدكتور عبد الكريم زيدان ص388 - 389.

(303) انظر الوجيز للدكتور عبد الكريم زيدان ص389.

(304) انظر هامش الوجيز ص 310 نقلاً عن: إرشاد الفحول للشوكاني ص125.

(305) انظر مذكرات في أصول الفقه الحنفي للدكتور محمود العكازي ص53.

خُصِّص هذا العموم بحديث النبي صلى الله عليه وسلم لما سُئل عن البحر فقال: **(هو الطهور ماؤه، الحِل ميتته)**[306]

فالآية حَرّمت الميتة على العموم، وجاءت السنة فخصصت هذا العموم وجعلته لا يشمل ميتة البحر، فالسنة إذا ثبتت عن النبي صلى الله عليه وسلم فإنها تكون مثل القرآن في إثبات الأحكام.[307]

من أقسام الخاص:

**(1)** المُطْلَق: هو **(اللفظ الخاص الدال على مدلول شائع في جنسه غير مقترن بأي لفظ يقلل من شيوعه)**[308]، فلو قلت: (أريد رجلاً)، فلفظ (رجل) معناه ينطبق على أي رجل بلا قيد أو أوصف أو شرط معين أو اسم محددة، ومن ثم فيشمل كل أفراد جنس الرجال المؤمنين والكافرين، والعرب والعجم، والبيض والسود والحمر وغيرهم ممن تحققت فيه حقيقة الرجولة دون النظر لأي شيء آخر، فهو لفظ يخص جنس الرجال.

**(2)** المُقَيَّد: هو: **(اللفظ الخاص الدال على مدلول شائع في جنسه مع اقترانه بلفظ آخر قلل من شيوعه)**، فلو قلت: (أريد رجلاً مؤمناً)، فلفظ (مؤمن) جعل المطلوب ينطبق على نوعية معينة محددة من الرجال دون غيرهم، ألا وهم المؤمنون منهم فقط، ومن ثم فلا ينطبق هذا اللفظ على الرجال الكافرين بالرغم من كونهم رجال على الحقيقة.

ومن هنا نلحظ أن هذا الوصف قلل من شيوع حقيقة الرجال المطلوب إحضارهم، فجعله لا ينطبق على جميع أفراد جنسه، ومن ثم فإن المقيد أخص من المطلق في حقيق معناه.

(306) رواه الترمذي وقال حسن صحيح 69.

(307) أصول الفقه للشيخ محمد أبو زهرة ص171 وما بعدها، والوجيز ص318 - 319، وشرح الورقات للشيخ ابن عثيمين ص126.

(308) انظر مسلم الثبوت لمحب الدين عبد الشكور ج1ص360، والوجيز ص 284.

حكم العمل بالمُطْلَق والمُقَيَّد: [309]

المطلق يجرى على إطلاقه فيتعلق الحكم بجميع أفراد جنسه ولا يقيد إلا بدليل.

والمقيد يلزم العمل بموجب قيده فلا يصح إلغاء قيده إلا بدليل.

والمقيد إذا انتفى قيده: انتفى عنه الحكم المتعلق به.

متى يحمل المُطْلَق على المُقَيَّد؟[310]

قد يَرد اللفظ مطلقاً في نص ومقيدًا في نص آخر، فهل يُحمل المطلق على المقيد في جميع الأحوال؟

الجواب: إجمالاً لا يُحمل المطلق على المقيد إلا في حالة واحدة هي: أن يشترك المطلق والمقيد في الحكم وسببه، فإذا اختلفا في الحكم أو السبب أو فيهما معاً: فلا يُحمل المطلق على المقيد، ويَعمل كل دليل في موضعه، فلا يُقيد المطلق ولا يُطلق المقيد.

وعليه فإن للمطلق والمقيد أربع حالات:

**الحالة الأولى:** وهى أن يتفق المطلق والمقيد في الحكم وسببه.

كما في قوله تعالى: (حُرِّمَتْ عَلَيْكُمُ الْمَيْتَةُ وَالْدَّمُ)المائدة (3)، وقوله تعالى: (قُل لاَّ أَجِدُ فِي مَا أُوْحِيَ إِلَيَّ مُحَرَّمًا عَلَى طَاعِمٍ يَطْعَمُهُ إِلاَّ أَن يَكُونَ مَيْتَةً أَوْ دَمًا مَّسْفُوحًا)الأنعام (145)

فلفظ (الدم) جاء في الآية الأولى مطلقاً، وجاء في الثانية مقيدًا بكونه مسفوحًا.

فهل يُحمل هذا المطلق على هذا المقيد فلا يحرم إلا الدم المسفوح فقط؟

الجواب: أننا ننظر في الحكم الوارد في الآيتين وسبب كل حكم منهما:

---

(309) انظر شرح الورقات لابن عثيمين ص121 - 123، والوجيز ص284 - 286.

(310) انظر الإحكام للآمدي ج3ص3 وما بعدها، وإرشاد الفحول للشوكاني ص145، والمسودة لابن تيمية ص145، وفواتح الرحموت لعبد العلي محمد بن نظام الدين الأنصاري ج1ص316وما بعدها، والوجيز ص286.

فالحكم في الآتيين واحد وهو حرمة تناول الدم، وسبب الحكم فيهما واحد وهو الضرر الناشئ عن تناول الدم فشُرع هذا الحكم حفاظاً على النفس.

ومن ثم فلا مانع من حمل المطلق على المقيد في هذين الآيتين لاتفاقهما في الحكم وسببه.

وعليه فإن المراد من الدم المحرَّم تناوله هو الدم المسفوح فقط دون غيره، فالكبد والطحال والدم الباقي في اللحم والعروق، كل ذلك دم ولكنه حلال لا يشمله التحريم بسبب هذا القيد الوارد في سورة الأنعام.

## الحالة الثانية:

وهي أن يختلف المطلق والمقيد في الحكم وسببه.

كما في قوله تعالى: (وَالسَّارِقُ وَالسَّارِقَةُ فَاقْطَعُواْ أَيْدِيَهُمَا)المائدة (38)

وقوله تعالى: (يَا أَيُّهَا الَّذِينَ آمَنُواْ إِذَا قُمْتُمْ إِلَى الصَّلاةِ فاغْسِلُواْ وُجُوهَكُمْ وَأَيْدِيَكُمْ إِلَى الْمَرَافِقِ)المائدة (6)

فلفظ (الأيدي) في الآية الأولى جاء مطلقاً، وفي الثانية جاء مقيدًا بكون الغسل غايته المرافق، فهل يُحمل هذا المطلق على هذا المقيد فنقطع يد السارق إلى المرفق كما نغسلهما في الوضوء؟

الجواب: أننا ننظر في الحكم الوارد في الآيتين وسبب كل حكم منهما: فالحكم في الآية الأولى يوجب قطع اليد، وفي الثانية يوجب غسل اليد، وسبب الحكم في الآية الأولى السرقة، وفي الثانية إرادة الصلاة، ومن ثم فلا يُحمل المطلق على المقيد في هذين الآيتين لاختلافهما في الحكم وسببه، فيعمل كل دليل في موضعه دون حمل أحدهما على الآخر، فلا يُقيد المطلق ولا يُطلق المقيد في هذه المسألة، حيث إن اختلاف الحكم وسببه منع من حمل أحدهما على الآخر.

## الحالة الثالثة:

وهي أن يختلف المطلق والمقيد في الحكم، ويتفقا في سببه.

كما في قوله تعالى عند الكلام عن الوضوء: (فاغْسِلُواْ وُجُوهَكُمْ وَأَيْدِيَكُمْ إِلَى الْمَرَافِقِ)المائدة(6)

وقوله تعالى عند الكلام عن التيمم: (فَامْسَحُواْ بِوُجُوهِكُمْ وَأَيْدِيكُم مِّنْهُ) المائدة (6)

فلفظ (الأيدي) في الموضع الأول جاء مقيدًا بكون الغسل غايته المرافق، وفي الموضع الثاني جاء المسح مُطلقاً، فهل يُحمل هذا المطلق على هذا المقيد فنمسح اليدين إلى المرفقين في التيمم كما نمسحهما في الوضوء؟

الجواب: أننا ننظر في الحكم الوارد في الآيتين وسبب كل حكم منهما: فالحكم في الآية الأولى يوجب الغسل، وفي الثانية يوجب المسح، وسبب الحكمين واحد ألا وهو إرادة الصلاة، ومن ثم فلا يُحمل المطلق على المقيد في هذين الآيتين لاختلافهما في الحكم، فيعمل كل دليل في موضعه دون حمل أحدهما على الآخر، فلا يُقيد المطلق ولا يُطلق المقيد حيث إن اختلاف الحكم منع من حمل أحدهما على الآخر.

## الحالة الرابعة:

وهي أن يختلف المطلق والمقيد في سبب الحكم، ويتفقا في الحكم.

كما في قوله تعالى عند الكلام عن كفارة الظهار: (فَتَحْرِيرُ رَقَبَةٍ مِّن قَبْلِ أَن يَتَمَاسَّا)المجادلة (3)

وقوله تعالى عند الكلام عن كفاره القتل الخطأ: (فَتَحْرِيرُ رَقَبَةٍ مُّؤْمِنَةٍ)النساء (92)

فلفظ (رقبة) في الموضع الأول جاء مطلقاً، وفي الموضع الثاني جاء مقيدًا بكون الرقبة مؤمنة، فهل يُحمل هذا المطلق على هذا المقيد، فلا يصح عتق رقبة غير مؤمنة في الظهار كما لا يصح عتق رقبة كافرة في القتل الخطأ؟

الجواب: أننا ننظر في الحكم الوارد في الآيتين وسبب كل حكم منهما: فالحكم في الآيتين واحد وهو وجوب عتق رقبة، وسبب العتق في الآية الأولى هو اقتراف جريمة الظهار، وسبب الحكم في الآية الثانية هو اقتراف جريمة القتل الخطأ، ومن ثم فلا يُحمل المطلق على المقيد في هذين الآيتين لاختلافهما في

سبب الحكم، فيعمل كل دليل في موضعه دون حمل أحدهما على الآخر، فلا يُقيد المطلق ولا يُطلق المقيد.

وهذا هو القول الراجح في هذه المسألة، حيث إن اختلاف السبب منع من حمل المطلق على المقيد، ومن ثم فكفاره القتل الخطأ تحرير رقبة مقيده بكونها موصوفة بالإيمان تغليظاً على القاتل وكبحاً لجماح المستهترين وحرصاً وحفاظاً على أرواح الناس أجمعين، فإن أعتق القاتل المخطئ رقبة غير مؤمنه فلا يُجزئه ذلك أما كفاره الظهار ففيها تخفيف عن المظاهِر وتيسير عليه حرصاً وحفاظاً على بقاء الحياة الزوجية فتُجزئ تحرير رقبة، أي رقبة سواء كانت مؤمنة أو غير مؤمنة. والله أعلم.

*********

## المبحث الثالث

## المشترك

- **المشترك هو: (لفظ يدل على أكثر من معنى على سبيل البدل).**[311]

بمعنى أنه لفظ له معنيان أو أكثر لا يصلح إلا أن يحمل على واحد منهم فقط.

فكلمة (قروء) في قوله تعالى: **(يَتَرَبَّصْنَ بِأَنفُسِهِنَّ ثَلَاثَةَ قُرُوءٍ)** البقرة (228) هذا اللفظ له معنيان لا يجتمعان أبدًا هما: الطهر والحيض، فإذا حُمل على المعنى الأول فلا يصلح أن يزاحمه المعنى الثاني، وإذا حُمل على المعنى الثاني فيمتنع أن يُحمل على المعنى الأول، لأنه لفظ اشترك في مدلوله معينان لا يجتمعان في مفهوم سياق واحد، فهو إما هذا أو ذك على سبيل البدل.

(311) انظر تسهيل الوصول إلى علم الأصول لابن عثيمين ص81، وأصول الفقه للشيخ محمد أبو زهرة ص160.

وكذلك لفظ (عين) فلو قلت: (رأيت عينًا)، فاللفظ يحتمل أكثر من معنى لا يصلح اجتماعهم في سياق واحد فاللفظ قد يُقصد به: أنك رأيت عيناً حقيقية يُبصَر بها، أو رأيت عين ماء، أو رأيت جاسوساً، أو رأيت سلعة.

وكل هذه معاني صحيحة لنفس اللفظ غير أنها لا تجتمع في فهم نفس السياق دفعة واحدة، بل يُحمل المعنى على واحد منها فقط دون بقية المعاني.

- ومثل هذه الألفاظ المشتركة قليلة جدًا في شرع الله، بل في اللغة عموماً إذا قورنت بغيرها من الألفاظ الدالة على معاني متجانسة، حيث إن مدلول اللفظ المشترك غير واضح وذلك لتزاحم معانيه المتضادة والمضطربة والمتضاربة، واللغة وُضِعت للبيان وليس للإيهام، والشرع نزل بلسان عربي مبين.

أما إن كان اللفظ له أكثر من مدلول معنى وجاز الجمع بينهم في فهم سياق واحد: فلا يُعد هذا اللفظ مشتركاً.

حكم العمل بالمشترك:

يجب أن يُحمل اللفظ المشترك على معنى واحد فقط من معانيه، ويُهمل ما سواه من المعاني المتزاحمة المضطربة معه، ولكن لا يُحمل على أحد معانيه إلا بقرينة ترجِّح هذا المعنى وتمنع بقية المعاني.[312]

********

(312) انظر الوجيز للدكتور عبد الكريم زيدان ص327.

# الفصل الأول
## اللفـظ من حيث استعماله في معـناه:

وهذا المبحث يجيب على سؤال من قال:

هل اللفظ يُفهم ويُحمل على معناه الذي وُضـع لـه أصـلاً؟ أم أن اللفـظ اسـتعير وقصـد بـه معنى آخر جديدًا مغايرًا لمعناه الذي كان موضوعاً له من قبل؟

واللفظ بهذا الاعتبار ينقسم إلى قسمين:

**(1) لفظ حقيقي (2) لفظ مجازي.**

فاللفظ قد يكون له معنيان، الأول يدل على حقيقة معناه الذي وُضع له ابتـداء مثـل قولنـا: (هذا أسد)، فأسد لفظ وُضع للدلالة على الحيوان آكل اللحوم ذي الهيئة المعروفة المكونـة مـن أربعـة أرجل ذي المخالب الشديدة الفتاكة والأنياب الحادة القوية وهكذا......

فتلك هي حقيقة هذا اللفظ ومضمونه ومعناه الذي أول مـا وُضـع وُضـع لتحقيـق وتقريـر هذا القصد والغرض الذي يميز هذا الحيوان عن غيره من جنس المخلوقـات الأخـرى، ومـن الممكـن أن نأخذ نفس اللفظ ونُضفي عليه معنى آخر غير معناه الذي ذكرنا فنقول مثلاً: (حمزة أسد)، فأسد هنـا لفظ لا يقصد به المعنى السابق ولكننا استعرنا نفس اللفظ مـن أجـل تقريـر معنـى آخـر ألا وهـو أن حمزة ذو قوة وشجاعة وإقدام وبطش بعدوه يشبه الأسد في قوته وشجاعته وإقدامه وانقضاضـه عـلى فريسته، ومن ثم فأصبح لنفس الفـظ معنيـان معنـى مفهـوم مـن ذات اللفـظ حقيقـة، ومعنـى آخـر مفهوم من ظلال اللفظ مجازًا.

وإليك تفصيل كل قسم من هذين القسمين:

## المبحث الأول

## اللفظ الحقيـقي:[313]

**- اللفظ الحقيقي هو: (اللفظ المستعمل فيما وُضع له ابتداءً).**

وقد تكون هذه الحقيقة لغوية، وقد تكون شرعية، وقد تكون عرفية، فتلك ثلاث حقائق.

فالحقيقة اللغوية منسوبة إلى اللغة، وهي: المعنى الذي قصده أهل اللغة العربيـة القـدامى من استعمال اللفظ.

أما الحقيقة الشرعية فهي منسوبة إلى الشرع، وهي: اللفظ الـذي لـه مـدلول لغـوي، ولكـن استعمله الشرع استعمالاً خاصاً وجعل له مدلولاً أخر مغايراً لمعناه اللغوي.

أما الحقيقة العرفية فهي منسوبة إلى عرف الناس الخاص أو العـام، وهـي: اللفـظ الـذي لـه مدلول لغوي أو شرعي، ولكن استعمله العرف استعمالاً خاصاً وجعل له مدلولاً أخر غير مطابق لمدلوله اللغوي أو الشرعي، واشتهر وشاع فهمه بين كل الناس أو بين طائفة منهم كالمصطلحات المستعملة عند عرف أصحاب الحِرَف أو أصحاب علم من العلوم.

فائـــدة:

إذا كان اللفظ مشتركاً بين معنى لغوي وآخر شرعي أو عـرفي، أي أن الشرـع اسـتعمل اللفـظ في معنى مغاير لمعناه اللغوي، أو أن العرف استعمله استعمالاً مغايراً لمعناه الشرعي أو اللغوي، فأصبح اللفظ الواحد له أكثر من مدلول، لا يستقيم الكلام إلا بصرفه إلى أحد تلك المدلولات دون سواها، ففـي هذه الحالة وجب صرف مدلول اللفظ إلى المعنى الذي يقتضيه حال المتكلم به.

---

(313) انظر أصول السرخسي ج1ص170 - 171، ومنهاج الوصول إلى علم الأصول البيضاوي ص2، والوجيز ص331.

فمثلاً: إذا كان الشرع هو المتكلم باللفظ: فيُصرف اللفظ إلى معناه الشرعي دون غيره، باعتبار أن معناه الشرعي هو المعنى الحقيقي للفظ المتبادر إلى الذهن أولاً.

وإذا كان المتكلم رجلاً عربياً لغوياً: فيُصرف اللفظ إلى معناه اللغوي دون غيره، باعتبار أن معناه اللغوي هو المعنى الحقيقي للفظ المتبادر إلى الذهن أولاً.

أما إذا جَدَّ للفظ معنى أخر عرفي تعارف عليه عموم الناس أو طائفة معينة منهم كالحرفيين أو الزراع أوغيرهم أو كمصطلحات علماء النحو أو الفقه أو الأصول أو مَن على شاكلتهم...... فألفاظ كل هؤلاء تحمل على معانيها العرفية الخاصة بكل طائفة منهم، ولا تحمل على معانيها الشرعية ولا اللغوية المشتركة معها في نفس اللفظ، باعتبار أن معناه العرفي هو المعنى الحقيقي للفظ المتبادر إلى الذهن أولاً.

فمثلاً: لفظ الصلاة استعمل في الشرع استعمالاً مغايراً لاستعماله في اللغة، فيدل لغة على الدعاء، ويدل شرعاً على العبادة المعروفة التي تبدأ بالتكبير وتنتهي بالسلام.

فإذا ذكر لفظ الصلاة في الشرع وجب حمله على المعنى الشرعي دون غيره، وإذا ذكر نفس اللفظ في النثر والشعر الجاهلي فيُحمل على معناه اللغوي دون غيره.

والسبب في صرف اللفظ الشرعي إلى معناه الشرعي لا اللغوي: هو أن الشرع استعمل هذا اللفظ في معنى مُعيَّن فصار هذا المعنى هو المقصود الأول من ألفاظ الشرع، بل هو المقصود الأوحد، فلا يجب الحيدة عنه إلا بقرينة تصرفه عن حقيقته الشرعية وترجعه إلى حقيقته اللغوية.

حكم العمل باللفظ الحقيقي:

الأصل هو صرف مدلول اللفظ إلى معناه الحقيقي المتبادر فهمه إلى الأذهان إلا إذا جاءت قرينة تصرفه إلى معنى مجازي وتمنع إرادة معناه الحقيقي.

واللفظ الحقيقي بأنواعه يجب ثبوت معناه الذي وُضع له ابتداءً في

اصطلاح المخاطِب، ويترتب عليه وجوب تعلق الحكم بهذا المعنى الحقيقي دون غـيره، سـواء كـان اللفظ ذو حقيقة شرعية أو لغوية أو عرفية.

**********

## المبحث الثاني
## اللفظ المجازي (314)

**- اللفظ المجازي هو: (اللفظ المستعمل في غير ما وُضع له).**

أي أن المعنى الحقيقي للفظ غير مقصود، وقصد به معنى آخر لم يوضع اللفظ ليدل عليـه أصالة، ولكن يجب أن يتوفر في اللفظ المجازي شرطان من أجل أن نعتبره لفظاً مجازياً لا حقيقياً:

**(1)** يشترط أن يكون بين المعنى الحقيقي والمجازي علاقة.

**(2)** يشترط وجود قرينة تمنع إرادة المعنى الحقيقي للفظ.

إذا تحقق هذان الشرطان: وجب ثبوت المعنى المجازي للفظ، وترتب عليـه وجـوب تعلـق الحكم به دون معناه الحقيقي.

أما إذا تخلف أحد الشرطين أو كلاهما: وجب أن نفهم اللفظ ونحمله على معنـاه الحقيقـي، ولا نحيد عنه إلى معناه المجازي، وإلا صار ذلك تأويلاً فاسداً مجانباً للحق والصواب.

أنواع العلاقات المجازية:

نذكر لك بعضاً من العلاقات التي تربط بين اللفظ الحقيقي والمجازي، مع بيان القرينـة المانعة لإرادة المعنى الحقيقي:

**(1)** علاقة المشابهة: وهي أن يطلق اللفظ ولا يراد حقيقة معناه، ولكن

---

(314) انظر أصول السرخسي ج1ص171، وتسهيل الوصول إلى علـم الأصول للمحـلاوي ص94 - 97، والـوجيز ص332 - 335.

يراد به وصف مشترك بين المعنى الحقيقي والمعنى المجازي.

كما قيل في حق النبي صلى الله عليه وسلم: (طلع البدر علينا)، فالنبي صلى الله عليه وسلم ليس بدراً على الحقيقة - يسكن بين السماء والأرض ويخرج بالليل ويأفل بالنهار - ولكنه لما كان البدر عظيم الشأن سامي المقام يُضيء ظلمات الليل ويهتدي به السائرون في الطرقات، والنبي صلى الله عليه وسلم ذو شأن عظيم ومقام رفيع، يُخرج الناس من الظلمات إلى النور فيزيل الجهل والكفر، ويهتدي به السائرون إلى الله، عندها وقعت علاقة المشابهة بينه وبين البدر، فصار النبي صلى الله عليه وسلم بدراً مجازاً.

والقرينة التي تمنع إرادة المعنى الحقيقي هي: قرينة عقلية حيث إنه يستحيل أن يكون صلوات الله وسلامه عليه بدراً ساطعاً معلقاً في السماء يراه الناس مضيئاً بالليل، فيلزم من وجود هذه القرينة ألا يُفهم هذا اللفظ على حقيقته، ووجب صرفه إلى معناه المجازي.

(2) **علاقة ما كان عليه الشيء:** وهو أن يُسمَّى الشيء بما كان متصفاً به في الماضي.

كما في قوله تعالى: (وَآتُواْ الْيَتَامَى أَمْوَالَهُمْ) النساء(2) فاليتيم حقيقة هو الذي فقد أباه قبل البلوغ ولكن المعنى المقصود في هذه الآية هو أن تدفع المال للبالغ الراشد الذي كان يتيماً من قبل لا أن تدفع المال لليتيم حال يتمه وصغر سنه وسفه عقله، كما هو المفهوم من حقيقة لفظ يتيم، وذلك لوجود قرينة منعت من إرادة هذا المعنى الحقيقي ألا وهي قوله تعالى: (وَابْتَلُواْ الْيَتَامَى حَتَّىَ إِذَا بَلَغُواْ النِّكَاحَ فَإِنْ آنَسْتُم مِّنْهُمْ رُشْدًا فَادْفَعُواْ إِلَيْهِمْ أَمْوَالَهُمْ) النساء(6)، ومن ثم فقد عبر باليتم ولم يكن هو المراد حقيقا، وإنما كان المراد هو من كان موصوفاً باليتم من قبل ثم زال عنه هذا الوصف بعد البلوغ والرشد.

(3) **علاقة ما سيكون عليه الشيء:** وهو أن يُسمَّى الشيء بما يؤول إليه في المستقبل.

كما في قوله تعالى حكاية عن صاحب يوسف عليه السلام عندما قص عليه رؤيته

قائلا: (إِنِّي أَرَانِي أَعْصِرُ خَمْرًا) يوسف(36) أي أعصر عنباً يصير مستقبلاً خمراً، فعبر بالخمر ولم يرد الخمر حقيقة، وإنما أراد العنب الذي سيؤول خمراً، حيث إن الخمر عصير والعصير لا يُعصر.

(4) **علاقة المحلية:** وهو أن يذكر المحِل أي المكان ويُريد به من كان في المحل.

كما في قوله تعالى حكاية عن إخوة يوسف لما قالوا لأبيهم: (وَاسْأَلِ الْقَرْيَةَ الَّتِي كُنَّا فِيهَا) يوسف (82)، أي اسأل أهل القرية التي كنا فيها وحللنا بها، فعبر بالمكان وهو القرية ولم يُرد القرية ذاتها المكونة من بيوت وطرقات وأسواق، وإنما أراد ساكنيها من البشر.

(5) **علاقة الحالّية:** وهو أن يذكر ما في المحِل ويُريد به المحِل نفسه أي المكان.

كما في قوله تعالى: (وَأَمَّا الَّذِينَ ابْيَضَّتْ وُجُوهُهُمْ فَفِي رَحْمَةِ اللَّهِ هُمْ فِيهَا خَالِدُونَ) آل عمران (107)، أي في جنة الله التي هي محل رحمته ورضوانه سبحانه.

(6) **علاقة الجزئية:** وهو أن يذكر الجزء ويُريد به الكل.

كما في قوله تعالى: (فَتَحْرِيرُ رَقَبَةٍ)المجادلة (3) أي تحرير شخص الرقيق كله.

فعبر بالجزء وهو الرقبة، ولم يُرد الرقبة فقط، وإنما أراد الكل وهو العبد المملوك كاملاً.

(7) **علاقة الكلية:** وهو أن يذكر الكل ويُريد به الجزء.

كما في قوله تعالى: (يَجْعَلُونَ أَصْابِعَهُمْ فِي آذَانِهِم مِّنَ الصَّوَاعِقِ)البقرة (19)

أي أنهم جعلوا أناملهم في آذانهم أي مقدمة أصابعهم، فعبَّر بالكل وهي الأصابع، ولم يُرد الأصابع كلها، وإنما أراد جزءً منها، حيث لا يُعقل أن يكون كل

واحد منهم أدخل أصابعه - العشرين - كلها في أذنيه، أو على الأقل أدخل أصبعه كاملاً.

**(8) علاقة السببية:** وهو أن يذكر السبب ويُريد به المسِّبب.

كما في قوله تعالى: (وَجَزَاء سَيِّئَةٍ سَيِّئَةٌ مِّثْلُهَا)الشورى(40)

أي أن فاعل السيئة يستحق العقوبة بسبب سيئته التي اقترفها وتلك العقوبة جزاءً وفاقاً.

فعبر بسبب العقوبة وهي السيئة، ولم يرد معنى السيئة على الحقيقية، فالشرع لا يمدح السيئة ولا يأمر بها، وإنما أراد العقوبة المترتبة على فعله للسيئة.

**(9) علاقة المسببية:** وهو يذكر المسبَّب ويُريد به السبب.

كما في قول الزوج لزوجته: (اعتدِّ)، يريد بذلك طلاقها، حيث إن العِدَّة سببها إما وفاته أو طلاقه إياها فعبر بالمسَّبب وهو العدة، ولم يرد العدة حقيقة، وإنما أراد الطلاق الذي هو سبب مطالبتها بالعدة.

**(10) علاقة الآلية:** وهو أن يُسَمَّى الشيء باسم آلته وأداته.

كما في قوله تعالى: (وَمَا أَرْسَلْنَا مِن رَّسُولٍ إِلاَّ بِلِسَانِ قَوْمِهِ لِيُبَيِّنَ لَهُمْ)إبراهيم (4)

أي بلغة قومه، فعبر باللسان ولم يُرد اللسان حقيقة، وإنما أراد اللغة، حيث إن اللسان هو آلة الكلام وأداته.

- والمجاز إذا كانت علاقته المشابهة كان المجاز إما أسلوب تشبيه أو استعارة، وإذا كان له علاقة أخرى غير المشابهة سُمّيَ المجاز مجازاً مرسلاً.

حكم العمل باللفظ المجازي:

اللفظ المجازي إذا ثبت أنه مجازي - وذلك بتحقق شرطيه - عندها يُمتنع صرفه وفهمه على حقيقته، ووجب تعلق الحكم بهذا المعنى المجازي دون الحقيقي.

**ملاحظة:**

أنكر بعض العلماء وجود المجاز، والداعي إلى ذلك - والله أعلم - هو

سدّهم لذريعة تأويل أسماء اللـه وصفاته وصرفها عن ظاهر معانيها الحقيقية، فالذين يتأولون الأسماء والصفات يقولون في قوله تعالى: (يَدُ اللـهِ فَوْقَ أَيْدِيهِمْ) الفتح (10) اليد ليست يداً حقيقية كما هو مفهوم من ظاهر اللفظ، فاللـه ليس له يد، وإنما اليد - في هذا الموضع - بمعنى القدرة والتأييد.

وهذا الكلام خطأ، حيث إن الذين يُثبتون المجاز قالوا: إن اللفظ لا يصرف عن ظاهر معناه الحقيقي إلا إذا وُجدت قرينة مانعة من إرادة المعنى الحقيقي للفظ، فإذا وُجدت القرينة عندها يُحمل اللفظ على معناه المجازي وإلا فلا.

**والسؤال:** - ما القرينة الصارفة المانعة من إرادة المعنى الحقيقي للفظ اليد في الآية؟

**الجواب:** - لا توجد قرينة، إذن فلا مانع من أن نؤمن بأن لله يداً حقيقية تليق بجلاله سبحانه الذي ليس كمثله شيء في الذات ولا في الصفات، وإثبات اليد الحقيقية لله يستلزم منها إثبات القدرة والقوة والبطش والتأييد والعطاء والكرم... وتلك صفات ملازمة لصفة لوجود اليد الحقيقية ولا تنفك عنها، وهذا المعنى هو الذي يجب الإيمان به دون غيره، لأننا لو صرفنا معنى اليد إلى القدرة والتأييد - بلا قرينة - واعتبرنا اللفظ مجازياً، أدى ذلك إلى نفي صفة اليد عن اللـه الذي أثبتها لنفسه سبحانه، فصار هذا التأويل نفياً وتعطيلاً للصفات، وتحريفاً للكلم عن مواضعه، وهذا لونٌ من الإلحاد الذي حذرنا اللـه منه قائلاً: (وَذَرُوا الَّذِينَ يُلْحِدُونَ فِي أَسْمَائِهِ سَيُجْزَوْنَ مَا كَانُوا يَعْمَلُونَ) الأعراف (180)

ومن ثم أستنتج أن بعض العلماء ما قام بسدِّ باب المجاز في ألفاظ الشريعة إلا حفاظاً على العقيدة، ومنعاً من الوقوع في الضلال والزيغ والتعطيل، واللـه أعلم.

**استدراك:** اللفظ سواء حُمل على معناه الحقيقي أو المجازي فإنه ينقسم إلى قسمين:

(1) لفظ صريح (2) لفظ كناية.

وهذا التقسيم باعتبار انتشار المراد من اللفظ بين الناس وكثرة استعمالهم له.

وإليك تعريفهما وحكم كل قسم منهما:[315]

**(1) الألفاظ الصريحة:** هي **(ألفاظ حقيقية أو مجازية شاع وظهر مدلولها).**

وهذا الظهور وهذا الشيوع سببه هو كثرة استعمال تلك الألفاظ في تلك المعاني، كقول الزوج لزوجته: (أنت طالق)، فهذا لفظ له مدلول حقيقي شرعي وهو: إزالة رابطة الزواج وهذا المعنى منتشرٌ استعماله، شائعٌ فهْمَ مدلوله بين الناس، ومن أجل شيوع استعماله بهذا المعنى وعدم وجود نوع من الإبهام أو الإيهام في مدلوله أطلق العلماء عليه أنه لفظ حقيقي صريح الدلالة، وكذا قوله تعالى: **(وَاسْأَلِ الْقَرْيَةَ الَّتِي كُنَّا فيها)**يوسف (82)، فهذا لفظ مجازي لغوي، معناه طلب سؤال أهل القرية وليس سؤال شوارع القرية وجدرانها، وهذا المعنى منتشرٌ استعماله، شائعٌ فهْمَ مدلوله كذلك بين الناس، ولذا فهو لفظ مجازي صريح الدلالة.

**حكم العمل بمدلول الألفاظ الصريحة:**

اللفظ الصريح سواء كان حقيقياً أو مجازياً يجب ثبوت معناه وتعلق الحكم بمقتضاه دون النظر إلى نية المتكلم، فيَثْبُت الحكم سواء نوى المتكلمُ المعنى المشهور بين الناس أم لم يَنْو هذا المعنى، فالحكم متعلق بظاهر معنى اللفظ، ولا علاقة له بالنية.

فلو قال زوجٌ لزوجته: (أنت طالق)، فقد وقعت منه طلقة حتى ولو لم يَنْو الطلاق.

**(2) ألفاظ الكناية:** هي **(ألفاظ حقيقية أو مجازية استتر مدلولها المراد منها).**

وهذا الاستتار وعدم الشيوع قد يكون سببه: ندرة أو هجر استعمال تلك الألفاظ في تلك المعاني، أو لكون الألفاظ حَمَّالة للمعاني، كقول الزوج لزوجته: (الحقي بأهلك)، فهذا لفظ حقيقي قد يكون المقصود به الزيارة المجردة، وقد يكون

(315) انظر تسهيل الوصول إلى علم الأصول للمحلاوي ص98 - 100، وأصول السرخسي ج1 ص187 وما بعدها، والوجيز ص336 - 337.

المقصود به إعلامها بغضبه عليها فقط، وقد يكون المقصود به طلاقها، وكل هذه المعاني يحتملها اللفظ بلا تكلفٍ ولا تعسفٍ، وليس منتشر بين الناس حمل هذا اللفظ على معنى معيَّن، ومن ثم فمعناه مبهم غير صريح يحتاج إلى مزيد بيان، ولذا أطلق عليه العلماء أنه من ألفاظ الكنايات.

## حكم العمل بمدلول ألفاظ الكناية:

ألفاظ الكنايات لا تثبت معانيها إلا بقرينة تبيِّن المعنى المقصود من اللفظ، ولا يتعلق الحكم بمقتضى مدلول اللفظ إلا بعد بيان نية المتكلم به، فيَثبُت ما نواه فقط.

ومن ثم فالحكم هنا متعلق بنية المتكلم لا بظاهر لفظه الذي تلفظ به، وذلك لتزاحم المعاني المقصودة من ذات اللفظ، وعدم اشتهار مدلولها تحديداً.

فلو قال زوجٌ لزوجته: (اذهبي إلى أبيك)، فهذا لفظ يحتمل أكثر من معنى، كل معنى من هذه المعاني له حكم مغاير لنظيره - إن أثبتناه له - ومن ثم فالفاصل في هذه المسألة هو نية الزوج عند التلفظ بهذا اللفظ، فلو نوى طلاقاً حُسبت طلقة، وإلا فلا.

وكذلك لو قال رجل لصاحبة: (أما أنا فلستُ بزانٍ)، فقد يكون المعنى: أنه يزكي نفسه ويبرئها من جريمة الزنى وفقط، وقد يقصد قذفاً بالزنى لصاحبة الذي يخاطبه، واللفظ يحتمل هذا وذاك.والفاصل في هذه المسألة هو نية المتكلم، فلو نفى قصد القذف لصاحبه لدرأ عن نفسه الحدَّ، وإن لم يفعل جُلد ثمانين جلدة، حيث إن ألفاظ الكنايات تعد شبهة تدرؤ بها الحدود، ورُوي عن عائشة رضي الله عنها أن النبي صلى الله عليه وسلم قال: (**ادرؤوا الحدود بالشبهات**).[316]

(316) ضعيف الجامع الصغير 259 من حديث عائشة رضي الله عنها.

# الفصل الثالث:
# اللفظ من حيث طرق وكيفية دلالته على معناه:

وهذا المبحث يجيب على سؤل من قال:

كيف توصلنا إلى هذا المعنى من هذا اللفظ؟ أو ما هي طرق دلالات ومفاهيم الألفاظ؟

**وطرق الدلالات خمسة هي:**

(1) مفهوم العبارة (2) مفهوم الإشارة (3) مفهوم الدلالة

(4) مفهوم الاقتضاء (5) مفهوم المخالفة.

وتلك المفاهيم الخمسة مرتبة من الأعلى إلى الأدنى، وهذا يفيدنا في مسألة الترجيح بين مفاهيم الأدلة إذا تعارضت فعندما تتعارض الأدلة ويتعذر الجمع بينها وتنعدم معرفة الناسخ من المنسوخ وجب علينا إعمال الأقوى مفهوماً وإهمال الأدنى منه.

فإذا تعارض مفهوم العبارة مع مفهوم الإشارة أخذنا بمفهوم العبارة وأهملنا مفهوم الإشارة وإذا تعارض مفهوم الإشارة مع مفهوم الدلالة أخذنا بمفهوم الإشارة وهكذا.

وإليك بيان مفهوم كلٍ من تلك الدلالات الخمسة: -

## المبحث الأول

## مفهوم العبارة[317]

**- مفهوم العبارة هو: (دلالة اللفظ على المعنى المتبادر فهمه من ذات اللفظ المنطوق).**

أي هو كل ما يفهم من ذات اللفظ، ويسمى المعنى الحرفي للنص، المعنى المستفاد من مفردات الألفاظ وتراكيب الجمل، كقوله تعالى: (فَانكِحُواْ مَا طَابَ لَكُم مِّنَ النِّسَاء مَثْنَى وَثُلاَثَ وَرُبَاعَ فَإِنْ خِفْتُمْ أَلاَّ تَعْدِلُواْ فَوَاحِدَةً) النساء (3)، دلت الآية من خلال ألفاظها المنطوقة أن النكاح مطلوب شرعاً، وأن للرجل أن يتزوج اثنتين أو ثلاثة أو أربعة، وأنه يُقتصر على واحدة عند الخوف من عدم العدل بينهن.

وهذه المفاهيم دلت عليها الألفاظ التي عبَّر عنها الشرع، فهي معانٍ حرفية لألفاظ هذه الآية، وكما أن هذه المعاني يطلق عليها اسم: (مفهوم العبارة) فيطلق عليها كذلك اسم: (دلالة العبارة) أو (عبارة النص).

## المبحث الثاني

## مفهوم الإشارة[318]

**- مفهوم الإشارة هو: (دلالة اللفظ على معنى غير منطوق ولكنه من لوازم معنى اللفظ المنطوق).**

أي أن المعنى الذي دل عليه النص بعبارته يستلزم من فهمه فهْمَ معانٍ

(317) انظر أصول السرخسي ج1 ص236، والتسهيل للمحلاوي ص101، والوجيز ص354 - 355.

(318) انظر أصول السرخسي ج1 ص237، والتسهيل للمحلاوي ص102، والإحكام للآمدي ج3ص92 - 93، وعلم أصول الفقه لخلاف ص166، والوجيز ص356.

أخرى، تلك المعاني غير مصرَّح بها لفظاً، ولكن معنى اللفظ المنطوق أشار إليها لزوماً.

كقولنا: (فلان رزق بمولود حلال)، يستلزم من ذلك أن له زوجة، وأنه دخل بها، وهما بالغان، وليسا عاقرين.... فتلك المفاهيم ليست من ذات الألفاظ المنطوقة ولكنها من لوازمه التي لا تنفك عن مفهوم العبارة، ولا يستقيم المعنى إذا قمنا بنفي إحداها.

وتقول: (فلان حصل على شهادة جامعية)، يستلزم من ذلك أنه حصل على الشهادة الثانوية والإعدادية والابتدائية، واجتاز تلك المراحل وهو حيٌّ عاقل... وغيرها من المعاني التي لا تنفك عن المعنى الأول وهو حصوله على الشهادة الجامعية.

وكما في قوله تعالى: (فَاسْأَلُوا أَهْلَ الذِّكْرِ إِن كُنتُمْ لَا تَعْلَمُونَ) الأنبياء (7)، دلت الآية بعبارتها على وجوب سؤال الجاهل للعالم، فهذا المعنى هو المتبادر فهمه من ألفاظ الآية، ولكن كيف يسأل الجاهل العالم في حالة عدم وجود العالم؟!!

قطعاً لا يستطيع الجاهل أن يمتثل لهذا الأمر إلا إذا وُجد العالم أولاً، ومن ثم فسؤال أهل العلم يستلزم إيجاد العلماء حتى يتمكن الجاهل من سؤالهم، وهذا المعنى الأخير غير مفهوم من ذات ألفاظ الآية ولكنه لازم من لوازمه، وكما يطلق على هذا المفهوم اسم: (مفهوم الإشارة) فيطلق عليه كذلك اسم: (دلالة التلازم) أو (إشارة النص).

## المبحث الثالث

## مفهوم الدلالة[319]

**- مفهوم الدلالة هو: (دلالة اللفظ على معنى غير منطوق ولكنه**

---

(319) انظر أصول السرخسي ج1ص241، والتسهيل للمحلاوي ص103، والإحكام للآمدي ج3ص95، وشرح التلويح على التوضيح لمتن التنقيح لعبيد الله بن مسعود بن تاج الشريعة ج1 ص131، والوجيز ص361.

**يفهم من باب الأولى).**

أي أن اللفظ يفهم منه أن الحكم المذكور في النص ثابت له وثابت لمسكوت عنه اشتركا جميعاً في علة الحكم التي تفهم بمجرد اللغة وبدون اجتهاد أو تأمل، وهذه العلة توجد في المسكوت عنه بكمية أقوى وأكبر من وجودها في المنطوق به، ولذلك فالمعنى يشمله عن طريق الأَوْلى، كما في قوله تعالى: (فَلَا تَقُل لَّهُمَآ أُفٍّ) الإسراء (23)، فالنص دل بعبارته على حرمة التأفف للوالدين لِمَا في هذه الكلمة من إيذاء لهما، فيتبادر إلى الفهم بدون تأمل ولا اجتهاد أن النص يشمل حرمة شتمهما وضربهما من باب أولى، حيث إن في الشتم والضرب من الإيذاء والإيلام ما هو أشد مما في كلمة (أفّ) التي ذكرت في الآية.

وكما يطلق على هذا المفهوم اسم: (مفهوم الدلالة) فيطلق عليه كذلك اسم: (دلالة الدلالة) أو (دلالة النص) أو (دلالة الأَوْلى) أو (فحْوَى الكلام) أو (القياس الجلي)، وسماه الشافعي رحمه الله: (مفهوم الموافقة).

<u>الفرق بين مفهوم الدلالة والقياس:</u>

أن علة الحكم الموجودة في مفهوم الدلالة علة لا تحتاج إلى تأمل ولا إلى اجتهاد، بل تفهم بمجرد اللغة فقط، وهذا الشرط لا يشترط في القياس الجلي فضلاً عن الخفي، لذا يمكن القول بأن كل حكم ثبت بمفهوم الدلالة يندرج تحت القياس وليس العكس.

<u>فائـدة:</u>

**(1)** إذا تعارض حكمان أحدهما ثابت بمفهوم العبارة والآخر ثابت بمفهوم الإشارة وتعذر الجمع بينهما: عندها يجب ترجيح الأخذ بالحكم الثابت بمفهوم العبارة، وإهمال الحكم الثابت بمفهوم الإشارة.

كما في قوله تعالى: (يَا أَيُّهَا الَّذِينَ آمَنُواْ كُتِبَ عَلَيْكُمُ الْقِصَاصُ فِي الْقَتْلَى)البقرة (178)

وقوله تعالى: (وَمَن يَقْتُلْ مُؤْمِنًا مُّتَعَمِّدًا فَجَزَآؤُهُ جَهَنَّمُ خَالِدًا فِيهَا)النساء (93)

فالآية الأولى دلت بمفهوم العبارة على وجوب القصاص من القاتل، ودلت

الآية الثانية بمفهوم الإشارة على عدم القصاص من القاتل العمد، لأنها جعلت جزاءه الخلود في جنهم، وذِكْر العقوبة الأخْرَوِيِّة يلزم منه منع وجود عقوبة دنيوية أخْرَى، حيث إن القاعدة تقول: (الاقتصار في مقام البيان يفيد الحصر).

فأي المفهومين نعمل به؟ مفهوم العبارة الذي يُثبت ويوجب القصاص؟ أم مفهوم الإشارة الذي ينفي القصاص؟

الجواب:

أنه يجب ترجيح مفهوم العبارة على مفهوم الإشارة، حيث إن مفهوم العبارة أقوى من مفهوم الإشارة، ومن ثم فالقاتل عمداً يُحكم عليه بالقصاص عقوبة دنيوية تكفر عنه ما قد ينتظره - إن شاء الله - يوم القيامة من عقوبة أخروية.[320]

**(2)** إذا تعارض حكمان أحدهما ثابت بمفهوم الإشارة والآخر ثابت بمفهوم الدلالة وتعذر الجمع بينهما: عندها يجب ترجيح الأخذ بالحكم الثابت بمفهوم الإشارة، وإهمال الحكم الثابت بمفهوم الدلالة، كما في قوله تعالى:

(وَمَن قَتَلَ مُؤْمِنًا خَطَئًا فَتَحْرِيرُ رَقَبَةٍ مُّؤْمِنَةٍ وَدِيَةٌ مُّسَلَّمَةٌ إِلَى أَهْلِهِ إِلاَّ أَن يَصَّدَّقُواْ) النساء(92)

وقوله تعالى: (وَمَن يَقْتُلْ مُؤْمِنًا مُّتَعَمِّدًا فَجَزَآؤُهُ جَهَنَّمُ خَالِدًا فِيهَا) النساء (93)

فالآية الأولى دلت بمفهوم العبارة على وجوب الكفارة على القاتل المُخطئ، ويُفهم أيضًا بطريق الدلالة - من نفس الآية - على وجوب الكفارة على القاتل المتعمد، لأنه أوْلى بالعقوبة من المخطئ، حيث إن سبب الكفارة جناية القتل، وهي في العمد أشد وأفظع منها في الخطأ.

والآية الثانية دلت بمفهوم الإشارة على أن القاتل المتعمد لا تشمله هذه العقوبة، فلا تطلب منه الكفارة، حيث إن الآية بيَّنت أن له عقوبة أخْرَوِيَّة، وتلك العقوبة الأخروية منعت أن تشمله تلك العقوبة التي فهمت من طريق الدلالة.

(320) انظر الوجيز ص395.

وعلى هذا فالمعنى المستفاد بالإشارة من الآية الثانية يتعارض مع المعنى المستفاد بالدلالة من الآية الأولى، فأي المفهومين نعمل به؟ مفهوم الإشارة الذي ينفي الكفارة؟ أم مفهوم الدلالة الذي يُثبتها ويوجبها؟

الجواب:

أنه يجب ترجيح مفهوم الإشارة والعمل به، وعدم الالتفات إلى مفهوم الدلالة، حيث إن مفهوم الإشارة أقوى منه، ومن ثم فلا يُطالب القاتل عمدًا بالكفارة المطلوبة من القاتل خطأ.[321]

## المبحث الرابع

## مفهوم الاقتضاء [322]

**- مفهوم الاقتضاء هو:(دلالة اللفظ على تقدير محذوف في الكلام يتوقف عليه صحة الكلام واستقامة معناه).**

كما في قوله تعالى: (حُرِّمَتْ عَلَيْكُمْ أُمَّهَاتُكُمْ وَبَنَاتُكُمْ وَ........ ) النساء (23)

وقوله تعالى: (حُرِّمَتْ عَلَيْكُمُ الْمَيْتَةُ وَالْدَّمُ وَ....... ) المائدة (3)

فتقدير الكلام في الآية الأولى: أن الله حرم علينا الزواج من الأمهات والبنات و.....

وتقدير الكلام في الآية الثانية: أن الله حرم علينا أكل الميتة والدم و.....

وهذا التقدير للمحذوف بدونه يفسد المعنى ولا يستقيم، فسياق الكلام يقتضي فهم هذا المحذوف، وكما يطلق على هذا المفهوم اسم: (مفهوم الاقتضاء) فيطلق عليه اسم: (دلالة الاقتضاء) أو (اقتضاء النص).

(321) انظر الوجيز ص395 - 396.

(322) انظر أصول السرخسي ج1ص248، والتسهيل للمحلاوي ص105، والإحكام للآمدي ج3ص91، والوجيز ص363 - 364.

خلاصة القول فيما سبق:

أن الألفاظ لها معانٍ ومفاهيم ثابتة بذاتها يتعلق بها الحكم.

وقد يترتب علي إثباتها إثبات معاني لازمة لمفاهيمها الأصلية لا تنفك عنها.

وقد تتناول معاني أخرى هي أوْلى منها في ثبوت الحكم لها.

وقد لا تفهم معاني تلك الألفاظ إلا بتقدير محذوف في الكلام يتوقف عليه صحة الكلام واستقامته.

وتلك الدلالات والمفاهيم فهمت من منطوق النصوص الشرعية، إلا أن الجمهور غير الحنفية أزادوا مفهوماً خامساً، لا يُفهم من منطوق النص كما سبق، ولكنه يُفهم من معكوس مفهوم النص المنطوق، وأطلقوا عليه اسم: (مفهوم مخالفة النص).

وإليك تعريفه وأنواعه وشروطه.

## المبحث الخامس

## مفهوم المخالفة[323]

**- مفهوم المخالفة هو: (ثبوت نقيض حكم اللفظ المنطوق المقيد إذا انتفى قيده).**

بمعنى أنه إذا كان اللفظ مقيدًا وتحقق هذا القيد: ثبت له الحكم وتعلق به، وإذا انتفى عنه قيده ولم يتحقق: لم يثبت له الحكم، وثبت له نقيضه، فالحكم ونقيضه يدوران مع القيد وجوداً وعدماً.

والقيود التي سنتناولها وسنتناول مفهوم مخالفتها خمسة:

(323) انظر الإحكام للآمدي ج3ص99، والتسهيل للمحلاوي ص108، والمسودة لابن تيمية ص357، وأصول السرخسي ج1ص255، والإحكام لابن حزم ج7ص87، وإرشاد الفحول للشوكاني ص109، وعلم أصول الفقه لعبد الوهاب خلاف ص180، والوجيز ص366 - 369.

(الوصف، الشرط، الغاية، العدد، اللقب).

## أقسام مفهوم المخالفة:

**(1)** مفهوم مخالفة الوصف

**(2)** مفهوم مخالفة الشرط

**(3)** مفهوم مخالفة الغاية

**(4)** مفهوم مخالفة العدد

**(5)** مفهوم مخالفة اللقب

ونضرب مثالاً لكل مفهوم من تلك المفاهيم المخالفة لقيودها:

### (1) مفهوم مخالفة قيد الوصف:

وهو **(ثبوت نقيض الحكم عند انتفاء وعدم تحقق الوصف).**

والوصف كما قلنا سابقاً ليس المقصود به مجرد النعت المعروف عند علماء النحو، بل هو يشمله ويشمل الخبر والحال والبدل والمضاف وما أضيف إليه وظرفي الزمان والمكان، حيث إن الكلام يتعلق مفهومه بمثل هذه الأشياء فيعدُّ الخبر وصفاً للمخبَر عنه، والنعت وصفاً للمنعوت، والحال وصفاً لهيئة الفاعل أو المفعول أو كليهما معاً، وظرفي الزمان والمكان وصفاً لزمان ومكان وقوع الفعل.

كما في قوله تعالى: (وَمَن لَّمْ يَسْتَطِعْ مِنكُمْ طَوْلاً أَن يَنكِحَ الْمُحْصَنَاتِ الْمُؤْمِنَاتِ فَمِن مِّا مَلَكَتْ أَيْمَانُكُم مِّن فَتَيَاتِكُمُ الْمُؤْمِنَاتِ) النساء (25)، أفادت الآية أن الله أباح للمسلم الزواج بالإماء المؤمنات في حالة عدم مقدرته على الزواج بالمؤمنات الحرائر، وهذا هو المعنى المنطوق المتبادر فهمه من العبارة، ولكن وصف الإماء بأنهن مؤمنات أفاد بمفهوم المخالفة أنه في حالته هذه يحرم عليه الزواج من الإماء الكافرات، حيث إن وجود الوصف يفيد حصر الحكم عليه دون غيره، ومن ثم فإذا وجد الوصف ثبت له الحكم، وإن انتفى ولم يتحقق ثبت له عكس الحكم ونقيضه.

(2) مفهوم مخالفة قيد الشرط:

وهو (ثبوت نقيض الحكم عند انتفاء وعدم تحقق الشرط).

كما في قوله تعالى: (وَآتُواْ النَّسَاء صَدُقَاتِهِنَّ نِحْلَةً فَإِن طِبْنَ لَكُمْ عَن شَيْءٍ مِّنْهُ نَفْسًا فَكُلُوهُ)النساء (4)

أفادت الآية أن الزوج يجوز له الأخذ من مهر زوجته إذا رضيت، فالرضا شرط في جواز الأخذ، وهذا الشرط أفاد بمفهوم المخالفة أنه إذا لم ترضَ الزوجة فيحرم عليه الأخذ من المهر، حيث إن وجود الشرط قيد أفاد حصر الحكم عليه دون غيره.

ومن ثم فإذا تحقق الشرط ثبت له الحكم، وإن انتفى ولم يتحقق ثبت له عكس الحكم ونقيضه.

(3) مفهوم مخالفة الغاية:

وهو (ثبوت نقيض الحكم بعد تحقيق الغاية المحدَّدَة له).

كما في قوله تعالى: (وَكُلُواْ وَاشْرَبُواْ حَتَّى يَتَبَيَّنَ لَكُمُ الْخَيْطُ الأَبْيَضُ مِنَ الْخَيْطِ الأَسْوَدِ مِنَ الْفَجْرِ) البقرة (187)، أفادت الآية أن الأكل والشرب في ليالي رمضان مباح إلى وقت غايته طلوع الفجر، فإذا طلع الفجر انتهت مدة الإباحة، فتظل الإباحة ثابتة قبل طلوع الفجر، فإذا تحققت هذه الغاية ووصلنا إلى نهاية وقت الإباحة: انتفى الحكم وثبت عكسه ونقيضه، فيحرم الأكل والشرب بعد طلوع الفجر وهذا المفهوم هو مفهوم مخالفة الغاية.

وكذلك قوله تعالى: (وَقَاتِلُوهُمْ حَتَّى لا تَكُونَ فِتْنَةٌ وَيَكُونَ الدِّينُ كُلُّهُ لِلهِ) الأنفال (39)

أفادت الآية أن القتال مطلوب شرعاً إلى أن يصبح الناس أحراراً في اختيار الدين الذي يرضونه، فإذا ذهبت الفتنة وكسرت شوكة الكفار وقضي على مَن يحول دون دخول الناس في دين الله طواعية وأصبح المسلمون رافعون راية الإسلام فوق كل شبر من أرض الله، عندها انتهت مشروعية القتال، حيث إن القتل ليس هدفاً في

ذاته.[324]

(4) <u>مفهوم مخالفة العدد:</u>

وهو **(ثبوت نقيض الحكم لأي عدد مغاير للعدد المحدَّد).**

أي أن الحكم يختص بالعدد وينتفي عما سواه، كما في قوله تعالى: **(الزَّانِيَةُ وَالزَّانِي فَاجْلِدُوا كُلَّ وَاحِدٍ مِّنْهُمَا <u>مِائَةَ</u> جَلْدَةٍ)** النور(2) فدلت الآية على وجوب جلد الزاني والزانية مائة جلدة، وهذا العدد يفيد بمفهوم المخالفة تحريم الزيادة عليه أو النقصان منه، حيث إن العدد هو المطلوب والمقصود دون غيره. ومن ثم فإذا تحقق خلاف العدد المطلوب سواء بالزيادة أو النقص انتفى الحكم وثبت له عكسه ونقيضه.

وعن عائشة رضي الله عنها قالت: **(كان فيما أنزل من القرآن عشر رضعات معلومات يُحَرِّمْنَ، ثم نُسخ بخمس معلومات)**[325] دل الحديث على أنه إذا تحقق العدد خمسة تعلق به الحكم، وما كان أقل من ذلك فينتفي عنه الحكم، فلا يُحَرِّم.

(5) <u>مفهوم مخالفة اللقب:</u>

وهو **(أن يذكر الحكم مختصاً بجنس أو نوع شخص أو مكان أو زمان معيّن، فيكون الحكم ثابتاً فيه منفياً عما سواه).**

واللقب ينقسم إلى:

**(أ)** لقب ينبئ عن وصف. **(ب)** لقب لا ينبئ عن وصف.

فأما اللقب الذي ينبئ عن وصف كقول النبي صلى الله عليه وسلم: **(في <u>السائمة</u> زكاة)**، فالسائمة لقبٌ أفاد وجوب الزكاة في هذا النوع الملقب والموصوف بكونه من السائمة، ولكن هل هذا الحكم مثبت للسائمة فقط، ومنفيٌّ عما سواها؟

---

(324) انظر أصول الفقه للشيخ محمد أبو زهرة ص143.

(325) رواه مسلم (1452).

قال بعض الحنابلة: إنه يفيد نفي الزكاة عما سوى السائمة، فاللقب المنبئ عن وصف يؤخذ منه مفهوم المخالفة، والجمهور على أنه لا يؤخذ منه مفهوم المخالفة.

أما اللقب الذي لا ينبئ عن وصف كقوله صلى الله عليه وسلم: **(في البُر صدقة)**، فالبُر لقبٌ ولكنه ليس فيه وصف كالسائمة، فهل هذا الحكم مثبت للبُر فقط ومنفيٌّ عما سواه؟

اتفق العلماء على أن اللقب الذي لا ينبئ عن وصف لا يفيد نفي الحكم عما سواه، أي لا يؤخذ منه مفهوم المخالفة، فلا أحد يقول إن الزكاة خاصة بالبُر، وغير البُر ليس فيه زكاة.(326)

شروط العمل بمفهوم المخالفة:(327)

**الشرط الأول:** أن لا يكون للقيد الذي قيد به الحكم فائدة أخرى سوى أنه ينفي الحكم عند انتفاء القيد. فإن كان له فائدة أخرى غير تلك الفائدة: فلا يجوز العمل بمفهوم المخالفة.

كأن يكون القيد جرى مجرى الغالب، أو ذكر من أجل المبالغة والكثرة.

كما في قوله تعالى: (اسْتَغْفِرْ لَهُمْ أَوْ لاَ تَسْتَغْفِرْ لَهُمْ إِن تَسْتَغْفِرْ لَهُمْ سَبْعِينَ مَرَّةً فَلَن يَغْفِرَ اللهُ لَهُمْ) التوبة (80)، فهل هذا العدد قيد يُفهم منه أن النبي صلى الله عليه وسلم لو استغفر لهم أكثر من سبعين مرة فسوف يغفر الله لهم؟

الجواب: لا، حيث إن هذا العدد أريد به الكثرة والمبالغة في الاستغفار، وكأن الله يريد أن يقول لنبيه صلى الله عليه وسلم: مهما أكثرت من الاستغفار لهم فلن ينفعهم ذلك ولن أغفر لهم.

فالعدد في هذه الآية ليس مقصوداً في ذاته، ولذا فإن مفهوم مخالفته لا يصح فهمه ولا يُعمل بمقتضاه، وكذلك قوله تعالى في المحرمات من النساء: (وَرَبَائِبُكُمُ اللاَّتِي فِي حُجُورِكُم مِّن نِّسَآئِكُمُ اللاَّتِي دَخَلْتُم بِهِنَّ) النساء (23)،

---

(326) انظر أصول الفقه للشيخ محمد أبو زهرة ص141 - 142.

(327) انظر الوجيز للدكتور عبد الكريم زيدان ص370.

فوصف كون الربائب في حجوركم ليس قيداً يصلح أن يُبنى عليه مفهوم المخالفة، حيث إن الوصف هنا أتي به على سبيل التغليب، فالغالب تربية بنت الزوجة في بيت زوجها الجديد، وجرت العادة على ذلك.

ومن ثم فإنه لا يُعمل بمفهوم المخالفة في هذه الآية، ولا يُفهم أنه يحل للزوج أن يتزوج بنت زوجته التي دخل بها والتي ربِّيَتْ في غير بيته، لا ينبغي فهم هذا المدلول.

ومن ثم فيحرم الزواج منها سواء كانت في حجره ورعايته، أم لم تكن، والسبب في ذلك أن هذا الوصف ليس قيداً وإنما جرى مجرى الغالب.

**الشرط الثاني:** عدم مخالفة الحكم المستفاد من مفهوم المخالفة لحكم ثابت بدليل منطوق. كما في قوله تعالى: (يَا أَيُّهَا الَّذِينَ آمَنُواْ لاَ تَأْكُلُواْ الرِّبَا أَضْعَافًا مُّضَاعَفَةً) آل عمران (130)

فمفهوم المخالفة لهذه الآية أنه يجوز أكل الربا ما لم يكن أضعافاً مضاعفة، وهذا المفهوم يصطدم مع قوله تعالى: (وَإِن تُبْتُمْ فَلَكُمْ رُؤُوسُ أَمْوَالِكُمْ لاَ تَظْلِمُونَ وَلاَ تُظْلَمُونَ) البقرة (279)

فالحلال رأس المال فقط، وما زاد عليه - قليلاً أو كثيراً - كان حراماً وظلماً.

ولذلك لا يُعمل بمفهوم مخالفة هذه الآية، بل ينبغي طرد هذا الفهم من الذهن وعدم اعتباره لمخالفته لنصٍّ نطق به الشرع صراحة، ومن ثم فيحرم أكل الربا حتى ولو كان دون الأضعاف المضاعفة، وكذلك قوله تعالى: (إِنَّ عِدَّةَ الشُّهُورِ عِندَ اللّهِ اثْنَا عَشَرَ شَهْراً فِي كِتَابِ اللّهِ يَوْمَ خَلَقَ السَّمَاوَاتِ وَالأَرْضَ مِنْهَا أَرْبَعَةٌ حُرُمٌ ذَلِكَ الدِّينُ الْقَيِّمُ فَلاَ تَظْلِمُواْ فِيهِنَّ أَنفُسَكُمْ) التوبة (36)

مفهوم مخالفة هذه الآية يفيد جواز الظلم في غير الأشهر الحرم، وهذا يناقض المعلوم من دين الله بالضرورة، ألا وهو: تحريم الظلام على الإطلاق وفي جميع الأحوال ومع جميع الناس، ومن ثم فلا يُعمل بمفهوم مخالفة هذه الآية، بل ينبغي طرد هذا الفهم من الذهن وعدم اعتباره لمخالفته للنصوص الشرعية المنطوق

بها صراحة.

<u>حكم العمل بمفهوم المخالفة</u>:[328]

قلنا إن الجمهور أثبتوا نقيض حكم المقيد بوصف أو شرط أو غاية أو عدد عند انتـفاء هـذا القيد، فاحتجوا به في النصوص الشرعية وغير الشرعية كألفاظ العقود.

وخالفهم الحنفية فلم يحتجوا به إلا في النصوص غير الشرعية فقط.

أما مفهوم مخالفة اللقب فاتفق العلماء على عدم الاحتجاج بمفهوم مخالفته، إلا أن بعـض الحنابلة احتجوا بمفهوم مخالفة اللقب المنبئ عن وصف.

\*\*\*\*\*\*\*\*\*\*

---

(328) انظر الوجيز للدكتور عبد الكريم زيدان ص 371 - 373, ص396.

# الفصل الرابع:
# اللفظ من حيث وضوح وخفاء دلالته على معناه:

وهذا المبحث يجيب على سؤال من قال:

هل اللفظ معناه واضح من مجرد لفظه أم أنه يفتقر إلى ألفاظ أخرى توضح مراده ومعناه؟

ثم إذا كان اللفظ معناه واضحاً فما هي درجة وضوحه؟ وإذا كان غامضاً فما هي درجة خفائه وغموضه؟ وللإجابة على هذه الأسئلة قسِّم اللفظ إلى قسمين:

**الأول:** واضح الدلالة.

**والثاني:** غير واضح الدلالة.

ولكل قسم من هذين القسمين أربع درجات تتفاوت من حيث قوة وضوحها وقوة خفائها.

فواضح الدلالة ينقسم إلى:

(1) المُحْكَم (2) المُفسَّر (3) النَّص
(4)الظاهر.

وغير واضح الدلالة ينقسم إلى:

(1) الخفي (2) المُشْكَل (3) المُجْمَل
(4) المتشابه.

وتلك الدرجات مرتبة من الأقوى إلى الأدنى، فأقواهم وضوحاً المحكم، ثم المفسر، ثم النَّص، ثم الظاهر، ثم الخفي، ثم المُشْكَل، ثم المُجْمَل، ثم أدناهم

المتشابه.

فائدة هذا التقسيم:

أنه إذا تعارض مفهومان وتعذر الجمع بينهما أو معرفة الناسخ من المنسوخ:

وجب تقديم الأقوى على الأدنى منه، فيُعمل بالأقوى ويُفتى بمقتضاه، ويُهمل الأدنى.

وإليك بيان هذين القسمين ودرجاتها: -

## المبحث الأول

## الألفاظ واضحة الدلالة:

**- اللفظ واضح الدلالة هو: (اللفظ الذي دل على معناه بنفسه فلا يحتاج إلى غيره لبيان معناه).**

درجات اللفظ واضح الدلالة:

**(1) المُحْكَم:**[329]

هو **(ما دل على معناه بنفسه دلالة لا تحتمل التأويل ولا تقبل النسخ).**

وذلك كما في نصوص الإيمان بالله واليوم الآخر والرسل كقوله تعالى: (يَا أَيُّهَا الَّذِينَ آمَنُواْ آمِنُواْ بِاللّهِ وَرَسُولِهِ وَالْكِتَابِ الَّذِي نَزَّلَ عَلَى رَسُولِهِ وَالْكِتَابِ الَّذِيَ أَنزَلَ مِن قَبْلُ وَمَن يَكْفُرْ بِاللّهِ وَمَلاَئِكَتِهِ وَكُتُبِهِ وَرُسُلِهِ وَالْيَوْمِ الآخِرِ فَقَدْ ضَلَّ ضَلاَلاً بَعِيدًا) النساء (136)، فهذه الألفاظ قام الشرع بتوضيح معانيها توضيحاً انتفى معه أي احتمال للتأويل وإرادة غير معناها، فمطلوب من كل الناس في كل زمان ومكان

(329) انظر المسودة لابن تيمية ص161 - 162، والتسهيل للمحلاوي ص86 - 87، وأصول السرخسي ج1ص165، وعلم أصول الفقه لعبد الوهاب خلاف ص195 - 196، والوجيز ص346، ومذكرات في أصول الفقه الحنفي للدكتور محمود العكازي ص 14.

بلا تخصيص أو استثناء أو تقييد أن يؤمنوا بالله وملائكته ورسله وكتبه واليوم الآخر، وتلك الأحكام أصلية ثابتة لا تقبل بطبيعتها التبديل أو التغيير أو النسخ.

ومن أمثلة المحكم كذلك: النصوص الشرعية الجزئية التي اقترن بها ما دل على بقائها على التأبيد ونفي احتمال نسخها، كما في قوله تعالى: (وَمَا كَانَ لَكُمْ أَن تُؤْذُوا رَسُولَ اللهِ وَلَا أَن تَنكِحُوا أَزْوَاجَهُ مِن بَعْدِهِ أَبَدًا) الأحزاب (53)، فكلمة (أبداً) أفادت أبدية الحكم بتحريم الزواج من زوجات النبي صلى الله عليه وسلم، وتلك الأبدية قرينة لفظية منعت النسخ، وهذا الحكم واضح بهذه الألفاظ لا يقبل التأويل ولا التقييد ولا التخصيص ولا النسخ ومن ثم فهو من المحكمات.

**حكم العمل بالمُحْكَم:**(330)

1 - المُحْكَم يجب العمل بما دل عليه قطعياً، ويحرم القول والعمل بخلافه.

2 - المُحْكَم لا يأوّل ولا يُنسَخ.

3 - المُحْكَم أرجح من غيره، ولا يقوى غيره على معارضته، فإذا عارضه غيره وجب تأويل الدليل المعارض له حتى لا يصطدم مع مدلوله.

**(2) المُفسَّر:**(331)

هو **(ما دل على معناه بنفسه دلالة لا تحتمل التأويل ولكنها قد تقبل النسخ).**

فالمفسر مثل المُحْكَم في وضوحه وعدم قبوله للتأويل، ولكن ألفاظه غير

(330) انظر الوجيز للدكتور عبد الكريم زيدان ص347.

(331) انظر أصول السرخسي ج1ص165، وفواتح الرحموت بشرح مسلم الثبوت لعبد العلي محمد بن نظام الدين الأنصاري ج2ص19 - 20، والتسهيل للمحلاوي ص85 - 86، والوجيز ص343 - 344، ومذكرات في أصول الفقه الحنفي للدكتور العكازي ص 14, ص 17.

مقترنة بما يقطع احتمالية النسخ، علماً بأن النسخ لا يكون إلا في حياة النبي صلى الله عليه وسلم، أما بعد وفاته صلى الله عليه وسلم فقد انقطع النسخ لانقطاع الوحي.

ومن ثم فلا فرق بين المحكم والمفسر بعد وفاة النبي صلى الله عليه وسلم حيث إن الشريعة قد ثبتت واستقرت وإنما الفرق بينهما في استعمال الألفاظ الدالة على الأبدية ومنع النسخ.

والمُفسَّر كما في قوله تعالى: (وَقَاتِلُواْ الْمُشْرِكِينَ كَآفَّةً) التوبة (36)، فكلمة: (المشركين) اقترنت بكلمة (كافة) وهي من ألفاظ العموم التي تفيد التوكيد، ومن المعلوم أن الأساليب التي استعمل فيها التوكيد - اللفظي أو المعنوي - يراد بها إرادة المعنى الحقيقي للألفاظ ومنع تأويلها، ولكن الألفاظ غير مقترنة بلفظ يدل على الأبدية ومنع النسخ، فالمعنى واضح بذاته ولا يقبل التأويل ولكنه قد يقبل النسخ إذا نص الشرع على ذلك.

ومن المُفسَّر كذلك ألفاظ الأعداد المقصودة لذاتها، فهي لا تحتمل التأويل كما في قوله تعالى: (فَاجْلِدُوهُمْ ثَمَانِينَ جَلْدَةً)النور(4)، فلفظ (ثمانين) لفظ واضحٌ محددٌ لا يقبل التأويل ولا الزيادة ولا النقصان، ولكن الحكم غير مقترن بما يدل على منع نسخه.

وكذلك الألفاظ التي وردت مُجْمَلة في القرآن ثم فصَّلتها السنة تفصيلاً واضحاً أزال إجمالها ورفع احتمال تأويلها وإخراجها عن حقيقة معانيها التي أرادها الشرع، فإنها بذلك البيان الواضح تصير من المُفسَّر كلفظ: (الصلاة والصيام والزكاة والحج)، فهذه الألفاظ قد كفانا الشرع مئونة البحث عن معانيها أو تأويلها وإخراجها عن ظاهر مدلولها الذي قصده الشرع يوم أن استعملها.

## حكم العمل بالمُفسَّر:

1 - المُفسَّر يأتي في المرتبة الثانية بعد المُحْكم، حيث إن المُحْكم بلغ من قوة رسوخه أنه لا يقبل النسخ على الإطلاق لا في حياة الرسول ولا بعد مماته.

2 - المُفسَّر يحتمل النسخ في عهد نزول الرسالة، أما بعد وفاة الرسول صلى الله عليه وسلم فهو كالمحكم تماماً، وذلك بسبب انقطاع الوحي الذي من سلطته النسخ.

3 - المُفسَّر يجب العمل بما دل عليه قطعياً، ويحرم القول والعمل بخلافه.

4 - المُفسَّر لا يأوَّل، ومن ثم لو تعارض دليل مُفسَّر مع مَا هو دونه في الدلالة وجب تأويل الدليل المعارض له حتى لا يصطدم مع مدلوله.

واعلم أن التعارض بين المُفسَّر والمُحْكم لا يوجد له مثال صحيح غالباً، وصدق ربي لما قال: (وَلَوْ كَانَ مِنْ عِنْدِ غَيْرِ اللَّهِ لَوَجَدُوا فِيهِ اخْتِلَافاً كَثِيراً) النساء (82)

(3) النَّص:[332]

هو **(ما دل على معناه بنفسه وكان هو المقصود أصالة من سياق الكلام، مع قبوله للتأويل أو النسخ).**

كما في قوله تعالى: (وَأَحَلَّ اللَّهُ الْبَيْعَ وَحَرَّمَ الرِّبَا) البقرة (275)، فمفهوم الآية أن البيع والربا ليسوا سواءً، حيث إن هذا المفهوم هو المتبادل فهمه إلى الأذهان، والكلام سيق ابتداءً من أجل بيان هذه الحقيقة رداً على من قال: (إِنَّمَا الْبَيْعُ مِثْلُ الرِّبَا) البقرة (275)، والشرع قد وضَّح المقصود بالربا وبيَّن أقسامه والأصناف الداخلة فيه، ولكن هذا البيان غير مانع للاجتهاد والتأويل والتخصيص، وليس في ألفاظه ما دل على منع النسخ.

**حكم العمل بالنص:**

1 - مفهوم النَّص يأتي في المرتبة الثالثة بعد المُحْكَم والمُفسَّر.

ومن ثم لو تعارض مفهوم النص مع دليل مُفسَّر أو مُحْكَم، وتعذر الجمع بينهم، وجب تأويل النص وفهمه فهماً لا يصطدم مع مفهومي المفسَّر أو المُحْكَم.

2 - مفهوم النَّص يحتمل التأويل أو التخصيص كما يحتمل النسخ في عهد النبوة.

3 - مفهوم النَّص يجب العمل بما دل عليه ما لم تأت قرينة تقتضي العدول

(332) انظر فواتح الرحموت ج2ص109، والتسهيل ص84 - 85، وأصول السرخسي ج1ص164 - 165، والوجيز ص340.

عنه، فالأصل عدم صرف مدلول النّص عن معناه الحقيقي المتبادر إلى الأذهان إلا بقرينة صارفة.

**ملحوظة:**

غالباً ما يستعمل مصطلح (نصّ) للدلالة على الآيات القرآنية والأحاديث النبوية، وهذا الاستعمال لا علاقة له بمدلول ومفاهيم الألفاظ.

### (4) الظاهر:[333]

هو **(ما دل على معناه بنفسه ولم يكن هو المقصود أصالة من سياق الكلام، مع قبوله للتأويل أو النسخ).**

كما في قوله تعالى: (وَأَحَلَّ اللهُ الْبَيْعَ وَحَرَّمَ الرِّبَا) البقرة (275)، فمفهوم الآية أن البيع حلال والربا حرام، وهذا هو المفهوم حقاً من ظاهر ألفاظ الآية - وهو المطلوب شرعاً - ولكن هذا المعنى ليس هو الذي من أجله سيقت الآية ابتداءً، وإنما كان سبب سياق الآية هو: نفي المماثلة بين البيع والربا رداً على من قال: (إِنَّمَا الْبَيْعُ مِثْلُ الرِّبَا) البقرة (275)

وهذا هو الفارق بين النَّص والظاهر، فالاثنان هما ما دلت عليه ألفاظ الآيات أو الأحاديث من معاني واضحة بذاتها وتقبل التأويل والنسخ، إلا أن النَّص هو المقصود الأصلي من سوق الكلام، أما الظاهر فهو المقصود تبعاً لألفاظ النَّص.

فمثلاً: قوله تعالى: (فَانْكِحُوا مَا طَابَ لَكُمْ مِنَ النِّسَاءِ مَثْنَى وَثُلَاثَ وَرُبَاعَ) النساء (3)، يفيد هذا المقطع من الآية مشروعية الزواج باثنتين أو ثلاثة أو أربعة، وهذا المفهوم المستخلص من ألفاظ الآية هو المتبادر فهمه للأذهان، ولكنه ليس من أجله قد سيقت الآية ابتداءً، وإنما سيقت الآية من أجله إثبات الاحتياط في القسط في معاملة اليتامى، حيث قال تعالى في صدر الآية: (وَإِنْ خِفْتُمْ أَلَّا تُقْسِطُوا فِي الْيَتَامَى فَانْكِحُوا مَا طَابَ لَكُمْ مِنَ النِّسَاءِ... )النساء(3)، فجواز التعدد يطلق عليه

(333) انظر فواتح الرحموت لنظام الدين الأنصاري ج2 ص19، وأصول السرخسي ج1 ص163 - 164، وأصول الفقه لعبد الوهاب خلاف ص188 - 189، والوجيز ص338 - 340.

اسم: (مفهوم الظاهر)، والاحتياط في القسط في معاملة اليتامى يطلق عليه اسم: (مفهوم النَّص).

## حكم العمل بالظاهر:

1 - مفهوم الظاهر يأتي في المرتبة الرابعة بعد المُحْكَم والمُفسَّر والنص.

ومن ثم فلو تعارض مفهوم الظاهر مع دليل مُحْكَم أو مُفسَّر أو نصّ، وتعذر الجمع بينهم، وجب تأويل المعنى الظاهر وفهمه فهماً لا يصطدم مع ما دل عليه من هو أقوى منه.

2 - مفهوم الظاهر يحتمل التأويل أو التخصيص أو النسخ.

3 - مفهوم الظاهر يجب العمل بما دل عليه ما لم تأت قرينة تقتضي ـ العدول عنه، فالأصل عدم صرف المعنى عن ظاهره إلا بقرينة صارفة.

## تتمة:

قيل إن النص والظاهر مترادفان في المعنى، وهذا قول أكثر المالكية والشافعية والحنابلة.

وقال بعض المالكية والشافعية: النص: (ما دل على معنى لا يقبل احتماله)، والظاهر: (ما دل على معنى يقبل احتماله).(334)

## فائدة:

وكما قلنا سابقاً إن الفائدة من هذا التقسيم تبرز عندما تتعارض الأدلة ولا يُعرف الناسخ من المنسوخ: فيلجأ العلماء إلى التوفيق والجمع بين الأدلة، فإن تعذر الجمع بينها: لجئوا إلى ترجيح الدليل الأقوى وإعماله، وترك الدليل الأدنى منه وإهماله.

وإليك أمثلة للتعارض بين تلك المفاهيم، وكيفية ترجيح بعضها على بعض:

---

(334) انظر أصول الفقه للشيخ محمد أبو زهرة ص 110 - 112.

**(1) مثال تعارض النص مع المحكم:**[335]

قال تعالى: (فَانكِحُواْ مَا طَابَ لَكُم مِّنَ النِّسَاء مَثْنَى وَثُلاَثَ وَرُبَاعَ... ) النساء (3)

نص الآية أفاد بعمومه إباحة النكاح بأي امرأة بشرط ألا يزيد عددهن عن أربعة نسوة، فيشمل هذا العموم إباحة الزواج من زوجات النبي صلى الله عليه وسلم بعد وفاته، ولكن هذا المفهوم يناقض قوله تعالى: ﴿وَمَا كَانَ لَكُمْ أَن تُؤْذُوا رَسُولَ اللهِ وَلا أَن تَنكِحُوا أَزْوَاجَهُ مِن بَعْدِهِ أَبَدًا﴾ الأحزاب (53).

فهل نعمل بعموم المفهوم الأول فنبيح الزواج من زوجات النبي صلى الله عليه وسلم؟ أم نعمل بالمفهوم الثاني فنحرم الزواج منهنّ؟

الجواب:

أننا ننظر في درجة وضوح كِلا المفهومين، والأقوى وضوحاً هو الثابت الراجح الذي يُفتى بمقتضاه، فآية الأحزاب مُحْكَمَة في تحريم الزواج بزوجات النبي صلى الله عليه وسلم بعد وفاته، حيث اقترن بها ما يدل على أبدية الحكم وعدم جواز نسخة، وهو لفظ: (أبداً).

أما آية النساء فهي نصٌّ عام، وهي قابلة للتأويل والتخصيص، وليس فيها ما يمنع النسخ.

ولذلك يُرجَّح المُحْكم على النص، حيث إن النص لا يقوى على مغالبة المُحْكم.

ومن ثم فلا يُفتى بجواز الزواج من زوجات الرسول احتجاجاً بالمفهوم الأول، بل ينبغي طرد هذا المفهوم حتى لا يصطدم مع المُحْكم الذي هو أقوى منه فهماً.

---

(335) انظر الوجيز ص359.

**(2) مثال تعارض النص مع المفسر:**[336]

قال صلى الله عليه وسلم: **(المستحاضة تتوضأ لكل صلاة)**[337]، نصُّ الحديث أفاد أن الوضوء واجب على المستحاضة لكل صلاة، فلو جمعت بين المغرب والعشاء لسفر - مثلاً - وجب عليها الوضوء لصلاة المغرب ثم الوضوء ثانية لصلاة العشاء، ثم إذا أرادت أن تصلي السنن توضأت لكل سُنَّة، ولكن هذا المفهوم عارضه مفهوم الرواية الأخرى لنفس الحديث وهي قول النبي صلى الله عليه وسلم: **(المستحاضة تتوضأ لوقت كل صلاة)**[338]، أي ليس عليها إلا وضوءً واحداً فقط لا يُنتقض إلا بعد انتهاء وقت كل فريضة، فلو جمعت المغرب والعشاء لسفر فعليها وضوءً واحداً تصلي به الصلاتين، وإن أرادت التنفل صلت بنفس الوضوء ما دام وقت الصلاة فيه متسع ولم يدخل عليها وقت الصلاة الأخرى، ومن المعلوم أن من جمع بين صلاتين صار وقت الصلاتين وقتاً واحداً من بداية وقت الصلاة الأولى إلى نهاية وقت الصلاة الثانية، فهل نعمل بالمفهوم الأول فنحكم بنقض وضوئها بعد كل صلاة تصليها؟

أم نعمل بالمفهوم الثاني فنحكم بنقض وضوئها بعد انتهاء وقت الفريضة؟

الجواب: أننا ننظر في درجة وضوح كِلا المفهومين، والأقوى وضوحاً هو الثابت الراجح الذي يُفتى بمقتضاه، فالمعنى المكتسب من الرواية الأولى متبادرٌ فهمه إلى الأذهان، وهو المقصود أصالة من سياق الحديث، ولكنه يحتمل التأويل أوالتخصيص، وليس فيه ما يمنع النسخ، ولذا فهو نصٌّ، والرواية الثانية وضَّحها النبي صلى الله عليه وسلم توضيحاً رفع احتمال التأويل بقوله: **(لوقت كل صلاة)** فهذا البيان جعل الرواية الثانية من قبيل المفسَّر.

ولذلك يُرجَّح المفسَّر على النص، حيث إن النص لا يقوى على مغالبة المُفسّر.

---

(336) انظر الوجيز ص394.

(337) رواه الترمذي ج1ص220، وذكر الألباني صحته في إرواء الغليل رقم 207.

(338) الثمر المستطاب ج1ص41.

ومن ثم فعلى المستحاضة أن تتوضأ وضوءً واحداً لوقت كل صلاة، فلا يُنتقض وضوؤها إلا مع دخول وقت الصلاة الأخرى، دون النظر إلى عدد الصلوات التي تصليها في هذا الوقت، سواء كانت فرائض أو نوافل، ولا يُفتى بنقض وضوئها بعد الفراغ من كل صلاة بل ينبغي طرد هذا المفهوم حتى لا يصطدم مع المُفسَّر الذي هو أقوى منه فهماً.

(3) مثال تعارض الظاهر والنص:[339]

قال تعالى: (لَيْسَ عَلَى الَّذِينَ آمَنُوا وَعَمِلُوا الصَّالِحَاتِ جُنَاحٌ فِيمَا طَعِمُوا إِذَا مَا اتَّقَوْا وَآمَنُوا) المائدة (93)

ظاهر الآية أفاد بعمومه إباحة كل المطعومات لكل من آمن واتقى، حتى الخمر، وهذا يناقض قوله تعالى: (يَا أَيُّهَا الَّذِينَ آمَنُوا إِنَّمَا الْخَمْرُ وَالْمَيْسِرُ وَالْأَنْصَابُ وَالْأَزْلَامُ رِجْسٌ مِنْ عَمَلِ الشَّيْطَانِ فَاجْتَنِبُوهُ) المائدة (90)، فهل نعمل بالمفهوم الأول الذي يبيح الخمر؟ أم نعمل بالمفهوم الثاني الذي يحرمها؟

الجواب: أننا ننظر في درجة وضوح كِلا المفهومين، والأقوى وضوحاً هو الثابت الراجح الذي يُفتى بمقتضاه، فالمفهوم الأول ظاهر حيث سيق الكلام لبيان منزلة المؤمن التقي وأنه لا يُحرِّم على نفسه ما أحله الله، ولم يأت الكلام من أجل تحليل كل المطعومات، بينما الآية الثانية سيقت من أجل تحريم الخمر فهي نصّ في التحريم، لذا يُرَجَّح النص على الظاهرحيث إن الظاهر لا يقوى على مغالبة النص.

ومن ثم فلا يجوز شرب الخمر احتجاجاً بهذه الآية، بل ينبغي طرد هذا المفهوم حتى لا يصطدم مع النص الذي هو أقوى منه فهماً.

وفي عهد عمر بن الخطاب رضي الله عنه شرب أحدُ المسلمين الخمرَ - تأويلاً - فأعمل مفهوم ظاهر الآية وقدّمه على مفهوم النص، فأقام عليه عمررضي الله عنه الحدّ وجلدة.

*********

(339) انظر أصول الفقه للشيخ محمد أبو زهرة ص112 - 113.

## المبحث الثاني

### الألفاظ غير واضحة الدلالة:

- اللفظ الغير واضح الدلالة هو: (اللفظ الذي لا يدل على معنــاه بنفسـه وإنمــا يحتاج إلى غيره لبيان المراد منه).

#### درجات اللفظ الغير واضح الدلالة:

(1) الخفي:[340] هو (ما دل على معنى واضح إلا أن في انطباق معناه علـى بعـض أفراده غموضاً وخفاءً).

كما في قول النبي صلى الله عليه وسلم: (لا يـرث القاتـل)[341]، فالقاتـل هنا لفظ عـام يشمل القاتل عمداً والقاتل خطأ، ودلالة اللفظ على القاتل عمداً واضحة أما القاتل خطأ فهـل يُحْرَم كذلك من الميراث ويشمله نفس الحكم أم لا؟

الجواب: من المعلوم أن القاتل خطأ عليه كفارة، والكفارة تعدّ عقوبة دنيوية، والحرمان مـن الميراث عقوبة أخرى فوق تلك العقوبة، ومن عادة الشرع أن يُفرق في العقوبة بين المُخطئ والمُتعمِّد.

ومن ثم فدلالة اللفظ على القاتل خطأ غير واضحة، حيث إن انطباق المعنى عليه فيه شيء من الخفاء والغموض الذي يحتاج إلى نظر وتأمل واجتهاد.

ولذا فالمسألة فيها قولان، قولٌ يمنع القاتل خطأ مـن المـيراث، لأنـه يُدْخِلـه ضـمن الأفراد المقصودين بالحديث، وقولٌ يُوَرِّثه ولا يمنعه، لأنه يجعل مدلول لفظ الحديث لا يشمله.

---

(340) انظر أصول السرخسي ج1ص167، والتسهيل للمحلاوي ص87 - 88، وأصول عبد الوهـاب خـلاف ص198 - 200، والوجيز ص348 - 350.

(341) صحيح الجامع الصغير 4436 من حديث أبي هريرة رضي الله عنه.

**حكم العمل بالخفي:**

وجوب النظر والتأمل في العارض الذي أوجب الخفاء والغموض في انطباق اللفظ على بعض أفراده، فإن رُئِيَ أن اللفظ يشمله جُعِل من أفراده وأخذ حكمه، وإن رُئِيَ أنه لا يشمله أخذ حكماً آخر مغايراً عنه.

**(2) المُشْكَل:** [342] **هو(ما دل على معانٍ متعددة ولا يكون المراد إلا معنى واحداً منهم فقط على سبيل البدل).**

فالخفاء هنا سببه نفس اللفظ، فاللفظ يحتمل أكثر من معنى، وكلها معاني متزاحمة متشاكلة فيه، ولا يصلح إلا أن يُحمل على معنى واحد منهم فقط، فإثبات معنى يمنع من إثبات المعاني الأخرى في نفس السياق، كما في لفظ (قروء) فهو موضوع للطهر وللحيض، والمراد إما الطهر أو الحيض، ولا يجوز الجمع بين المفهومين في آنٍ واحدٍ، ومن ثم فالمعنى مُشْكَل غامض في تحديد المراد منه، ومن ثم فيحتاج إلى قرينه تصرف المقصود إلى هذا المعنى وتصرفه عن غيره، وعليه فإن المُشْكَل والمشترك صِنوَان.

والفرق بين الخفي والمُشْكَل:

أن غموض الخفي ناتج عن الاشتباه في انطباق معنى اللفظ على بعض أفراده.

أما غموض المُشْكَل فهو ناتج عن اشتباه المعنى المقصود من ذات اللفظ نفسه.

**حكم العمل بالمُشْكَل:**

وجوب البحث والنظر في القرائن الدالة على المعنى المراد من اللفظ، ثم العمل بما يؤدِّي إليه البحث والنظر، فيتعلق الحكم الشرعي بهذا المعنى دون ما سواه من المعاني المتزاحمة التي يدل عليها نفس اللفظ، ومن ثم فلا يجوز الجمع

(342) انظر أصول السرخسي ج1ص168، والتسهيل للمحلاوي ص88 - 89، وأصول أبو زهرة ص122 - 123، والوجيز ص350 - 351.

بين المعنى وضده فيتعلق الحكم بهما معاً في نفس السياق.

**(3) الـمُجْمَل:** [343] هـو **(ما لا يفهم المراد منه إلا بسؤال المتكلم عـن مـراده مـن كلامه).**

وللإجمال أسباب هي:

أن اللفظ قد يكون من الألفاظ المشتركة التي لا توجد معها قرائن تحدد المعنى المطلوب منها وقد يكون اللفظ نادراً أو غراباً استعماله، كما في كلمة (هلوعاً) الواردة في قوله تعالى: **(إِنَّ الإِنسَانَ خُلِقَ هَلُوعاً)**المعارج (19) فقد فسرتها الآية التي بعدها بقوله: **(إِذَا مَسَّهُ الشَّرُّ جَزُوعاً وَإِذَا مَسَّهُ الْخَيْرُ مَنُوعاً)** المعارج (20 - 21)، وكلمة (القارعة) التي فسرتها الآيات التي بعدها.

وقد يكون سبب الإجمال نقل اللفظ من معناه اللغـوي إلى معنـى شرعـي آخـر، فيسـتعمله الشرع استعمالاً خاصاً، لم يُستعمَل من قبل، كما في لفظ: (الصلاة والزكاة والحج...)

فهذه ألفاظ قام الشرع ببـيان المراد منها بياناً وافياً، ولولا تفصيل الشرع لها لمَا أمكننا معرفة معانيها الشرعية التي قصدها الشرع وبنى عليها أحكامه الشرعية.

## حكم العمل بالـمُجْمَل:

لا يجوز تعيين معنى المجمل والعمل بمقتضاه إلا إذا وُردَ في الشرع ما يُبَـيِّنه ويُزيـل إجمالـه ويَكشف المراد منه، فإن كان البيان وافياً قطعياً صار المُجْمَل بعد بيانه مُفسَّراً، كما في البيان الذي صدر عن النبي صلى الـلـه عليه وسلم للصلاة والزكاة والحج ونحوها.

وإن لم يكن البيان بهذه الكيفية صار المُجْمَل يحتـاج إلى نظـر وتأمـل لمعرفـة المقصـود منـه وانطباق معناه على أفراده، كما في (الربا)، فقد وُردَ في القرآن تحريمـه مجمـلاً، وبيـنته السـنة النبويـة بحديث الأموال الربوية الستة، فقال صلى الـلـه عليه وسلم:

---

(343) انظر أصول السرخسي ج1 ص168، وأصول عبد الوهاب خلاف ص304، والوجيز ص352 - 353.

**(الذهب بالذهب، والفضة بالفضة، والبُرّ بالبُرّ، والشعير بالشعير، والتمر بالتمر، والملح بالملح، مِثلاً بمِثل، يَداً بيَدٍ، فمن زاد أو استزاد فقد أربَى، الآخذ والمعطي فيه سواء)**.[344]

وهذا البيان ليس وافياً، فاحتاج الأمر إلى تأمل واجتهاد.

ومن ثم اختلف الفقهاء حول كون هذه الأصناف الستة معيَّنة محدَّدة لا يجوز القياس عليها، أم أنها أمثلة لكل ما يُكَال ويُوزن، أو يُؤكَل ويُدَّخَر، أو غير ذلك.

والمسألة فيها أقوال واجتهادات، والسبب أن الشرع لمَّا بَيَّن ما أجمله بعض التبيين فتح الباب للتأمل والاجتهاد لمعرفة المقصود من اللفظ وانطباق معناه على كل أو بعض أفراده والوقوف على الحكم المطلوب.

**(4) المتشابه:**[345] هو **(اللفظ الذي لا يدرك تأويله إلا الله وحده).**

فهو الذي خفي المراد منه خفاءً كاملاً، ولا سبيل إلى إدراكه، حيث إن صيغته لا تدل عليه ولا توجد قرينه تزيل هذا الخفاء، وإنما هو من العلم الذي استأثر الله به وحده دون سواه.

وقد ذكر بعض الأصوليين الحروف المقطعة التي في أوائل بعض السور كأمثلة للمتشابه: (حم، عسق) ، (كهيعص).... وإن كان قد قيل: إن الحروف المقطعة جاءت لبيان أن هذا القرآن مؤلف من هذه الحروف وأمثالها ومع هذا فقد عجزت الإنس والجن عن محاكاته والإتيان بمثله، فهذه آية إعجازه وكونه من عند الله عز وجل، وقيل في المراد بها غير ذلك، وعليه فمن بيّن المراد منها جعلها ليست من المتشابه.

وأصح مثال للمتشابه - الذي لا سبيل إلى معرفته وإدراك حقيقته - هو:

---

(344) رواه مسلم.

(345) انظر أصول السرخسي- ج1ص169، والأصول لخلاف ص205، وأصول الفقه للشيخ أبو زهرة ص128 - 129، والوجيز ص253.

البحث عن معرفة كيفية صفات اللـه وأفعاله، كالبحث عن كيف استوى الرحمن على العرش؟ وكيف ينزل في الثلث الأخير من الليل؟ فمثل هذه الأسئلة وأشباهها لا سبيل إلى معرفتها وإدراك حقيقة كيفيتها، فهذا العلم لا يعلمه إلا اللـه وحده - لا شريك له - الذي ليس كمثله شيء في ذاته ولا في صفاته ولا في أفعاله، فهو القائل: (وَمَا يَعْلَمُ تَأْوِيلَهُ إِلاَّ اللـهُ) آل عمران (7)

ولذا فنحن نفوِّض علم كيفية صفات اللـه عز وجل وأفعاله إلى اللـه دون سواه، فنؤمن بأسماء اللـه وصفاته وأفعاله الواردة في الكتاب والسنة الصحيحة، ونحملها على معانيها الحقيقية اللائقة بذات اللـه عز وجل، بلا نفي أو تعطيل، ولا تحريف أو تأويل، ولا تشبيه أو تكييف أو تمثيل.[346]

والمتشابه بهذا المعنى ليس من أبحاث أصول الفقه، وإنما هو من أبحاث علم التوحيد الذي هو حق اللـه على العبيد، وثبت بالاستقراء أن المتشابه لا وجود له في آيات وأحاديث الأحكام الشرعية العملية، لأن نصوص الأحكام أنزلت لنلتزم بمقتضاها، فالغرض منها: العمل والتطبيق لا مجرد الاعتقاد والتصديق، ولا يمكن العمل بها إذا كانت متشابهة، فيستحيل أن يطلب الشرع منا شيئاً ثم هو لا يُعرِّفنا معناه، ويقطع السُّبل إلى معرفة معناه.

## حكم المتشابه:

يجب الإيمان بالمتشابه وتصديقه وإمراره كما هو، دون خوض فيه، حيث لا يعلم تأويله إلا اللـه، والخوض فيه لون من ألوان الرجم بالغيب، ولا يقدم على فعل ذلك إلا من كان في قلبه زيغ وضلال، قال عز وجل: (هُوَ الذي أنزَلَ عَلَيْكَ الكِتَابَ، مِنهُ آيَاتٌ مُحْكماتٌ هُنَّ أمُّ الكِتَابِ، وأخَرُ مُتشابهَاتٍ، فأمَّا الذينَ فِي قلوبهم زَيْغٌ فيتبعونَ مَا تشابَهَ مِنهُ ابتغاءَ الفتنةِ وابتغاءَ تأويلِهِ، وَمَا يَعلمُ تأويلَهُ إلا اللهُ. وَالرَّاسِخونَ فِي العِلمِ يَقولونَ آمَنا بِهِ ،كُلٌّ مِّنْ عِندِ رَبِّنا، وَمَا يَذكَّرُ إلا أولوا الألبَابِ) آل عمران (7)

(346) راجع شرح العقيدة الوسطية لابن عثيمين ص 54 - 66.

# خاتمة

## مسائل متعلقة بالاجتهاد والتقليد[347]

نود - باختصار - أن نتعرف على المجتهد وشروطه، وفيم يكون اجتهاده؟ وهل قول المجتهد ملزم له ولغيره؟ أم ملزم له فقط؟ ومن الذي يجوز له أن يقلده في اجتهاده؟ وهل يقلده في خطئه وصوابه؟ وهل خطأ المجتهد يُنقص من قدره؟ أم أن له منزلته ومرتبته المحفوظة المصونة من الانتقاص في الدنيا والآخرة؟

وإليك تفصيل ذلك:

**الاجتهاد:**

هو بذل الفقيه وسعه في استنباط الأحكام الشرعية العملية من أدلتها التفصيلية.

**المجتهد:**

هو: مَن توافرت فيه الشروط والإمكانيات والملكات العلمية والذهنية التي بها يستطيع أن يتعامل مع نصوص الشرع مباشرة، ويَستنبط منها الأحكام الفقهية دون أن يعتمد على غيره، وإن نقل عن غيره نقل استئناساً لا استناداً.

**مجال اجتهاد المجتهد:**

المجتهد له أن يجتهد في كل مسألة شرعية ليس فيها دليل قطعي الدلالة، فالدليل القطعي لا يحتمل الاجتهاد.

(347) انظر الموافقات للشاطبي ج4ص57 وما بعدها، وفواتح الرحموت لنظام الدين الأنصاري ص313 وما بعدها، والمستصفى للغزالي ج2ص113 وما بعدها، وشرح الورقات لابن عثيمين ص206 - 209، والأصول من علم الأصول لابن عثيمين ص87 - 88، والوجيز للدكتور عبد الكريم زيدان ص401 - 406، والثوابت والمتغيرات للدكتور صلاح الصاوي ص61 - 88.

ومن ثم فلا اجتهاد مع وجود حكم ثابت بنص قطعي صحيح أو إجماع صريح.

واعلم أن الاجتهاد يجوز أن يتجزأ، بمعنى أنه من الممكن أن يكون المجتهد مجتهداً في فرع من فروع العلوم الشرعية، أو في باب من الأبواب الفقهية دون غيره، ولا يشترط أن يكون مجتهداً في كل فروع العلوم الشرعية.

**شروط المجتهد:**

(1) الإسلام.

(2) البلوغ.

(3) العقل.

(4) العدالة.

فاقتراف الشرك بالله، أو موالاة أهله، أو تزيين شركهم، أو الدعوة إليه، أو الدفاع عنه أو الانخراط في البدع الكفرية، أو الرضا بها...... أو عدم البلوغ، أو زوال العقل بالجنون، أو الاختلاط وانعدام القدرة على التمييز، أو سقوط العدالة بفعل الكبائر، أو الإصرار على الصغائر، أو الجهر بفعل الزواجر، أو انخرام المروءة، إذا وُصِفَ المجتهد بواحدة من هذه - على الأقل - سُحبت منه رُتبته، وسقطت الثقة فيه وفي اجتهاده وفتواه.

وهذه الشروط عامة فيمن يُقبل قوله إذا تكلم في شرع الله، أو نقل وروى عمن تكلم في شرع الله.

والمجتهد له شروط فوق تلك الشروط هي:

(1) العلم بآيات الأحكام من كتاب الله عز وجل من حيث معانيها، وأسباب نزولها، والناسخ والمنسوخ منها، والمجمل والمفصل، والمطلق والمقيد، والخاص والعام........

(2) العلم بالسنة النبوية من حيث معانيها، وأسباب وُرُودها، والناسخ والمنسوخ منها، والمجمل والمفصل، والمطلق والمقيد، والخاص والعام........

ويزاد على ذلك معرفة علوم الحديث والجرح والتعديل، فيعلم الصحيح من الضعيف، وأحوال الرواة، ومدى عدالتهم وضبطهم وتقواهم وفقههم، كما يعرف درجات الأحاديث في الصحة والقوة، وقواعد الترجيح بينها.

**(3)** العلم بفروع اللغة العربية من نحو وصرف وبلاغة وعلم معاني وبيان وبديع.

**(4)** العلم بمواضع الإجماع.

**(5)** العلم بمقاصد الشرع وغايته وعلله، ومصالح الناس، وعُرْفهم الجاري الذي يرجع إليه في تقدير ما ليس محدَّداً شرعاً كالنفقة، ومعرفة ما يَخِل بمروءة الشاهد.

**(6)** العلم بأصول الفقه، وقواعد الاستنباط، ومصادر التشريع، ومراتبها، وكيفية الترجيح بين الأدلة إن تعارضت وتعذر الجمع بينها، وغيرها من أبواب هذا العلم الجليل.

* فاعلم أنه إن تجمّعت تلك الشروط في شخص: صار مجتهداً، وجاز له الاجتهاد في دين الله، وإلا فلا، وإن لم تتجمع فيه: صار مقلدًا.

وعليه فإن الناس إمَّا مجتهد في دين الله وليس له أن يقلد، إمَّا مقلد تابع لمجتهد وليس له أن يجتهد، قال ابن تيمية رحمه الله:

(الاجتهاد جائز للقادر عليه، والتقليد جائز للعاجز عن الاجتهاد).[348]

وقال صاحب الورقات:

ومن شرط السائل المستفتى أن لا يكون عالماً كالمفتي
فحيث كان مثله مجتهدا فلا يجوز كونه مُقلدا

**والتقليد:** هو قبول قول المجتهد من غير معرفة دليله.[349]

(348) مجموع الفتاوى لابن تيمية ج20 ص204.
(349) انظر شرح الورقات لابن عثيمين ص211، والأصول من علم الأصول لابن عثيمين ص89.

**ولكن هل قول المجتهد ملزم له ولغيره؟**

الجواب:

المجتهد قوله ملزم لنفسه فقط، فلا يجوز له تقليد غيره ما دام مجتهداً.

كما أن قوله ليس ملزماً لمن هو دونه من المقلدين، بمعنى أنه ليس عليه اتباع مجتهد بعينه بل من الممكن أن يخلف رأيه إلى رأي غيره من المجتهدين، حيث إن المجتهد احتمالية الخطأ والصواب واردة في اجتهاده ورأيه.

واعلم أن المجتهد إن أصاب فله أجران، وإن أخطأ فالإثم عنه مرفوع بل هو مأجور، قال رسول الله صلى الله عليه وسلم **(إذا حكم الحاكم فاجتهد ثم أصاب فله أجران، وإذا حكم فاجتهد ثم أخطأ فله أجر واحد)**[350]، قال الآمدي: (اتفق أهل الحق من المسلمين على أن الإثم محطوط عن المجتهدين في الأحكام الشرعية).[351]

ولذا فكل ما هو محل اجتهاد فلا إنكار فيه على المخالف في الرأي حيث إن الإثم عن الجميع مرفوع، والإنكار لا يكون إلا على المنكر[352]، ولكن جازت المناظرة بلا تعصب من أجل الوصول إلى الحق.

وإذا اختلف على المقلد أقوال المفتين وجب عليه اتباع أوثقهم في نفسه وأعلمهم عنده وأقربهم إلى العمل بالكتاب والسنة، فيعمل بقوله، وليس هو بالخيار يأخذ بما شاء ويترك ما شاء، مما يرى لنفسه فيه المصلحة الدنيوية العاجلة، فإن ذلك مدخل إلى اتباع الهوى، بل هو اتباع الهوى بعينه، بل ينبغي أن يكون بحثه عما

(350) رواه البخاري 7352، ومسلم 1716، وأبو داوود 3574، وابن ماجه 2314، والنسائي 5396.

(351) الإحكام للآمدي ج4ص244.

(352) انظر صحيح مسلم بشرح النووي ج2 ص23، والأشباه والنظائر للسيوطي ص158، ومجموع الفتاوى لابن تيمية ج20 ص257، وجامع العلوم والحكم لابن رجب الحنبلي ص341، وإحياء علوم الدين للغزالي ج2 ص352 - 353.

هو أوْلى بالحق وأقرب إلى أن يكون هو حكم الله ورسوله، فالمقلد يرجح بين المفتين والمجتهدين إذا اختلفوا، كما أن المجتهد يرجح بين الأدلة إذا اختلف فقهها.

واعلم أنه إذا ثبت للمقلد أن مجتهداً أخطأ في فتواه واجتهاده فليس له أن يتبعه، بل يجب عليه مخالفته، وعليه اتباع الحق أينما كان، فالحق أحق أن يُتَّبَع.

فالمقلد هنا قد علم بخطأ فتوى المجتهد في مسألة ما، فيجب عليه اتباع ما علم من دين الله ويحرم عليه تقليد الخطأ متى استبان له الحق، فإن فعل وقلد فقد أثم، أما المجتهد فهو معذور مأجور ولا يُظن به إلا خير، قال الشاطبي رحمه الله: (إن زلة العالِم لا يصح اعتمادها من جهة، ولا الأخذ بها تقليداً له، وذلك لأنها موضوعة على المخالفة للشرع ولذلك عُدت زلة، وإلا فلو كانت معتداً بها لم يُجعل لها هذه المرتبة، ولا نسب إلى صاحبها الزلل فيها، كما أنه لا ينبغي أن يُنسب صاحبها إلى التقصير، ولا أن يُشنع بها، ولا ينتقص من أجلها، أو يُعتقد فيه الإقدام على المخالفة بحتاً، فإن هذا كله خلاف ما تقتضي رتبته في الدين).(353)

والحق أن نقول كما قال ربنا في محكم التنزيل: (رَبَّنَا اغْفِرْ لَنَا وَلِإِخْوَانِنَا الَّذِينَ سَبَقُونَا بِالْإِيمَانِ وَلَا تَجْعَلْ فِي قُلُوبِنَا غِلًّا لِّلَّذِينَ آمَنُوا رَبَّنَا إِنَّكَ رَءُوفٌ رَّحِيمٌ)الحشر(10)، (رَبَّنَا لَا تُؤَاخِذْنَا إِن نَّسِينَا أَوْ أَخْطَأْنَا ،رَبَّنَا وَلَا تَحْمِلْ عَلَيْنَا إِصْرًا كَمَا حَمَلْتَهُ عَلَى الَّذِينَ مِن قَبْلِنَا ،رَبَّنَا وَلَا تُحَمِّلْنَا مَا لَا طَاقَةَ لَنَا بِهِ ،وَاعْفُ عَنَّا وَاغْفِرْ لَنَا وَارْحَمْنَا، أَنتَ مَوْلَانَا فَانصُرْنَا عَلَى الْقَوْمِ الْكَافِرِينَ) البقرة(286)

وآخر دعوانا أن الحمد لله رب العالمين، وصل اللهم على سيدنا محمد النبي الأمين صلى الله عليه وسلم، وعلى آله الطيبين الطاهرين، وعلى أصحابه العالمين العملين،
ومن تبعهم واقتفى أثرهم بإحسان إلى يوم الدين.

*************

(353) الموافقات للشاطبي ج4 ص170 - 171.

## (1) رسم بياني لأقسام الأحكام الشرعية

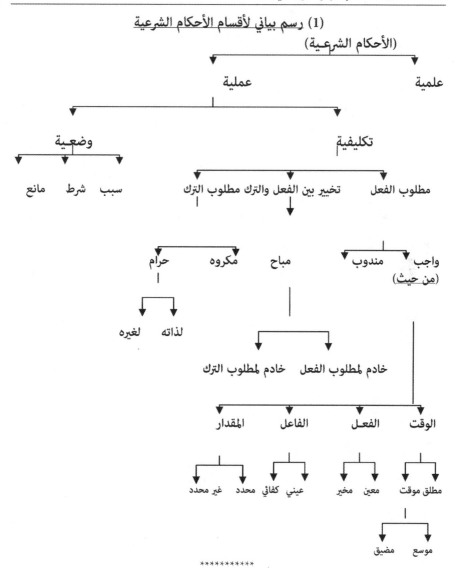

***********

## (2) رسم بياني لأقسام المصادر التشريعية
### (المصادر التشريعية)

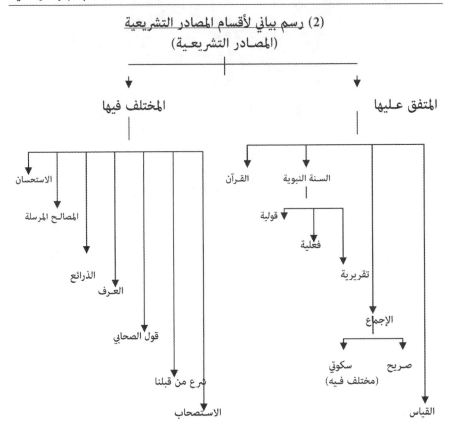

\* \* \* \* \* \* \* \* \* \* \*

## (3) رسم بياني لأقسام عوارض الأهلية

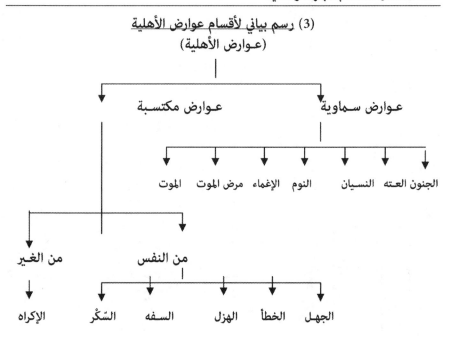

***********

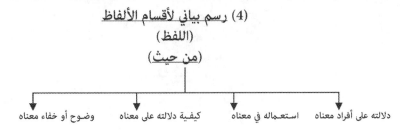

(4) رسم بياني لأقسام الألفاظ
(اللفظ)
(من حيث)

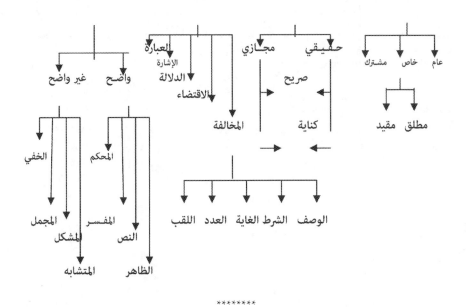

\*\*\*\*\*\*\*\*